Angelika Traub

Neue Liebe in getrennten Haushalten

Zur Bedeutung von Living-apart-together-Partnerschaften für das Wohlbefinden und Stresserleben alleinerziehender Mütter

Mit einem Vorwort von Hans Oswald

Dissertation an der Humanwissenschaftlichen Fakultät der Universität Potsdam,
17. November 2003

Umschlagfoto: Brigitte Bartel, Stuttgart

Bibliografische Information Der Deutschen Bibliothek
Die Deutsche Bibliothek verzeichnet diese Publikation in der Deutschen Nationalbibliografie; detaillierte bibliografische Daten sind im Internet über http://dnb.ddb.de abrufbar.

ISBN 3-8325-0786-8

Logos Verlag Berlin
Comeniushof, Gubener Str. 47,
10243 Berlin
Tel.: +49 030 42 85 10 90
Fax: +49 030 42 85 10 92
INTERNET: http://www.logos-verlag.de

Dank

Zum Gelingen einer Dissertation gehören viele Menschen. Allen, die mich auf diesem Weg begleitet und auf ganz unterschiedliche Art unterstützt haben, möchte ich an dieser Stelle danken!

Für ihre moralische, kulinarische und regeneratorische Unterstützung danke ich meinen Eltern und Geschwistern, ihr seid mein doppeltes Netz. Unerlässlich für mein seelisches Gleichgewicht und Garant für schöne gemeinsame Stunden waren meine FreundInnen, ganz besonders Ute und die ‚Doko-Frauen' Bettina, Christina, Dania und Barbara. Thanks Patrick for sharing my big day. Für den optimalen Stressabbau sorgten die TrainerInnen des Uni-Sports an der TU Berlin, allen voran Erol.

Ganz herzlich möchte ich meinem Doktorvater Prof. Dr. Hans Oswald neben der fachlichen Unterstützung für seine stete Überzeugungsarbeit danken, dass sich die Mühen einer Dissertation lohnen. Frau Prof. Dr. Marianne Horstkemper hat prompt und mit großem Interesse die Aufgabe des Zweitgutachtens übernommen.

Besonderer Dank gebührt meinen Potsdamer KollegInnen Beate Schuster, Brita Schmidt, Christine Schmid, Hans-Peter Kuhn, Harald Uhlendorff und Pia Engl – ihr hattet stets ein offenes Ohr und habt mir mit Ideen und konstruktiver Kritik weitergeholfen, wenn ich mich mal ‚festgebissen' hatte. Brita und Harald haben einzelne Kapitel meiner Arbeit kritisch gegengelesen. Mit Tine konnte ich mich über die zahlreichen Formalien der Doktorwerdung austauschen.

Dania Dittgen half mir als unschlagbare Expertin mit Tipps & Tricks rund ums Formatieren von Texten. Ildiko Kanalas & Christoph Kahler schonten meine Nerven, indem sie die Überarbeitung meiner Grafiken übernahmen.

München, im April 2005 Angelika Traub

Ich widme dieses Buch meinen Nichten und Neffen
Lena & Marie, Annika, Marius & Katharina und Johannes
als Dank für all den Spaß, den ich bis heute – und hoffentlich auch in Zukunft – mit euch haben durfte…

…und euren Eltern, die die Arbeit haben.

In Gedenken an Lisa

Vorwort

Das vorliegende Buch entstand in einem Forschungsverbund, der mich seit vielen Jahren begleitet. Es handelt sich um eine Serie von Studien, in denen das Interaktionsverhalten von Müttern und ihren Kindern im Grundschulalter im Zentrum stand. Die letzte dieser von der Deutschen Forschungsgemeinschaft finanzierten Studien bestand in einem aufwändigen Längsschnitt in Brandenburg, in dem die Kinder im Alter von 10, 11,5 und 13 Jahren mit ihren Müttern untersucht wurden. Wie immer waren die von der DFG finanzierten Personalmittel zu knapp bemessen und so war es ein Glücksfall, dass sich die in meinem Lehrgebiet für die Empirie- und Statistikausbildung zuständige Wissenschaftliche Mitarbeiterin, Angelika Traub, entschloss, an diesem Projekt teilzunehmen und in diesem Rahmen ihre Dissertation zu schreiben. Während der gesamten Laufzeit hatte das Projekt dadurch eine wertvolle zusätzliche Hilfe und gewann beträchtlich an Produktivität.

Als Thema für das vorliegende Buch wählte Frau Traub aus dem umfangreichen Datenmaterial Informationen über die Lebenssituation der Mütter, deren Veränderung wir über rund drei Jahre dokumentierten. Hieraus ergab sich die interessante Möglichkeit, eine moderne Lebensform näher zu beleuchten, die zwar bekannt ist, in familiensoziologischen Abhandlungen meist als Beispiel für die Pluralisierung von Lebensformen abgehandelt wird, über die wir aber erstaunlich wenig wissen, living-apart-together (LAT). Bislang besitzen wir nicht einmal eine etablierte deutsche Benennung für diese Lebensform. Meist werden die Mütter, die in dieser Weise leben, den Alleinerziehenden zugeordnet, was indessen der Sache keineswegs gerecht wird, wie die vorliegende Arbeit überzeugend nachweist; denn diese Mütter verfügen über die Unterstützung eines Partners, müssen aber auch mit den Hindernissen fertig werden, die einem geliebte Personen in den Weg legen.

Die Analyse dieser Familienform im Vergleich mit wirklich Alleinerziehenden, mit vollständigen Ursprungsfamilien und mit Stiefffamilien mit und ohne Trauschein erwies sich, auch unter statistischen Gesichtspunkten als außerordentlich schwierig. In den üblichen Querschnittsuntersuchungen entsteht immer wieder der Eindruck, als handle es sich bei den Müttern in diesen unterschiedlichen Lebensformen um eigene Gruppen, deren Probleme und Problemlösungen sich deutlich unterscheiden. Unterstellt wird dabei implizit meist eine gewisse Dauerhaftigkeit, zumindest wird die Dauer, in der in einer der genannten Lebensformen verharrt wird, nicht in die Betrachtung einbezogen. Dagegen zeigt schon ein kurzer Längsschnitt wie der unsrige, wie schnell sich die Zugehörigkeit zu einer Familienform auch bei Kindern im Alter zwischen zehn und dreizehn Jahren ändern kann, sodass es faktisch mehr Typen von Müttern gibt, die zu vergleichen sind, als das in Querschnitten erhobene Nebeneinander vermuten lässt, das im ersten Satz dieses Absatzes beschrieben ist.

Ein großes Verdienst der vorliegenden Arbeit liegt darin, den familiensoziologischen deskriptiven Analysen von Familienformen neue differenzierende Wege zu weisen, und speziell die Form des living-apart-together als eigenständige Form mit ihren spezifischen Stärken und Schwächen hervorzuheben. Es ist zu wünschen, dass künftig diesem dynamischen Prozesscharakter der Situation alleinerziehender Mütter mit größeren Stichproben nachgegangen wird. Frau Traub sagt in ihrem lesenswerten Ausblick Wegweisendes zu diesem Forschungsdesiderat.

Auf der einen Seite handelt es sich bei diesem Buch also um eine Erweiterung unseres familiensoziologischen Wissens, das möglichst schnell Eingang in die entsprechenden Publikationen finden sollte. So widersprechen unsere Ergebnisse, nachdem living-apart-together zwar eine eigenständige Familienform, aber meist keine freiwillige Option ist, Darstellungen in der Literatur. Überzeugte LAT-Frauen scheinen eher eine Minderheit zu bilden und entsprechende Partnerschaften scheinen eher instabil zu sein, auch wenn sie häufig als glücklich eingestuft werden.

Auf der anderen Seite war Frau Traub als Psychologin stärker als an den familiensoziologischen Fragen an den familienpsychologischen Aspekten des Themas interessiert. Nachdem sie im ersten Ergebniskapitel die Familienstrukturen in ihrer Dynamik als Grundlage des Folgenden beschrieben hat, steht deshalb im Zentrum der Betrachtung des zweiten Ergebniskapitels die Prüfung von Hypothesen über den Zusammenhang von Lebensform auf der einen, psychischem Wohlbefinden und Stressbewältigung auf der anderen Seite. Den bewertenden Hintergrund bildet der Zusammenhang zwischen der Situation der Mütter und der Situation ihrer Kinder. Die Analysen des Buches beschränken sich zwar auf die Mütter, das weiterführende Erkenntnisinteresse bezieht sich aber auf die Kinder, sei es, dass diese in der Ambivalenz leben, von ihren Müttern gleichzeitig als Ressource und Belastung begriffen zu werden, sei es, dass sie die Betroffenen der Stressbewältigung und des Wohlbefindens bzw. Schlechtbefindens ihrer Mütter sind, wie die Autorin in der Einleitung und in einem Exkurs ausführt.

Es ist sehr zu wünschen, dass dieser Zusammenhang zwischen der Situation der Mütter und der Kinder in weiteren Studien geklärt wird. Eine wichtige Grundlage dafür hat Frau Traub gelegt, indem sie in differenzierter und statistisch höchst anspruchsvoller Weise Zusammenhänge zwischen Lebensform, psychischem Wohlbefinden, einschließlich dem Selbstwertgefühl, und Stressbewältigung herausgearbeitet hat. Besonders verdienstvoll scheint mir dabei die Prüfung zweier konkurrierender Erklärungen zu sein, nämlich der Selektions- und der Stresshypothese. Es gibt deutliche Hinweise, dass lebenszufriedene Mütter leichter einen Partner finden (Selektion), aber nach geglücktem Partnerfinden noch deutlich an Zufriedenheit zugewinnen (Stressreduktion). Für das Selbstwertgefühl wird dagegen nur die Selektionshypothese bestätigt.

Im weiteren geht es dann um die Zusammenhänge zwischen Partnerschaftsqualität, Wohlbefinden und Stresserleben und um die Prüfung von Moderator- und Mediatoreffekten. Diese komplexen Analysen ergeben entsprechend einer komplexen Realität keine einfach zusammenfassbaren Ergebnisse. Der Leser sei deshalb auf die detailreichen Einzelergebnisse in Kapitel 8 verwiesen, die Anlass bieten, neue Hypothesen für die nachfolgende Forschung zu formulieren.

Die eigenständige Forschungsleistung der Autorin hat zu neuen Erkenntnissen geführt, die in unserem ursprünglichen Projektantrag nicht avisiert waren. Wie jede gute Forschung hat diese Arbeit aber auch zu neuen Fragen geführt. Als Mentor wünsche ich dem vorliegenden Buch die Aufmerksamkeit der Fachwelt, die ihm gebührt und Fortsetzungen, die in ihm deutlich angelegt sind. Frau Traub wünsche ich, dass sie auf den von ihr erschlossenen Wegen weiter so erfolgreich forschen kann, wie sie es mit den Arbeiten zu diesem Buch begonnen hat.

Hans Oswald — Potsdam, im März 2005

INHALT

ABBILDUNGSVERZEICHNIS

TABELLENVERZEICHNIS

1. Einleitung

Kinder großzuziehen gilt als eine sehr schöne, aber auch zeitaufwendige und nervaufreibende Aufgabe. Mit Kindern kann man wunderbar Quatsch machen und die Welt neu entdecken. Eltern können sich an den kleinen und großen Entwicklungsfortschritten ihrer Kinder erfreuen. Und Kinder eröffnen eine neue Erfahrungswelt – Eltern lernen sich selbst in einer verantwortungsvollen, fürsorglichen Rolle kennen. Kinder müssen aber auch täglich ernährt und gekleidet werden, Kinder machen Chaos und Dreck, Kinder wollen getröstet und unterhalten werden, sie müssen zum Blockflötenunterricht und zum Sporttraining gebracht werden, und mit Eintritt in die Schule müssen Eltern ihnen den Satz des Pythagoras erklären, Englisch-Vokabeln abhören und ihnen den richtigen Lerneifer ‚einbläuen', weil sie sonst – so fürchten viele Eltern - später keine Chancen auf dem Arbeitsmarkt haben. Im Jugendalter müssen Eltern mit ihren Kindern über Ausgehzeiten streiten und sich sorgen, vor welchen Dummheiten sie ihre Kinder nicht mehr schützen können. Daneben bleiben die Bedenken der Eltern, ob sie ihren Kindern gerecht werden, sie richtig verstehen, fördern und fordern. Außerdem kosten Kinder viel Geld – sie sind zum ‚Armutsrisiko Nr. 1' in der Bundesrepublik geworden (Bundesministerium FSFJ 1998).

Das Leben von Eltern ist somit durch mehr Belastungen, aber auch durch sehr positive Erlebnisse gekennzeichnet (Baumeister 1991 zit. nach Schütz & Wiesner 2000). Die elterlichen Belastungen sind jedoch keineswegs gleich verteilt: Mütter sind in stärkerem Maße in die Familienarbeit involviert als Väter. Die Hauptverantwortung für Kinderbetreuung und damit verbundenen Hausarbeiten tragen unverändert die Mütter (Schneider 1994; Keddi & Seidenspinner 1991; Gysi 1989).

Dies gilt in besonderem Maße für jene Mütter, deren Beziehung zum Vater ihrer Kinder scheitert. In etwa fünf von sechs Fällen wachsen die Kinder nach der Trennung ihrer Eltern bei der Mutter auf (Dorbritz & Gärtner 1998), d.h. die Mütter müssen die alltäglichen Anforderungen größtenteils alleine bewältigen – was bisweilen zu einer Überforderung der Mütter und zu einer Beeinträchtigung ihres psychischen Wohlbefindens führt (Niepel 1994; Demo & Acock 1996).

Die Mehrheit der alleinerziehenden Mütter geht später wieder eine neue Beziehung ein: So haben in der Studie von Schmidt-Denter und Mitarbeitern sechs Jahre nach der Trennung vom Vater ihrer Kinder zwei Drittel der Mütter einen neuen Partner. 60% dieser Frauen leben mit diesem in einem Haushalt zusammen und bilden eine Stiefvaterfamilie[1]. Die restlichen 40% gestalten ihre neue Partnerschaft hingegen in getrennten Wohnungen (Schmitz & Schmidt-Denter 1999). Letztere Partnerschaftsform wird als ‚Living-apart-together' (im Weiteren: LAT) bezeichnet.

Es gibt Hinweise, dass LAT häufig eine Übergangsform hin zum Zusammenleben mit dem Partner darstellt (Schneider 1996). In einigen Studien bewerten alleinerziehende Mütter diese Lebensform jedoch als attraktive langfristige Alternative zur gemeinsamen Wohnung mit einem neuen Partner (Nave-Herz & Krüger 1992; Nestmann & Stiehler 1998; Schöningh et al. 1991). Während es inzwischen viele Studien zur Lebenssituation von Alleinerziehenden gibt (zusammenfassend Krüger & Micus 1999), und die besondere Situation von Stieffamilien zunehmend erforscht wird (zusammenfassend Walper & Wild 2002), existieren meines Wissens keine Untersuchungen, die sich näher mit Müttern beschäftigen, die mit ihrem neuen Partner in getrennten Haushalten leben. Vielmehr werden diese Mütter in vielen Studien zusammen mit Müttern, die keinen Partner haben, als Alleinerziehende eingestuft, da auch sie mit ihren Kindern alleine im Haushalt leben (Napp-Peters 1987; Nave-Herz & Krüger 1992; Nestmann & Stiehler 1998; Schöningh et al. 1991). Eine bestehende Partnerschaft außerhalb des Haushalts wird bestenfalls am Rande thematisiert, bezüglich ihrer Bedeutung für das Wohlbefinden der Mütter und ihre Alltagsbewältigung blieb sie bisher weitgehend ausgespart.

Die seltene wissenschaftliche Auseinandersetzung mit der Bedeutung eines neuen Partners außerhalb des Haushalts für die Lebenssituation und das Befinden von Müttern verwundert, wenn man bedenkt, dass eine Partnerschaft eine zentrale soziale Ressource darstellt (Cohen & Wills 1985): Mit einem Partner können Probleme gemeinsam diskutiert und Lösungen gesucht werden. Der Partner kann die Mutter bei bestimmten Aufgaben unterstützen und in Notfällen ‚einspringen'. Und in einer Partnerschaft erlebte Zuwendung, Geborgenheit und Respekt setzen neue

[1] Allerdings haben nur wenige ihren neuen Partner geheiratet. Die meisten Frauen leben in einer nichtehelichen Lebensgemeinschaft zusammen.

Energien frei. All dies kann auch ein Partner, der nicht mit im Haushalt lebt, leisten.

Deshalb soll in dieser Arbeit die Bedeutung eines Partners für die Belastungssituation und das psychische Wohlbefinden von Müttern herausgearbeitet werden. Der Fokus liegt dabei auf Partnerschaften in getrennten Wohnungen. In einem ersten Schritt möchte ich diese Partnerschaftsform bei Müttern näher charakterisieren. Zentrale Themen sind hierbei die Stabilität und Qualität dieser Partnerschaften. In einem zweiten Schritt werde ich das Unterstützungspotential und die Bedeutung von LAT-Partnerschaften für das mütterliche Wohlbefinden im Vergleich zu anderen Lebensformen herausarbeiten. Als Vergleichsgruppen dienen Alleinerziehende ohne Partnerschaft, Mütter in Stiefvaterfamilien und Mütter, die mit dem Vater ihrer Kinder zusammenleben (Kernfamilien). Die Daten dieser Arbeit wurden in einer Längsschnittuntersuchung mit drei Erhebungszeitpunkten im Abstand von jeweils 1½ Jahren gesammelt, an der 122 berufstätige Mütter aus Brandenburg teilnahmen.

In Kapitel 2 grenze ich zunächst den Begriff des psychischen Wohlbefindens ein und stelle seine Beziehung zum Stresskonzept nach Lazarus dar. In einem kleinen Exkurs streiche ich dann die Bedeutung mütterlichen Wohlbefindens für das Befinden und die Entwicklung der Kinder heraus.

Im dritten Kapitel beschäftige ich mich mit Ergebnissen der Partnerschaftsforschung. In Kapitel 3.1 gehe ich allgemein auf die positive Bedeutung einer Partnerschaft für das Wohlbefinden ein, stelle dann die wichtige Rolle der Qualität einer Partnerschaft heraus und referiere unterschiedliche Erklärungsansätze für die dargestellten Zusammenhänge. Allerdings beschränken sich die dort zitierten Untersuchungen – wie die meisten Untersuchungen, die sich mit Partnerschaft beschäftigen – auf die ‚klassische' Partnerschaftsform der Ehe in einem gemeinsamen Haushalt. Deshalb werde ich mich in Kapitel 3.2 ersten Erkenntnissen über die Partnerschaftsform LAT zuwenden. Im Kapitel 3.3 arbeite ich zusammenfassend heraus, wie sich LAT-Partnerschaften in ihrem Unterstützungspotential von zusammenlebenden Paaren unterscheiden. Alle in diesem Kapitel referierten Studien beschränken sich in ihren Stichproben nicht auf Mütter, so dass die hier dargestellten Ergebnisse im nächsten Kapitel nochmals auf ihre Übertragbarkeit auf Mütter mit neuem Partner reflektiert werden.

Im vierten Kapitel geht es um die Lebenssituation von Müttern. In Abschnitt 4.1 werde ich weiterhin bestehende Unterschiede zwischen ost- und westdeutschen Müttern schildern, um die folgenden Ergebnisse gemäß ihrer Stichprobenherkunft auf ihre Übertragbarkeit kritisch überprüfen zu können. Anschließend wende ich mich der Lebenssituation von Müttern in unterschiedlichen Lebensformen zu. Die Lebenssituation von Alleinerziehenden, die mit ihrem Partner in getrennten Haushalten leben, dürfte eine Mittelstellung zwischen dem Alleinerziehen ohne Partnerschaft und einem Zusammenleben mit einem neuen Partner in einer Stiefvaterfamilie darstellen. Zum einen leben diese Mütter allein mit ihren Kindern und meistern vermutlich den Alltag überwiegend alleine. Zum anderen haben sie einen neuen Partner, der sie unterstützen kann, und die Kinder werden mit einem ‚temporären Stiefvater' konfrontiert. Im Kapitel 4.2 gehe ich deshalb erst auf die besondere Lebenssituation alleinerziehender Mütter ohne Partner ein und beschäftige mich dann im Kapitel 4.3 mit der Lebenssituation von Müttern, die mit einem neuen Partner zusammenleben und somit eine Stiefvaterfamilie bilden. Beide Lebensformen werde ich mit der Lebensform der Kernfamilie kontrastieren, da das Leben in einer Kernfamilie die häufigste Lebensform von Müttern darstellt. Im Kapitel 4.4 werde ich mit Hilfe der vorangegangenen Vergleiche herausarbeiten, welches Unterstützungspotential eine Partnerschaft ‚living-apart-together' für alleinerziehende Mütter haben kann.

In Kapitel 5 konkretisiere ich meine Fragestellung und formuliere die zentralen Hypothesen. Im sechsten Kapitel stelle ich mein methodisches Vorgehen dar, charakterisiere die Stichprobe und gehe auf die angewandten Messinstrumente ein.

Die Ergebnisse dieser Arbeit werden in Kapitel 7 und 8 vorgestellt. Das siebte Kapitel widmet sich einer ersten Charakterisierung der Lebensform LAT bei alleinerziehenden Müttern – dabei gehe ich überwiegend deskriptiv vor. Im achten Kapitel werden hingegen Hypothesen zur Bedeutung der Lebensform für das psychische Wohlbefinden und Stresserleben von Müttern geprüft. Abschließend werde ich im Kapitel 9 die zentralen Ergebnisse zusammenfassend diskutieren.

2. Psychisches Wohlbefinden

2.1 Eine Begriffsannäherung

Der Begriff des Wohlbefindens kommt aus der relativ jungen ‚Gesundheitspsychologie' bzw. den ‚Gesundheitswissenschaften'. Die wohl meist zitierte Definition von Gesundheit in den Sozialwissenschaften stammt aus der Präambel zur Charta der Weltgesundheitsorganisation WHO (1946): „Gesundheit ist ein Zustand vollkommenen körperlichen, psychischen und sozialen Wohlbefindens, nicht nur definiert durch die Abwesenheit von Krankheit und Behinderung" (zit. nach Jesse 2000, S. 121). Zum einen bedeutete diese Definition eine Abkehr vom Verständnis von Gesundheit als bloßes Gegenteil von Krankheit. Zum anderen wurde der Begriff Gesundheit – neben der körperlichen Dimension – um eine psychische und soziale Dimension erweitert. Diese Definition wurde allerdings bezüglich zweier wichtiger Aspekte kritisiert. Erstens wurde mit dieser Definition ein Ideal formuliert, dem allenfalls 20% der Erwachsenenbevölkerung entsprechen können (Becker 1997). Zweitens kritisierte Antonovsky (1979, 1997 zit. nach Schütz & Wiesner 2000) die Dichotomie des Gesundheitsbegriffs und stellte dieser ein Gesundheits-Krankheitskontinuum entgegen – man ist somit nicht entweder gesund oder krank, sondern man ist mehr oder weniger gesund bzw. krank.

Was versteht man nun unter seelischer oder psychischer Gesundheit? Jahoda (1958 zit. nach Becker 1997) legte eine stark beachtete Übersicht über die bis zum damaligen Zeitpunkt vorliegenden Theorien und Definitionen seelischer Gesundheit vor. Sie unterschied sechs Ansätze, in denen die Hauptakzente auf der 1. positiven Einstellung zum Selbst, 2. Selbstverwirklichung, 3. Integration, 4. Autonomie, 5. korrekten Wahrnehmung der Realität und 6. dem Meistern von Anforderungen (‚Kompetenz') liegen. Becker (1994) ergänzt dieses Verständnis seelischer Gesundheit um den Aspekt des seelisch-körperlichen Wohlbefindens. Wohlbefinden wird somit als Teil der seelisch-körperlichen Gesundheit verstanden.

Der Begriff des Wohlbefindens bzw. ‚well-being' wird inzwischen in der Forschung auch jenseits der Gesundheitspsychologie häufig genutzt (etwa in der Familienforschung siehe unten). Dabei handelt es sich um einen subjektiven Begriff (Becker 1994), d.h. Wohlbefinden kann nur von der Person selbst erlebt und beurteilt werden – im Gegensatz zu Krankheiten, die auch bzw. nur ein Arzt oder Psychotherapeut diagnostizieren kann[2]. Einige Autoren sprechen deshalb von subjektivem Wohlbefinden (Mayring 1994; Walper, Gerhard, Schwarz & Gödde 2001).

Viele Autoren betonen die Uneinheitlichkeit der Begriffsbestimmungen (vgl. Becker 1994; Mayring 1994; Jesse 2000). Mayring (1994) spricht gar von einem „Chaos der Definitionen", in dem subjektives Wohlbefinden, Glück, Lebensqualität, Freude und Zufriedenheit oft synonym verwendet werden (S. 51).

Becker (1994) unterscheidet zwischen aktuellem Wohlbefinden, das die augenblickliche Befindlichkeit charakterisiert, und habituellem Wohlbefinden als relativ stabiler Eigenschaft. Die meisten Studien, die sich mit dem psychischen Wohlbefinden von Müttern befassen, beschränken sich auf das habituelle Wohlbefinden (Demo & Acock 1996; Compas & Williams 1990; Hetherington 1993; Jesse 2000)[3]. Nach Becker (1994) handelt es sich bei dem habituellen Wohlbefinden „um Aussagen über das für eine Person typische Wohlbefinden, um Urteile über aggregierte emotionale Erfahrungen" (S. 15) wie z.B. Aussagen zur allgemeinen Lebenszufriedenheit. Aussagen über habituelles Wohlbefinden wie die Lebenszufriedenheit kommen in erster Linie durch kognitive Prozesse wie „die kognitive Einschätzung des eigenen Lebens, das Abwägen Positiven und Negativens, das Vergleichen von Lebenszielen und dem davon bereits Erreichten, das Messen des eigenen Lebens an internen und sozialen Vergleichsnormen" zustande (Mayring 1994, S. 52). Das habituelle Wohlbefinden zeigte sich in mehreren Untersuchungen als relativ stabil über Wochen hinweg (vgl. Becker 1994).

Bei der Konzeptionalisierung und Operationalisierung des habituellen Wohlbefindens setzt sich die oben schon erwähnte Uneinigkeit fort – es gibt ein- und mehrdimensionale Modelle. Weiss (1980 zit. nach Becker 1994 und Jesse 2000) vertritt ein eindimensionales Modell und fasst habituelles Wohlbefinden als eine Grundbe-

---

[2] Wahnvorstellungen z.B. können nur von einer außenstehenden Person diagnostiziert werden, da die fehlende Realitätssicht Teil der Krankheit ist.

[3] Eine der wenigen Studien, die auch das aktuelle Wohlbefinden von Müttern in unterschiedlichen Lebensformen erfasst hat, ist die Studie von Garvin, Kalter & Hansell (1993).

findlichkeit auf, die für ihn zwischen einem ‚state' und einem ‚trait' angesiedelt ist. Hier wird Wohlbefinden im Sinne eines allgemeinen Glücklichseins bzw. einer allgemeinen Lebenszufriedenheit erfasst. Bradburn (1969 zit. nach Becker 1994) fasst in seinem zweidimensionalen Modell das habituelle Wohlbefinden als Bilanz aus aggregierten positiven und negativen Gefühlszuständen auf. Er nimmt an, dass eine Person, über einen längeren Zeitraum betrachtet, sowohl positive wie negative Gefühlszustände erlebt haben kann und beide Gefühlszustände somit unabhängig voneinander sind. Diese Auffassung wurde von Andrews und Withey (1976 zit. nach Jesse 2000) zu einem dreidimensionalen Modell erweitert – sie unterscheiden neben den Komponenten positiver Affekt und negativer Affekt noch als dritte Komponente die Lebenszufriedenheit.

Nicht alle Autoren differenzieren scharf zwischen aktuellem und habituellem Wohlbefinden: Mayring (1994) integriert in seinem Begriff des subjektiven Wohlbefindens aktuelle wie habituelle Aspekte und unterscheidet zwischen vier Faktoren: einem negativen Befindensfaktor (Freiheit von subjektiver Belastung), einem positiven kurzfristigen (Freude), einem positiven langfristigen (Glück) und einem kognitiven (Zufriedenheits-) Faktor.

Becker (1989 zit. nach Becker 1994 und Jesse 2000) ermittelte in einer faktorenanalytischen Überprüfung seines Trierer Persönlichkeitsfragebogens drei Faktoren für den Bereich ‚seelisch-körperliches Wohlbefinden': es umfasst die Komponenten ‚Sinnerfülltheit vs. Depressivität', ‚Selbstvergessenheit vs. Selbstzentrierung' und ‚Beschwerdefreiheit vs. Nervosität'.

Unabhängig von der zeitlichen Differenzierung gibt es noch eine bereichsspezifische Unterscheidung zwischen physischem und psychischem Wohlbefinden (vgl. Becker 1994). Weitere Autoren differenzieren nach Zufriedenheitsbereichen wie Arbeit/Beruf und Ehe/Partnerschaft (vgl. Fahrenberg, Myrtek, Wilk & Kreutel 1986 zit. nach Becker 1994). In dieser Arbeit werden Aspekte des physischen Wohlbefindens ausgeklammert und das psychische Wohlbefinden soll im Mittelpunkt des Interesses stehen.

Zusammenfassend zeigt sich die allgemeine Lebenszufriedenheit in vielen Definitionen als Kern des psychischen habituellen Wohlbefindens.

Wie wird psychisches Wohlbefinden nun in Studien, die sich mit dem Themenkomplex ‚Wohlbefinden – Mütter – Partnerschaft – verschiedenen Lebensformen' beschäftigen, operationalisiert? Meist wird Wohlbefinden als ‚Depressivität' oder depressive Stimmung erfasst (Simons & Associates 1996; Amato 2000; Walper, Gerhard, Schwarz & Gödde 2001; Belsky 1984; Herlth et al. 1995) – es handelt sich somit oft um eine ‚Negativoperationalisierung'[4]. Einige Studien wählen als Indikator für psychisches Wohlbefinden auch das Selbstwertgefühl (Walper, Gerhard, Schwarz & Gödde 2001; Demo & Acock 1996) – dies ist eigentlich ein Aspekt der seelischen Gesundheit, die über das psychische Wohlbefinden hinausreicht. Lebenszufriedenheit – in vielen Definitionen als wichtiger Aspekt enthalten (Weiss 1980; Andrews & Withey 1976; Mayring 1994) – findet sich hingegen in keiner der mir bekannten Studien als expliziter Indikator für psychisches Wohlbefinden.

Auf der Ebene der Operationalisierung von psychischem Wohlbefinden in Studien der Familienpsychologie dominieren somit Indikatoren wie Depressivität und Selbstwertgefühl. Ich möchte mich in meinem Verständnis dieser erweiterten operationalen Definition von Wohlbefinden anschließen und fasse darunter neben Lebenszufriedenheit und Depressivität auch das Selbstwertgefühl. Im Weiteren werde ich die Begriffe psychisches habituelles Wohlbefinden, psychisches Wohlbefinden, Wohlbefinden und Befinden synonym verwenden.

2.2 Stress und psychisches Wohlbefinden

Schon Mayring (1994) stellt heraus, dass „die oft theorielose Wohlbefindensforschung viel von der Belastungsforschung profitieren kann" (S. 53), und verweist auf Arbeiten von Lazarus und Mitarbeitern (Lazarus & Launier 1981; Lazarus & Folkman 1984). Zentrale Gedanken dieser Forschergruppe, die er für die Wohlbefindensforschung fruchtbar hält, sind der transaktionale Ansatz (Wohlbefinden wird als wechselseitiges Einwirken von objektiven Lebensbedingungen und Voraussetzungen auf Seiten der Person verstanden), der kognitive Ansatz (es werden

[4] Diese Operationalisierung deckt sich mit einem von Beckers (1989) Faktoren des seelisch-körperlichen Wohlbefindens.

die befindensrelevanten Einschätzungsprozesse betrachtet) und der Bewältigungsansatz (auf das Befinden bezogenen Handlungen werden berücksichtigt).

In dem Modell von Belsky (1984), das ich in Kapitel 2.3 vorstellen werde, sind implizit stresstheoretische Konzepte und Gedanken enthalten. In der Forschungsrichtung zur sozialen Unterstützung, die ich im Kapitel 3.1 noch näher betrachten möchte, stellt Lazarus' Stresstheorie ebenfalls ein zentrales Konzept dar. Deshalb möchte ich die wesentlichen Grundgedanken dieses Konzeptes im Folgenden darstellen und seine Relevanz für eine Betrachtung des Wohlbefindens von Müttern hervorheben.

Abbildung 2.2.1: Stressmodell nach Lazarus

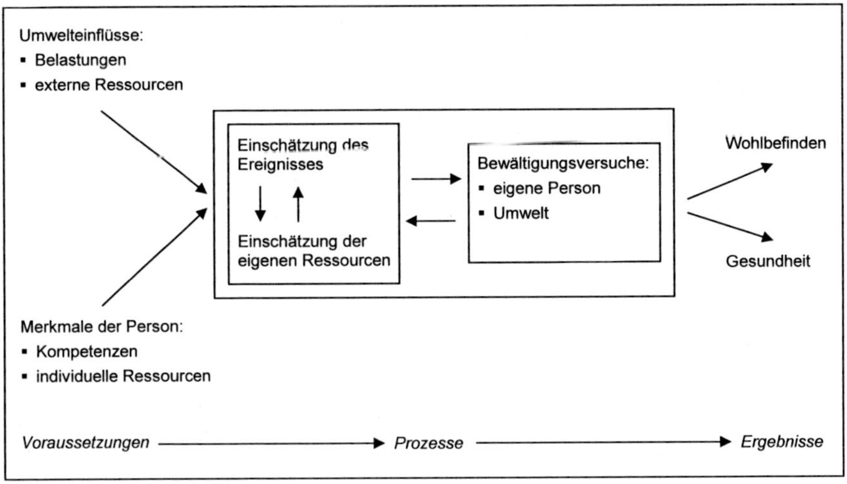

(vgl. AOK Berlin 1994)

Sieht sich eine Person – in meinem speziellen Interesse eine Mutter – in einer Situation bestimmten Anforderungen ausgesetzt, so schätzt sie in einer ersten Bewertung die subjektive Bedeutung dieser Situation ein, d.h. sie ‚überlegt'[5], wie wichtig eine erfolgreiche Bewältigung der Situation für sie ist und welche negativen Konsequenzen mit einem ‚Scheitern' verbunden wären (vgl. Abbildung 2.2.1). In einer

[5] Diese ‚Überlegungen' finden meist in wenigen Augenblicken statt und können z. T. auch unbewusst stattfinden.

zweiten Bewertung schätzt die Person die ihr zur Verfügung stehenden Ressourcen zur Bewältigung ein, d.h. sie überlegt, welche Handlungsmöglichkeiten sie hat und wie effektiv diese zur Bewältigung der Situation sein werden. Letztlich tritt die Person in Aktion und startet Bewältigungsversuche. Lazarus betont in seinem Modell sehr den Prozesscharakter von Stress. So stehen die Einschätzung der Situation, die Bewertung der Ressourcen und die eingesetzten Bewältigungsversuche in Wechselwirkung: Es findet eine stete Neubewertung der durch die eingesetzten Bewältigungsstrategien und Reaktionen der Umwelt veränderten Situation und eine Anpassung der Handlungsstrategien an diese Neubewertung statt.

Zum Stresserleben kommt es, wenn die Situation für die Person sehr bedeutsam ist und sie erkennen muss, dass ihre Bewältigungsmöglichkeiten zu einer positiven Bewältigung nicht ausreichen. Stresserleben zeigt sich in emotionalen Reaktionen wie Angst, Ärger, Gereiztheit und körperlichen Reaktionen, die mit einer erhöhten Sympathikusaktivität einhergehen, wie ein erhöhter Blutdruck und eine vermehrte Ausschüttung von Kortisol und Adrenalin (AOK Berlin 1994). Dadurch wird das aktuelle Wohlbefinden eingeschränkt.

Befindet sich eine Person über längere Zeit in einer beanspruchenden Lebenssituation, so können die körperlichen Stressreaktionen zu einer Schwächung des Immunsystems und Herz-Kreislauferkrankungen führen (Antoni 1987; AOK Berlin 1994). Ein häufiges Auftreten von Ereignissen, die mit Angst, Ärger und Gereiztheit einhergehen, dürfte die Lebenszufriedenheit einschränken und sich auch negativ auf das Selbstwertgefühl auswirken, wenn damit das Gefühl zu versagen verbunden ist.

Wie erfolgreich eine Person belastende Situationen bewältigt, hängt von Personen- und Umweltfaktoren ab.

Auf der Personenebene spielen vor allem die individuellen Kompetenzen eine Rolle: eine zentrale Bedeutung hat das ‚Repertoire' (Heim 1988 zit. nach Jesse 2000) und die Angemessenheit von Bewältigungsstrategien, die eine Mutter zur Verfügung hat. Lazarus (vgl. Lazarus & Launier 1981) unterscheidet zwischen problem- und emotionsbezogenen Bewältigungsstrategien. Problembezogene Bewältigungsstrategien zielen auf die Beseitigung der belastenden Situation ab –

z.B. aktive Informationssuche oder eine direkte Aktion zur Bewältigung der Situation, während emotionsbezogene Strategien an einer Auseinandersetzung mit den negativen Emotionen ansetzen – z.B. durch Bagatellisierung die Bedeutsamkeit der Situation reduzieren (‚alles halb so schlimm'). Ein aktiv problemzugewandter und problemlöseorientierter Bewältigungsstil bei gleichzeitiger emotionaler Kontrolle zeigt sich als besonders effektiv und wohlbefindensförderlich, wohingegen Flucht- und Abkapselungstendenzen mit geringerem Wohlbefinden in Zusammenhang stehen (Becker 1985; vgl. Jesse 2000). Soziale Kompetenzen dürften ebenfalls wichtig sein, vor allem die Fähigkeit, soziale Kontakte aufzubauen, zu pflegen und benötigte Hilfe zu aktivieren. Für die Bewältigung in Umbruchzeiten dürften Flexibilität, Organisationsgeschick und die Fähigkeit, den Anspruch an das eigene Tun nicht zu hoch zu hängen, förderlich sein (vgl. Traub & Vohs 1995). Sander (1999) weist darauf hin, dass Frauen mit höheren Bildungsabschlüssen mit größerer Wahrscheinlichkeit über solche Kompetenzen und Strategien verfügen.

Wichtige Umweltfaktoren sind zum einen die der Mutter zur Verfügung stehenden externen Ressourcen wie die soziale Unterstützung, die sie aus ihrem sozialen Umfeld erhält, aber auch ökonomische Ressourcen und die ‚Infrastruktur' wie z.B. Kinderbetreuungseinrichtungen, die eine Mutter nutzen kann, die Nähe zum Arbeitsplatz, Einkaufsmöglichkeiten und ähnliches. Zum anderen beeinflussen die Anzahl und Art der zu bewältigenden Anforderungen den Stressprozess[6]. Berufstätige Mütter sehen sich einer Vielzahl unterschiedlicher, z. T. einander widersprechenden Anforderungen gegenüber – beispielsweise passt die oft geforderte berufliche Flexibilität nur selten zu den Öffnungszeiten von Kinderbetreuungseinrichtungen (vgl. Kapitel 4.1). Kommen bei einem ohnehin hohen Anforderungsniveau zusätzliche Belastungen hinzu, haben solche Frauen es schwerer, den Alltag erfolgreich zu meistern. Deshalb sind sie in besonderem Maße auf eine effektive Unterstützung in ihrer Alltagsbewältigung angewiesen – einer Partnerschaft kommt hier eine zentrale Bedeutung zu.

---

[6] Lazarus und Mitarbeiter (Kanner et al. 1981; Lazarus 1984 zit. nach Krohne 1990) betonen, dass Alltagsbelastungen wichtiger sind für das Stresserleben als kritische Lebensereignisse an sich. Letztere müssen erst in ihre Auswirkung auf den Alltag übersetzt werden. Dies bestätigt auch die Studie von McLanahan (1985): Sie zeigte, dass die Anzahl an Lebensveränderungen während eines Jahres keinen Einfluss auf das Wohlbefinden von alleinerziehenden Müttern hatte, während chronische Stressoren – allen voran ein geringes Einkommen – 40% des Rückgangs an Wohlbefinden innerhalb eines Jahres erklärten.

2.3 Exkurs: Auswirkungen des psychischen Wohlbefindens von Müttern auf ihre Kinder

Belsky (1984) kritisierte in einem viel beachteten Aufsatz, dass die Untersuchung der Faktoren, die Eltern zu einem förderlichen oder problematischen Erziehungsverhalten bewegen, bis dahin stark vernachlässigt wurde, und stellte ein Prozessmodell der Determinanten elterlichen Erziehungsverhaltens vor (siehe Abbildung 2.3.1). Er unterscheidet drei Quellen von Einflüssen auf elterliches Erziehungsverhalten: die persönlichen psychischen Ressourcen der Eltern (Persönlichkeit), Quellen von Stress und Unterstützung im Umfeld der Eltern (Partnerschaft, Soziales Netzwerk und Arbeit) und Merkmale des Kindes. Das elterliche Erziehungsverhalten wiederum stellt einen wichtigen Einfußfaktor auf die kindliche Entwicklung dar.

Abbildung 2.3.1: Ein Prozessmodell der Determinanten elterlichen Erziehungsverhaltens

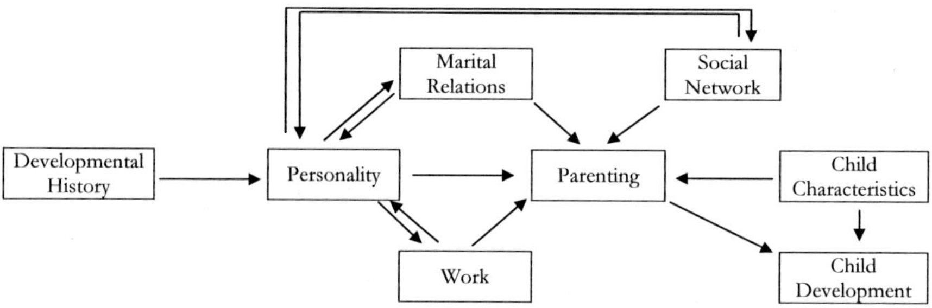

(Belsky 1984, p. 84)

Den größten Einfluss auf die Erziehung hat nach seiner Einschätzung die elterliche Persönlichkeit – er nennt persönliche Reife und psychisches Wohlbefinden als ‚Schlüsselqualifikationen' von Eltern. Im Umfeld der Eltern hat die Partnerschaft den höchsten Stellenwert als Unterstützungsquelle. Den geringsten Einfluss auf das elterliche Erziehungsverhalten weist er den kindlichen Charakteristika zu.

Im Folgenden möchte ich eine Reihe von empirischen Belegen vorstellen, die Teile oder gar die gesamte Erklärungskette seines Modells stützen.

Einige Studien haben sich mit dem Zusammenhang zwischen elterlicher Persönlichkeit und Erziehungsverhalten beschäftigt (zusammenfassend vgl. Hetherington, Bridges & Insabella 1998), dabei fand mütterliche Depressivität die größte Aufmerksamkeit: Gelfand & Teti (1990) sehen durch viele Studien bestätigt, dass mütterliche Depressivität mit weniger wünschenswerten Erziehungseinstellungen wie fehlender Responsivität, Unaufmerksamkeit, unangemessener Disziplinierung und negativer Wahrnehmung des Kindes zusammenhängt (zit. nach Herlth et al. 1995). Auch Simons & Johnson (1996) finden einen Zusammenhang zwischen mütterlicher Depressivität und einem weniger angemessenen Erziehungsstil, der sich in mangelndem Monitoring, harter Disziplin, geringer Konsistenz und Feindseligkeit gegenüber dem Kind zeigt. Weissman & Paykel (1974) stellten in Beobachtungssituationen fest, dass depressive Mütter weniger engagiert und herzlich mit ihren Kindern umgehen, sich ablehnend und feindselig zeigen und seltener den Anforderungen des Kindes nach Aufmerksamkeit entsprechen (zit. nach Herlth et al. 1995 und Belsky 1984).

Eine Vielzahl von Studien beschäftigt sich mit dem Einfluss elterlichen Erziehungsverhaltens auf die kindliche Entwicklung (vgl. Uhlendorff 2001). Amato (2000) fasst in seinem Überblick über Studien zu Scheidungsfolgen für Kinder zusammen, dass das elterliche Erziehungsverhalten einer der besten Prädiktoren für das kindliche Verhalten und Wohlbefinden sind. Dabei zeigt sich ein autoritativer Erziehungsstil als besonders förderlich (Baumrind 1966, 1978; Hetherington 1993).

Die gesamte von Belsky (1984) postulierte Wirkungskette zwischen elterlichem Wohlbefinden, Erziehungsverhalten und kindlicher Entwicklung wurde in unterschiedlichen Kontexten untersucht – in der Scheidungsforschung, in der Armutsforschung und in Untersuchungen, die sich mit den Auswirkungen ehelicher Konflikte auf die Kinder befassen. Allen Kontexten ist gemeinsam, dass erklärt werden soll, wie sich besondere Belastungen in den Familien auf die Kinder auswirken[7].

---

[7] Ausgangspunkt ist die Diskussion um Entwicklungsnachteile von Kindern in besonders belasteten Familien: Scheidungskinder schneiden in vielen Bereichen durchschnittlich schlechter ab als Kinder aus Kernfamilien, allerdings sind diese Effekte meist klein und finden sich vor allem in den ersten Jahren nach der Trennung der Eltern (Amato 2000; Amato & Keith 1991; Hetherington 1993; Schmidt-Denter 2000). Genauere Analysen zeigen, dass nur ein Teil der Scheidungskinder längerfristige Entwicklungsnachteile in Kauf nehmen muss (Hetherington 1993; Schmidt-Denter 2000). Entwicklungsnachteile von armen

Simons & Associates (1996) haben diese Erklärungskette im Scheidungskontext getestet. In ihrer Studie geht ein hohes Maß an Depressivität der Mutter mit einem unangemessenen Erziehungsstil einher, welcher wiederum in Zusammenhang mit einer höheren Depressivität des Jugendlichen steht (Conger & Chao 1996).

Herlth et al. (1995) untersuchten die Auswirkung der Ehebeziehung auf die Kompetenzentwicklung der Kindern. Häufiger Streit zwischen den Eltern steht im Zusammenhang mit Depressivität der Eltern. Depressive Eltern wiederum üben eher Zwang auf ihre Kinder aus, was sich negativ auf deren Selbstwertgefühl auswirkt. Mütterliche Depressivität hat zudem einen direkten negativen Effekt auf das kindliche Selbstwertgefühl, d.h. neben einem unangemesseneren Erziehungsverhalten depressiver Mütter wirkt sich ihre negative Gestimmtheit selbst ungünstig auf das kindliche Befinden aus.

Conger et al. (1993) konnten für Kernfamilien belegen, dass durch ökonomischen Druck hervorgerufene elterliche depressive Stimmung zum einen mit einem höheren Ausmaß an elterlichen Konflikten in Zusammenhang stehen, was sich in einem unangemesseneren Erziehungsverhalten – weniger Engagement und Wärme, mehr Feindseligkeit und weniger konsistente, aber strenge Disziplin – niederschlägt. Zum anderen zeigt sich auch in dieser Studie ein direkter negativer Effekt der elterlichen Depressivität auf die Schulleistungen, die Peer-Beziehungen und das Selbstvertrauen von weiblichen Jugendlichen. Dabei hat das mütterliche Befinden einen größeren Effekt als das väterliche Befinden. Das Problemverhalten der Mädchen steht in keinem direkten Zusammenhang mit dem elterlichen Befinden, aber auch hier zeigt sich die Erklärungskette: depressive Stimmung der Eltern – häufigere eheliche Konflikte – unangemessenes Erziehungsverhalten – mehr Problemverhalten der Mädchen.

In allen drei referierten Studien basieren die Analysen jedoch auf Querschnittsdaten, so dass die von Belsky (1984) postulierte Wirkrichtung nicht geprüft werden konnte. Dies mag erklären, dass Herlth et al. (1995) und Conger et al. (1993) die Beziehung zwischen elterlicher Depression und ehelichem Konflikt in unterschied-

Kindern konnte Klocke (1996) belegen. Walper (2001) betont aber die Wichtigkeit der Perspektive der betroffenen Jugendlichen – nur wenn sich diese auch als finanziell benachteiligt fühlen, ist mit Einschränkungen ihres Befindens zu rechnen.

licher Kausalität interpretieren. Vermutlich besteht zwischen dem Befinden der Eltern und deren partnerschaftlichen Konflikten eine Wechselwirkung.

Insgesamt zeigen sich viele Belege, dass mütterliches Wohlbefinden in einem konsistenten Zusammenhang mit ihrem Erziehungsverhalten steht und dass jenes das Befinden der Kinder beeinflusst. Die Relevanz einer Betrachtung von möglichen Einflussfaktoren auf das mütterliche Befinden (allen voran der Partnerschaftssituation) stellt sich somit gleich doppelt – im Hinblick auf die Mütter selbst und auf ihre Kinder.

3. Partnerschaft

3.1 Partnerschaft als soziale Ressource

3.1.1 Der hohe Stellenwert der Partnerschaft für das Wohlbefinden

Ein Partner gibt Vertrauen und Bestätigung, er unterstützt bei der Alltagsbewältigung, spricht Mut zu bei Problemen. Außerdem bietet eine gemeinsame Freizeitgestaltung die Möglichkeit zu positiven Erlebnissen. Und in einer Partnerschaft kann das Bedürfnis nach Intimität und Nähe gelebt werden. Die Beziehung zu einem Partner wird von vielen Menschen als wichtiger Bestandteil der Identität gesehen. Jene Personen, die in keiner festen Partnerschaft leben, äußern oft eine ausgeprägte Sehnsucht nach einer neuen Beziehung. So findet Krüger (1990) in ihrer Alleinstehenden-Studie, „dass eine feste Paarbeziehung für alleinlebende Frauen und Männer der Untersuchung eine hohe Bedeutung hat. Beide Geschlechter betonen die Wichtigkeit der Emotionalität und die Realisierung des Bedürfnisses nach intimer ‚Zweisamkeit'" (S. 143 zit. nach Lenz 1998, S. 23). Auch Schneider, Rosenkranz & Limmer (1998) betonen in ihrem Buch über nichtkonventionelle Lebensformen, dass trotz der Vielfalt heutiger Lebensformen zwei Grundprinzipien der Lebensführung in aller Regel untangiert bleiben: „die Fixierung auf Zweierpartnerschaften und die enge und exklusive Bedeutung der Eltern-Kind-Beziehung" (S. 27). Da ist es verwunderlich, dass – wie Lenz (1998) kritisiert – Partnerschaft (bzw. die Ehe als häufigste Partnerschaftsform) nur als Randthema der Familienforschung behandelt wird.

Aufgrund des hohen subjektiven Stellenwerts der Partnerschaft ist anzunehmen, dass Partnerschaften eine zentrale Rolle für das Befinden von Menschen haben. Partnerschaft wird in empirischen Untersuchungen meist als Familienstand operationalisiert – die Bedeutung für die Gesundheit wird durch einen Vergleich von Verheirateten mit Nicht-Verheirateten bezüglich unterschiedlicher Gesundheitsindikatoren ermittelt. Auf die wenigen Studien, die sich mit alternativen Partnerschaftsformen beschäftigen, werde ich in Kapitel 3.2 und 3.3 eingehen.

Viele Studien belegen einen Zusammenhang zwischen Familienstand und Gesundheit (zusammenfassend Schütz & Wiesner 2000; Gove et al. 1990; Shapiro 1996): Verheiratete haben eine geringere Mortalitätsrate bzw. eine wesentlich höhere Lebenserwartung als Nicht-Verheiratete (Berkman & Syme 1979; House 1991; Proebsting 1984 zit. nach Schütz & Wiesner 2000). Die Prävalenzen psychischer Erkrankungen liegt bei Unverheirateten höher als bei Verheirateten – dabei sind die Unterschiede zwischen Geschiedenen und Verheirateten besonders groß, Ledige und Verwitwete liegen zwischen beiden Gruppen (Gove 1972 zit. nach Schütz & Wiesner 2000).

Betrachtet man das subjektive Wohlbefinden als abhängige Variable, so zeigt sich konsistent ein besseres Befinden der Verheirateten im Vergleich zu den Unverheirateten (zusammenfassend: Gove et al. 1990; Schütz und Wiesner 2000) – und dies sowohl bei positiven Indikatoren wie Glück und Lebenszufriedenheit, wie auch bei negativen Indikatoren wie Depression und Ängstlichkeit (vgl. Gove et al. 1990). Laut Stroebe & Stroebe (1994) ist der Familienstand die wichtigste objektive Determinante des Wohlbefindens. Sie erklärt allerdings nur 2 bis 4 % der Gesamtvarianz subjektiver Lebenszufriedenheit (Stroebe & Stroebe 1994).

Bei einer genaueren Differenzierung der Gruppe der Unverheirateten zeigen sich besonders große Unterschiede im Wohlbefinden zwischen Verheirateten und Geschiedenen: Eine Vielzahl von Studien belegen, dass geschiedene Personen im Vergleich zu Verheirateten von einem geringeren Maß an psychischem Wohlbefinden berichten – untersuchte Indikatoren sind eine geringere Zufriedenheit, mehr Symptome von psychischem Stress und ein schlechteres Selbstkonzept (zusammenfassend Amato 2000; sowie Kitson & Morgan 1990). Geschiedene sind außerdem weniger glücklich als durchgängig Alleinlebende und Verwitwete (Mastekaasa 1994 zit. nach Schütz und Wiesner 2000).

Der Zusammenhang zwischen Familienstand und subjektivem Wohlbefinden hat sich allerdings in den letzten Jahren abgeschwächt (Stroebe & Stroebe 1994; Schütz & Wiesner 2000). Dies ist vermutlich auf die anwachsende Kohabitationsrate zurückzuführen. Nichteheliche Lebensgemeinschaften haben einen ähnlich positiven Effekt auf das Befinden wie Ehen (Mastekaasa 1995 zit. nach Schütz & Wiesner 2000). In einer Studie in Holland gingen Unterschiede im Einsamkeitsempfinden zwischen Verheirateten und Nicht-Verheirateten allein auf jene Nicht-Verheirateten ohne Partner zurück, die Nicht-Verheirateten mit Partner unterschieden sich nicht von den Verheirateten in ihrem Einsamkeitsempfinden (DeJong-Gierveld 1986 zit. nach Stroebe & Stroebe 1994).

Ob Frauen und Männer unterschiedlich stark von einer Partnerschaft profitieren, ist nicht konsistent belegt. Bezüglich der physischen Gesundheit und der Lebenserwartung ist der Vorteil einer Partnerschaft für Männer höher (zusammenfassend Stroebe & Stroebe 1994; Schütz & Wiesner 2000). Bezüglich des Wohlbefindens gibt es unterschiedliche Befunde. Einige Studien stützen die These, dass Partnerschaften das Wohlbefinden von Männern stärker fördern als das von Frauen (Marks 1996; Peters & Liefbroer 1997). Glenn (1975) stellte hingegen bei Frauen extremere positive wie auch negative Effekte der Ehe fest – so mag die Partnerschaft für Frauen eine größere Bedeutung im positiven wie negativen Sinne haben. Anders formuliert dürfte die Partnerschaftsqualität für das Befinden von Frauen eine größere Bedeutung haben.

3.1.2 Die Bedeutung der Partnerschaftsqualität für das Wohlbefinden

Partnerschaften können auf unterschiedlichste Weise gelebt und gestaltet werden: Manche Partner unternehmen viel zu zweit, andere ziehen lieber allein oder mit Freunden los. Für viele ist der Partner die wichtigste Person, der sie alles anvertrauen können, andere wenden sich zumindest bei bestimmten Themen lieber an ihre beste Freundin oder den besten Freund. Manche Partner haben eine ‚Antenne' dafür, wie es ihrem Partner geht, andere merken erst, dass was nicht stimmt, wenn sich ihr Partner beschwert. Manches Paar ist stets einer Meinung und tut alles dafür, die Harmonie zu bewahren, andere Paare hingegen sind oft unterschiedlicher Meinung und streiten dann lebhaft um einen Konsens. Einige Paare verfügen über problemlöseorientierte, den Anderen respektierende Konfliktlösestrategien, andere zerschlagen Porzellan und setzen ihren Partner herab, wenn es zu Meinungsverschiedenheiten kommt. All diese Unterschiede dürften einen Einfluss auf das Wohlbefinden beider Partner haben. Einige Autoren betonen zudem, dass Partnerschaft nicht nur als Ressource, sondern auch als ein potentieller Stressor gesehen werden muss – nämlich dann, wenn die Beziehung nicht zufriedenstellend verläuft.

So fassen Fehm-Wolfsdorf et al. (1998) Ergebnisse zum Zusammenhang zwischen Gesundheit und Partnerschaft so zusammen, dass Nicht-Verheiratete im Mittel glücklicher sind als unglücklich Verheiratete (Pearlin & Liebermann 1979; Weissman 1987). Entsprechend führen Gove et al. (1990) den positiven Effekt einer Ehe auf eine generell hohe Ehezufriedenheit zurück. Die meisten Paare sind mit ihrer Beziehung zufrieden und deshalb geht es ihnen gut. Bei jenen Paaren mit einer ‚schlechten' Ehe hat diese zwar einen negativen Effekt auf ihr Befinden. Durch das Überwiegen zufriedener Partnerschaften zeigt sich aber insgesamt ein positiver Effekt der Ehe.

Was genau macht eine Beziehung glücklich oder unglücklich? Laut Hahlweg (1986 zit. nach Fehm-Wolfsdorf et al. 1998) unterscheiden sich glückliche Paare im wesentlichen dadurch von unglücklichen Paaren, dass sie besser in der Lage sind, die notgedrungen in einer Partnerschaft entstehenden Konflikte konstruktiv zu besprechen und für beide Seiten zufriedenstellend zu lösen. Folgerichtig haben sich viele Studien auch mit Konflikten in der Partnerschaft beschäftigt (Conger et al. 1993; Herlth et al. 1995; Hetherington 1993). Konflikte werden dabei auf zweierlei Weise erfasst und verstanden: Zum einen wird die Häufigkeit von Meinungsverschiedenheiten erfragt. Zum anderen wird ermittelt, wie die Partner in Meinungsverschiedenheiten miteinander umgehen – kommt es in solchen Situationen zu Abwertungen und Verletzungen der Partner oder wird konstruktiv ausgehandelt (vgl. Hahlweg et al. 1982 – Skala Streitverhalten)? Wie Hahlweg (1986) andeutet, müssen häufige Konflikte per se nicht negativ für die Beziehung sein – sie können auch ein Zeichen dafür sein, dass die Partner sich mit ihren Problemen auseinandersetzen und diese nicht verdrängen. Destruktiv geführte Konflikte hingegen, in denen die ‚Schuld' dem anderen zugeschoben und der andere abgewertet wird, dürften die Beziehung auf Dauer zersetzen. Conger et al. (1993) ließen von Ratern das Ausmaß an Feindseligkeit, Zurückweisung und zwangausübenden Verhaltensweisen zwischen Partnern in der Interaktion einschätzen. Erwartungsgemäß zeigte sich ein Zusammenhang zwischen einem hohen Maß an diesen negativen Verhaltensweisen und der Depressivität der Partner. Allerdings konnten Herlth et al. (1995) in ihrer Studie belegen, dass jene Partner, die über häufige Konflikte berichten, ebenfalls vermehrt von einer depressiven Gestimmtheit erzählen – dieses Ergebnis lässt sich vielleicht so interpretieren, dass häufige Konflikte darauf hinweisen, dass keine zufriedenstellenden Lösungen für die gemeinsamen Probleme gefunden werden und diese deshalb über längere Zeit ‚weiterschwelen' und immer wieder von neuem auftauchen.

Dass ein Verbleiben in einer konflikthaften Partnerschaft längerfristig beanspruchender sein kann als deren Beendigung, illustrieren Ergebnisse der Längsschnittstudie von Hetherington (1993): Sie unterteilte eine Gruppe von Müttern, die in Kernfamilien lebten, in jene mit einem hohen Maß an ehelichen Konflikten[8] und jene mit einem niedrigen Konfliktlevel und verglich sie mit geschiedenen Müttern. Die alleinerziehenden Müttern zeigten direkt nach der Scheidung ein geringeres Wohlbefinden als beide andere Gruppen, nach zwei Jahren waren sie jedoch im Vergleich zu den Müttern, die ein hohes Maß an Konflikten in ihren Ehen erlebten, weniger depressiv, berichteten von weniger Ängstlichkeit, tranken weniger Alkohol und hatten weniger Gesundheitsprobleme.

Für das Unterstützungspotential einer Partnerschaft dürfte zudem wichtig sein, inwieweit die Partner ‚Freud und Leid' tatsächlich teilen. Viele Gemeinsamkeiten und eine rege Kommunikation über das, was einen gerade beschäftigt, müssten das Unterstützungspotential einer Beziehung erhöhen. So zeigt Palisi (1984 zit. nach Schütz und Wiesner 2000) einen klaren Zusammenhang zwischen dem Ausmaß an gemeinsamen Aktivitäten der Partner und der Ehezufriedenheit. Schwarz & Gödde (1999) verglichen alleinerziehende Mütter mit Müttern, die in Kern- und Stieffamilien leben. Diejenigen Mütter, welche die in ihrer Partnerschaft gelebten Gemeinsamkeiten als gering einstuften, unterschieden sich in ihrer berichteten Depressivität nicht von den alleinerziehenden Müttern. Jene Mütter, die mit ihren Partnern viele Gemeinsamkeiten teilten und sich viel miteinander unterhielten, berichteten aber von einem signifikant geringeren Maß an Depressivität.

Eine konfliktreiche Partnerschaft hat somit einen negativen Effekt auf das Befinden, während eine Partnerschaft mit wenig Gemeinsamkeiten im Vergleich zu keiner Partnerschaft keinen negativen – aber auch keinen positiven – Effekt hat. Zugleich zeigt sich in den genannten Untersuchungen, dass diejenigen Frauen, die

---

8 Leider wird in diesem Artikel nicht klar, ob ‚marital conflict' als reine Konflikthäufigkeit oder als Ausmaß negativer Verhaltensweisen operationalisiert wurde.

eine konfliktarme und an Gemeinsamkeiten reiche Beziehung haben, über ein deutlich besseres Befinden berichten (Hetherington 1993; Schwarz & Gödde 1999).

3.1.3 Soziale Unterstützung und Integration als Erklärungsansatz für den Zusammenhang zwischen Partnerschaft und Wohlbefinden

Wie lässt sich nun der konsistent positive Zusammenhang zwischen einer (positiv erlebten) Partnerschaft und dem Wohlbefinden der Partner erklären? Es gibt verschiedene Ansätze, von denen ich den Erklärungsansatz zur sozialen Unterstützung und Integration als am fruchtbarsten einschätze. Auf alternative Erklärungsansätze werde ich in Abschnitt 3.1.4 eingehen.

3.1.3.1 Definitionen

Eine Vielzahl von internationalen Studien belegen die präventive, heilsame und rehabilitierende Wirkung sozialer Unterstützung und Integration (vgl. zusammenfassend Nestmann & Stiehler 1998; Cohen & Wills 1985). Schwarzer & Leppin (1989 zit. nach Schwarzer & Leppin 1994) ermitteln in einer Metaanalyse, die auf über 16.000 Personen beruht, einen durchschnittlichen Zusammenhang von r=-.30 zwischen der wahrgenommenen Unterstützung und der Depression einer Person.

Es gibt eine Vielzahl von Definitionsversuchen für soziale Unterstützung und Integration (vgl. Schwarzer & Leppin 1994). In der Regel wird zwischen strukturellen und funktionalen Aspekten sozialer Unterstützung unterschieden. Strukturelle Aspekte sozialer Unterstützung erfassen, „wie viele und welche Arten von Beziehungen eine Person unterhält und wie diese Beziehungen untereinander gestaltet sind („Soziale Integration')“ (Schwarzer & Leppin 1994, S. 175).

Funktionale Aspekte sozialer Unterstützung erfassen hingegen, „welche funktionale Bedeutung diese Beziehungen für jemanden haben, d.h. es wird nach den Inhalten sozialer Interaktionen gefragt“ (ebd.) Diese Aspekte werden auch als soziale Unterstützung im engeren Sinne verstanden. Anders formuliert geht es bei der sozialen Unterstützung darum, in welchem Ausmaß eine Person in ihren Beziehungen mit bestimmten Unterstützungsfunktionen oder -formen ‚versorgt' wird. Soziale Unterstützung im engeren Sinne wird entweder als wahrgenommene Verfügbarkeit bestimmter Unterstützungsformen oder als Zufriedenheit mit der erhaltenen Unterstützung für unterschiedliche Formen operationalisiert.

Soziale Unterstützung (im engeren Sinne) hat sich als mehrdimensionales Konzept erwiesen (vgl. Schwarzer & Leppin 1994). Es werden meist folgende zentrale Dimensionen unterschieden: Emotionale Unterstützung beinhaltet das „Geben von Empathie, Liebe, Vertrauen und Sorge" (Schütz und Wiesner 2000, S. 208). Instrumentelle Unterstützung bezieht sich auf praktische Hilfestellungen (wie z.B. Babysitting oder Hilfe bei der Hausarbeit), sowie auf materielle und finanzielle Unterstützung. „Unterstützung durch Information ist die Versorgung mit Ratschlägen, Vorschlägen und Informationen, die ein Mensch bezogen auf ein Problem braucht" (Schütz & Wiesner 2000, S. 208). Unterstützung durch Einschätzung oder Bewertungs-Unterstützung bezeichnet die Bereitstellung von Informationen, „die für den Interaktionspartner zur Selbsteinschätzung brauchbar sind, also konstruktives Feedback, Bekräftigung und sozialer Vergleich" (Schütz und Wiesner 2000, S. 208).

3.1.3.2 Zur positiven Wirkung sozialer Integration und Unterstützung

Wie entfaltet nun soziale Unterstützung und Integration ihre positive Wirkung? Es gibt zwei Erklärungsansätze, durch welche Prozesse soziale Unterstützung (im weiteren Sinne) zur psychischen und physischen Gesundheit beitragen kann. Cohen & Wills (1985) skizzieren diese Ansätze in ihrem Forschungsüberblick.

Zum einen kann es sich um einen allgemeinen positiven Effekt sozialer Unterstützung handeln, der darauf basiert, dass die Integration in großen sozialen Netzwerken eine Person regelmäßig mit positiven Erfahrungen und einer Vielzahl von stabilen und sozial belohnten Rollen versorgt. In diesem so genannten Haupteffekt-Modell basiert der positive Effekt der Unterstützung auf der Vermittlung von positiven Emotionen, dem Gefühl von Vorhersagbarkeit und Stabilität in der eigenen Lebenssituation und in der Bestätigung des Selbstwertgefühls. Hierbei sollten vor allem strukturelle Aspekte sozialer Integration zum tragen kommen (vgl. Cohen & Wills, 1985).

Der zweite Erklärungsansatz, das sogenannte Puffermodell, besagt, dass soziale Unterstützung nur bei Personen, die erheblichen Belastungen ausgesetzt sind, einen positiven Effekt auf deren Befinden hat. Diese werden durch funktionale soziale Unterstützung vor den potentiell schädlichen Effekten von Stress geschützt.

Abbildung 3.1.1: Die Wirkung sozialer Unterstützung auf den Stressprozess

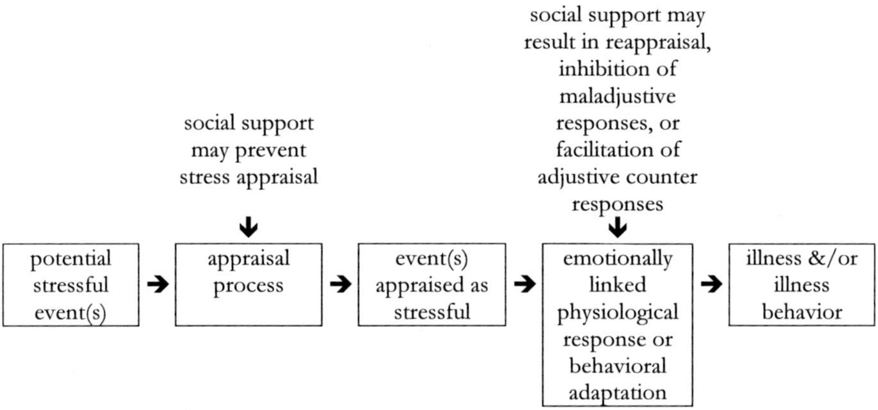

(Cohen & Wills 1985, p. 313)

Soziale Unterstützung kann in den Stressprozess an zwei Stellen positiv eingreifen (siehe Abbildung 3.1.1). Zum einen kann Unterstützung die Einschätzung einer Situation als beanspruchend und die eigenen Ressourcen übersteigend dadurch abschwächen oder verhindern, dass eine Person von ihrem sozialen Umfeld darin bestärkt wird, dass sie selbst über die notwendigen Bewältigungskompetenzen verfügt, bzw. dadurch dass die Person die notwendige Unterstützung Anderer antizipiert. Zum anderen kann – wenn eine Situation als Stress bewertet wurde – eine Person durch hilfreiche Informationen und Bestätigung durch das Umfeld bei der Wahl angemessener Bewältigungsstrategien unterstützt werden oder zumindest dazu angehalten werden, die Situation durch eine Neubewertung weniger emotional belastend zu empfinden. Dadurch dürften negative Folgen für die Gesundheit minimiert werden. An beiden Stellen des Prozesses ist die (zumindest wahrgenommene) Verfügbarkeit angemessener Unterstützungsleistungen durch einzelne Personen notwendig, um negative Folgen der belastenden Situation abzuwenden. Nach Cohen & Wills (1985) sind für Stresssituationen vor allem emotionale und informative Unterstützung von Bedeutung. Wichtig ist hierbei der ‚Fit' zwischen der benötigten und der erhaltenen Hilfestellung.

Die beiden Autoren fanden anhand der ihnen vorliegenden Studien für beide Modelle Belege. Bestätigt werden konnte, dass strukturelle Merkmale von Integration wie die Größe eines sozialen Netzwerkes einen generell positiven Effekt auf das Wohlbefinden haben. Soziale Integration beeinflusst das Wohlbefinden aber auf eine Art, die nicht notwendigerweise die Bewältigung von belastenden Ereignissen fördert. Hierfür ist die Verfügbarkeit einer in der Situation hilfreichen funktionalen Unterstützung notwendig. Diese kann auch durch einen einzelnen Vertrauten erbracht werden, während eine Vielzahl eher oberflächlicher sozialer Kontakte dies unter Umständen nicht leistet[9].

Cohen & Wills (1985) unterstreichen, dass insbesondere die Unterstützung durch Partner für Frauen eine stressreduzierende Wirkung erzielt, die selbst durch eng vertraute andere Personen nicht erreicht werden kann. Sie führen dies darauf zurück, „dass diese engsten und intimsten Beziehungen multiplex sowohl informative als auch rückmeldende und selbstbewusstseinsstärkende Unterstützung liefern und gleichzeitig auch Gemeinschaft, emotionale und sexuelle Beziehungsdimensionen Stresseinflüsse reduzieren – allerdings unter der Voraussetzung, dass der Partner auch als eine wirklich ‚vertraute' Person erlebt wird" (zit. nach Nestmann & Stiehler 1998, S. 291). Partnerschaft dürfte ihre positive Wirkung somit sowohl als Haupteffekt durch die Einbettung in eine stabile, identitätsstiftende und mit positiven Erfahrungen verbundene Beziehung, wie auch als Puffereffekt durch vielfältige partnerschaftliche Unterstützung in Belastungssituationen entfalten.

Schwarzer & Leppin (1994) ergänzen die Gedanken von Cohen & Wills (1985) mit dem Hinweis, dass erst ein Zusammenwirken von Personen- und Umweltmerkmalen zur Wirksamkeit von sozialer Unterstützung führt. Ausgangspunkt ihrer Über-

[9] Daher überrascht nicht, dass die Korrelationen zwischen sozialer Integration und der Verfügbarkeit funktionaler Unterstützung relativ gering sind und beide in sehr unterschiedlicher Weise positiv auf das Wohlbefinden einwirken (Cohen & Wills 1985).

legungen ist die soziale Integration einer Person – die Anzahl von Beziehungen und ihre funktionale Bedeutung. Die von der Person wahrgenommene Unterstützung hängt zum einen von ihrer Integration ab, zum anderen beeinflusst aber auch die Persönlichkeit der Person, ob sie Unterstützungspotentiale in ihrem Umfeld wahrnimmt und bei Bedarf zu nutzen weiß. Darüber hinaus besteht meines Erachtens eine Wechselwirkung zwischen Persönlichkeit und sozialer Integration. Die soziale Kompetenz einer Person, d.h. die Fähigkeit, Beziehungen aufzubauen und zu pflegen, dürfte Einfluss auf ihre Integration haben. Andererseits werden diese Fähigkeiten in häufiger Interaktion geschult. Soziale Unterstützung und Integration ist somit ein Produkt der Interaktion zwischen einer Person und ihrem sozialen Umfeld.

3.1.4 Alternative Erklärungsansätze für den Zusammenhang zwischen Partnerschaft und Wohlbefinden

3.1.4.1 Selektionshypothese

Die Selektionshypothese postuliert, dass nicht die Partnerschaft eine positive Wirkung auf das Befinden hat, sondern dass vielmehr Personen mit einem hohen Wohlbefinden bessere Chancen bei der Partnersuche haben und deshalb häufiger verheiratet sind. Damit wird die Wirkrichtung umgedreht. In Bezug auf Mortalität konnte die Selektionshypothese laut Schütz & Wiesner (2000) klar widerlegt werden. Aber auch für ‚weichere Kriterien' wie das psychische Wohlbefinden lassen sich einige Argumente gegen die Selektionshypothese anführen: So widersprechen Ergebnisse, nach denen Unverheiratete eine geringere Prävalenz psychischer Erkrankungen haben und auch glücklicher sind als Geschiedene (Glenn 1975; Mastekaasa 1994 zit. nach Schütz & Wiesner 2000), dem Argument, dass gerade die psychisch ‚Gesunden' eher eine Partnerschaft eingehen – da die Geschiedenen ja bereits den ‚Ausleseprozess' durchlaufen haben. Gegen eine ‚Negativauswahl' alleinstehender Frauen sprechen auch Ergebnisse der Studie von Marks (1996), in der Alleinstehende und geschiedene oder getrennt lebende Frauen sich als intelligenter und offener für neue Erfahrungen erwiesen, zudem hatten sie niedrigere Neurotizismuswerte als verheiratete Frauen. Gove et al. (1990) führen noch eine Reihe weiterer Argumente gegen die Selektionshypothese an: So bleibt der

Zusammenhang zwischen Familienstand und Wohlbefinden auch dann unverändert bestehen, wenn für eine Vielzahl von Einflussfaktoren kontrolliert wurde – wie für den sozioökonomischen Status, der als Indikator für einen Selektionseffekt gelten kann. Desweiteren müsste bei Vorliegen eines Selektionseffektes der Zusammenhang zwischen Ehestatus und Wohlbefinden in einer Kohorte mit zunehmendem Alter enger werden, da die zufriedenen und gesunden Personen mit der Zeit alle heiraten und zunehmend nur die unzufriedenen und kranken Personen in der Gruppe der Unverheirateten verbleiben. Tatsächlich bleibt der Zusammenhang aber konstant und zeigt keine Kohorteneffekte (ebd.). Letztlich gibt es viele konsistente empirische Belege dafür, dass Partnerschaft und Familie von den Menschen selbst als wichtiger Faktor für ihr Befinden angesehen wird (Gove et al. 1990). Entsprechend wird der Tod des Ehepartners als das am schwierigsten zu bewältigende Lebensereignis eingestuft – direkt gefolgt von den Lebensereignissen Scheidung und Trennung vom Ehepartner (Holmes & Rahe 1980).

Allerdings liefert Veenhoven (1989 zit. nach Stroebe & Stroebe 1994) auch Belege für einen teilweisen Selektionseffekt: Bei einer Überprüfung der Hypothese an Quer- und Längsschnittdaten kam er zu dem Schluss, dass Zufriedenheit die Chancen bei der Partnerwahl erhöht. Glückliche und zufriedene Menschen scheinen leichter einen Partner zu finden als unglückliche.

3.1.4.2 Rollentheorie

Im symbolischen Interaktionismus wird das ‚Selbst' als ein soziales Produkt verstanden, dass in der Interaktion mit wichtigen Anderen entsteht und bewertet wird. Laut Mead (1934) „the individual possesses a self only in relation to the selves of the other members of his social group; and the structure of his self expresses or reflects the general pattern of this social group to which he belongs." (zit. nach Gove et al. 1990, p. 15). Faris (1937, p. 251) betont „Our personality is shaped by the definitions of our acts which we receive by others. We respond to them in our imagination and build up not only virtues and vices but the awareness of them. And here arises the transcendent importance of the primary group. Only in the primary group relation is this type of influence directly effected and positively formulative."

Auf der Basis des symbolischen Interaktionismus führt Thoits (1983) aus, wie die wichtigsten Rollenbeziehungen das Wohlbefinden einer Person fördern können: Erstens wird die Identität und das Zugehörigkeitsgefühl einer Person dadurch erzeugt, dass sie in ein System von regelmäßigen Beziehungen eingebettet ist, in denen die persönlichen Bande durch wechselseitige Rechte und Pflichten definiert werden. Zweitens hängt das Urteil einer Person über ihren eigenen Wert – wie die eigenen Liebenswürdigkeit, Bedeutung und den sozialen Wert – in bedeutsamen Maße von der wahrgenommenen Wertschätzung durch jene ab, mit denen man regelmäßig interagiert. Drittens resultiert das persönliche Gefühl eigener Kontrolle und Kompetenz von erfolgreichen Bemühungen, die Rollenerwartungen von wichtigen anderen Personen zu erfüllen. Thoits (1983) argumentiert, dass der wahrgenommene Erfolg der eigenen Bemühungen oft in hohem Maße von der Bewertung Anderer abhängt. Wenn jemand in seinen wichtigsten Rollenbeziehungen erfolgreich ist, dann wird dies in der Regel sein Wohlbefinden fördern. Ein wahrgenommenes Scheitern wird hingegen in einem geringen Selbstwertgefühl und einem geringen Wohlbefinden resultieren. Gove et al. (1990) sehen in der Ehe die Rolle, die in unserer Gesellschaft am häufigsten ein sehr positives Gefühl für eigene Identität, Selbstwert und Kompetenz gibt. Berger & Kellner (1964) fassen dies wie folgt zusammen: „every individual requires the ongoing validation of his world, by those few who are his truly significant others ... marriage occupies a privileged status among the significant validation relationships for adults in our society" (zit. nach Gove et al. 1990, p. 16).

Die Rollentheorie kann somit sehr gut die positive Wirkung sozialer Integration erklären. Auch soziale Unterstützung durch Bestätigung und Bewertung lässt sich rollentheoretisch umformulieren. Über den Erklärungswert der sozialen Unterstützungskonzepte gehen rollentheoretische Konzepte meines Erachtens aber nicht hinaus[10].

[10] Allerdings weisen Stroebe & Stroebe (1994) und Schütz & Wiesner (2000) auf den zusätzlichen Erklärungswert der Rollentheorie für das körperliche Wohlbefinden hin: So seien mit der Ehe Rollenerwartungen verbunden, die gesundheitliches Risikoverhalten unterbinden. Psychisches Wohlbefinden kann dadurch aber weniger erklärt werden.

3.2 Living-apart-together (LAT) als neue Partnerschaftsform

3.2.1 Wandel der Partnerschaftsformen

Wie gerade herausgearbeitet wurde, hat die Zweierbeziehung einen hohen Stellenwert für das Wohlbefinden, zudem gilt sie als die wichtigste soziale Ressource. Allerdings hat die Form, in der Partnerschaften gelebt werden, in den letzten Jahren deutlich ihr Gesicht verändert.

Die Institution Ehe hat in den letzten 30 Jahren ihre kulturelle Selbstverständlichkeit verloren. Waren in den 50er und 60er Jahren bis zu 95% der Personen im ‚heiratsfähigen' Alter verheiratet, so lässt sich seit den 70ern nicht nur ein Trend zu einem höheren Heiratsalter, sondern zugleich in allen westlichen Industrieländern ein starker Rückgang in der Heiratshäufigkeit feststellen (vgl. Höpflinger 1987 zit. nach Lenz 1998). Höhn (1989, S. 199 zit. nach Lenz 1998, S. 15) schätzt, „das wir uns in Europa einer Situation nähern, bei der mehr als 20% der Frauen und mehr als 25% der Männer zeitlebens unverheiratet bleiben". Hofmann-Nowotny (1987 zit. Lenz 1998) liegt mit seiner Einschätzung, dass sich der Anteil dauerhaft Lediger in den westlichen Industrieländern bei rund einem Drittel einpendeln wird, noch etwas über diesen Werten.

Allerdings bedeutet – wie oben dargelegt – dieser Rückgang in der Heiratsneigung keineswegs eine Abkehr von der Zweierbeziehung, vielmehr steht die Ehe nun in ‚Konkurrenz' zu anderen gesellschaftlich akzeptierten Partnerschaftsformen. So zeigt sich parallel eine drastische Zunahme der unverheiratet Zusammenlebenden – der so genannten nichtehelichen Lebensgemeinschaften (NEL) (vgl. Schneider et al. 1998). Über den Verbreitungsgrad dieser Lebensform gibt es nur Schätzungen. Vor allem jüngere Paare wählen diese Lebensform: Bei den 26- bis 35-Jährigen liegt der Anteil bei den Frauen bei 8,8%, bei den Männern bei 9,5% (Statistisches Bundesamt 1995 zit. nach Lenz 1998). Zwar handelt es sich bei dieser Lebensform häufig um ein ‚Durchgangsstadium', das in einer Ehe oder der Trennung mündet (vgl. Peuckert 1996; Vaskovics et al. 1997 zit. nach Lenz 1998), aber für eine Minderheit – in erster Linie das großstädtische Akademiker- und Alternativmilieu – stellt sie eine dauerhafte Alternative zur Ehe dar (Burkart et al. 1989 zit. nach ebd.).

Neben den nichtehelichen Lebensgemeinschaften gewinnt nach Schneider et al. (1998) eine zweite ‚Figur nichtkonventioneller Lebensformen' an Gewicht, nämlich jene Partnerschaften, in denen beide Partner in getrennten Haushalten leben. Diese Lebensform wird von einigen Autoren in der Diskussion um Individualisierung und Pluralisierung als Lebensform der Zukunft hervorgehoben (siehe Schneider 1994; Schlemmer 1995). Schlemmer (1995) schätzt auf der Datengrundlage des Familiensurveys[11] und seiner Zusatzerhebungen, dass in den alten Bundesländern (ABL) 9,5% der Befragten und in den neuen Bundesländern (NBL) 5% in dieser Partnerschaftsform leben[12]. Somit ist diese Lebensform in den ABL deutlich stärker verbreitet als in den NBL. In den ABL werden Partnerschaften mit getrennten Haushalten sogar häufiger praktiziert als nichteheliche Lebensgemeinschaften (letztere mit 6,2% der Befragten). In den NBL werden hingegen das nichteheliche Zusammenleben und das Leben in getrennten Haushalten gleich häufig als Lebensform gewählt.

3.2.2 Formen der Partnerschaft in getrennten Haushalten

Unter dem Begriff der ‚Partnerschaft mit getrennten Haushalten' werden Paare subsumiert, die sich aus unterschiedlichen Gründen für diese Lebensform entschieden haben und die ihren Beziehungsalltag sehr unterschiedlich in den beiden Haushalten gestalten. Schmitz-Köster (1990) schildert in ihrer qualitativen Studie den Alltag von acht Paaren, die ihre ‚Liebe auf Distanz' leben. Darunter ist eine ‚typische' Seefahrer-Ehe, in welcher der Mann wochenlang auf einem Fischkutter

---

[11] Der Familiensurvey ist eine Befragung des Deutschen Jugendinstituts, die im Rahmen des Projekts ‚Wandel und Entwicklung familialer Lebensformen' 1988 in Westdeutschland erstmalig durchgeführt wurde. Dabei nahmen 10.043 Personen zwischen 18 und 55 Jahren teil. Diese erste Welle wurde 1990 durch Nacherhebungen in den jetzigen neuen Bundesländern mit einer Stichprobe von 1951 Personen zwischen 18 und 55 Jahren ergänzt. 1994 wurden in einer zweiten Welle 6999 westdeutsche und 3995 ostdeutsche Personen zwischen 18 und 55 Jahren befragt. In der dritten Welle im Jahre 2000 nahmen 8615 westdeutsche und 1478 ostdeutsche Personen zwischen 18 und 55 Jahren teil (vgl. Bender, Bien & Alt 1996; Hartl 2002).

[12] Zur Abgrenzung von flüchtigen Beziehungen und dem Beginn von Partnerschaften (die ja in aller Regel als Partnerschaft mit getrennten Haushalten beginnen) wurden nur Partnerschaften berücksichtigt, die mindestens ein Jahr bestanden. Schlemmer (1995) griff neben der ersten Welle des Familiensurveys auf Daten von Zusatzerhebungen zurück und bezieht somit in ihre Analysen Personen zwischen 18 und 80 Jahren ein. Schneider (1996) beschränkt sich auf Daten des Familiensurveys und berücksichtigt deshalb nur Personen zwischen 18 und 55 Jahren. So ist zu erklären, dass er auf höhere Schätzwerte kommt: Laut Schneider (1996) leben 10,9% der westdeutschen und 6,3% der ostdeutschen Befragten in Partnerschaften mit getrennten Haushalten.

arbeitet, während sich die Frau um Haus und Kinder kümmert. Daneben beschreibt sie ein Paar, das bewusst zwei Wohnungen in derselben Strasse unterhält, weil die Partner diese räumliche Distanz in ihrer Beziehung brauchen. Das Spektrum von Distanz-Beziehungen skizziert sie wie folgt:

„Es gibt Paare, die

- unfreiwillig auf Distanz leben, und Paare, die sich bewusst für ein solches Leben entscheiden;
- diese Lebensform auch langfristig akzeptieren, und andere, die alles tun, um sie zu beenden;
- die fünf Minuten voneinander entfernt wohnen, und solche, zwischen denen zehntausend Kilometer liegen;
- die sich jedes Wochenende sehen, und Paare, bei denen es keine Regelmäßigkeiten gibt;
- die bereits mehrfach Erfahrungen mit Distanz-Beziehungen gemacht haben, und andere, die sich nur einmal und nie wieder darauf einlassen wollen;
- die heute eine ‚Liebe auf Distanz' leben, und solche, deren ‚living apart together' beendet ist, weil sie zusammenwohnen oder sich getrennt haben;
- die sich nur ‚auf Distanz' kennen, und Paare, die auch zusammengelebt haben;
- die Kinder haben, und solche, die ihre Lebensweise für unvereinbar mit Elternschaft halten."

(Schmitz-Köster 1990, S. 46)

Diese Vielfalt wird versucht, in Typen zu bündeln. Differenzierungskriterien dieser Typen sind, in welcher Phase der Partnerschaftsbiografie das Getrenntleben stattfindet, ob es eine Hauptwohnung oder zwei gleichberechtigte Wohnungen gibt, ob das Paar verheiratet ist oder nicht, und ob die Entscheidung für diese Lebensform aus dem eigenen Wunsch heraus gefallen ist oder durch strukturelle Zwänge bestimmt war. In der Regel werden zwei Gruppen von Partnerschaften unterschieden, die sich in erster Linie anhand der Freiwilligkeit der Entscheidung für diese Lebensform, sowie dem Vorhandensein einer ‚Hauptwohnung' unterscheiden: Living-apart-together-Beziehungen und die so genannten ‚Pendler-Ehen'.

Unter Living-apart-together (LAT) versteht man Paare, die über keinen gemeinsamen Haushalt verfügen. Schlemmer (1995) definiert LAT als „Lebensform, in der nichteheliche Partner, ohne einen gemeinsamen Haushalt zu führen, leben. Es wird damit ein Paar beschrieben, dass nicht nach der Norm der traditionellen Ehe lebt aber auch nicht in einer nichtehelichen Lebensgemeinschaft, sich aber selbst als Paar begreift" (S. 363f).

Zum einen verbergen sich hinter dieser Partnerschaftsform relativ junge Beziehungen. In der Phase des Kennenlernens leben Partner meist in getrennten Wohnungen. Erst im weiteren Verlauf – wenn sich die Beziehung als stabil herausgestellt hat – stellt sich die Frage nach dem Zusammenziehen. Auch wenn die Partner prinzipiell nichts gegen ein Zusammenleben haben, kann sich das Zusammenziehen aus praktischen Erwägungen hinauszögern – beide haben schöne oder billige Wohnungen und wollen diese nur für eine äquivalente gemeinsame Wohnung aufgeben, einer der Partner müsste erheblich längere Anfahrtszeiten zum Arbeitsplatz in Kauf nehmen und ähnliches. Damit stellt LAT bei vielen Paaren eine Übergangsphase hin zu einer späteren nichtehelichen Lebensgemeinschaft oder Ehe dar (siehe auch Abschnitt 3.2.4).

Andererseits entscheiden sich einige Paare auch nach längerem Bestand ihrer Beziehung ganz bewusst gegen das Zusammenziehen. Für diese Paare bietet das Getrenntleben die Möglichkeit, sich ein hohes Maß an Unabhängigkeit zu bewahren. Außerdem wird die Beziehung nicht durch Alltagsprobleme – wie die Aufteilung der Hausarbeit – belastet. Manche Autoren fassen unter der Lebensform LAT nur jene Paare, für die das Getrenntleben ein Teil ihres Beziehungsideals darstellt (siehe Schneider et al. 1998). Allerdings ist es vermutlich nicht immer klar zu entscheiden, ob eine bewusste Entscheidung für ein Getrenntleben die Umsetzung eines Beziehungsideals oder ein pragmatisches Abwägen unterschiedlicher Wünsche und Interessen darstellt. So dürften alleinerziehenden Müttern und ihre neuen Partner bei der Entscheidung, ihre Beziehung in einer gemeinsamen oder getrennten Wohnungen zu gestalten, nicht nur ihre eigenen Wünsche nach Nähe und Distanz berücksichtigen, sondern auch abwägen, ob sich der Partner mit den Kindern in einer gemeinsamen Wohnung arrangieren kann.

Von obigen Lebensformen abzugrenzen sind die sogenannte ‚Pendler-Ehen' (Lenz 1998). Bei diesen Paaren, die oft auch verheiratet sind, existiert in der Regel eine gemeinsame Hauptwohnung, in der die Partner ihre Wochenenden verbringen und – wenn vorhanden – die gemeinsamen Kinder leben. Einer der Partner arbeitet aber an einem anderen Ort und lebt während der Arbeitswoche in einer zweiten ‚Satellitenwohnung'. Die Entscheidung, in zwei Wohnungen zu leben, ist bei diesen Paaren in aller Regel keine freiwillige Entscheidung, sondern entsteht aus arbeitsmarktspezifischen Zwängen heraus. Schneider et al. (1998) unterscheiden hierbei zwei Motivlagen für dieses Arrangement:

Bei den ‚dual-career-shuttles' hat der Beruf für beide Partner einen hohen Stellenwert. Durch die Erfordernisse des Arbeitsmarktes nach Mobilität wird eine Koordination beider Berufsverläufe an demselben Ort für Paare zunehmend schwerer – und erfordert dann die Gründung eines zweiten Haushaltes als Kompromiss. In der amerikanischen Literatur werden diese doppelberufstätigen Paare auch als ‚commuter-Ehen' bezeichnet.

Bei den ‚shuttle-Beziehungen' hat ebenfalls ein Partner eine Zweitwohnung an seinem (neuen) Arbeitsort gegründet. Ein ‚Nachziehen' der gesamten Familie wird hier nicht durch die Arbeitssituation des zweiten Partners ausgeschlossen, sondern es sind vielmehr private Präferenzen, wie z.B. das Vorhandensein eines Eigenheims oder schulpflichtiger Kinder, denen man einen Schulwechsel ersparen will, die einen Verbleib der Familie am ursprünglichen Wohnort begünstigen und das Pendeln eines Partners als ‚kleineres Übel' erscheinen lassen.

Da die Mobilitätsanforderungen des Arbeitsmarktes eher zunehmen werden, ist zu erwarten, dass sowohl dual-career-shuttles, wie auch shuttle-Beziehungen als Lebensform an Bedeutung gewinnen. Allerdings dürfte eine klare Unterscheidung zwischen beiden Varianten zunehmend schwierig werden, da – bei einer hohen Berufsorientierung auch westdeutscher Frauen – oft beide Motivlagen gleichzeitig eine Rolle spielen. Da diese Lebensform von vielen Paaren als Zwang erlebt wird, dürfte sie häufig einen eher temporären Charakter haben.

Im Weiteren sollen die Living-apart-together-Partnerschaften im Mittelpunkt meines Interesses stehen.

3.2.3 Wer lebt in LAT-Partnerschaften? – Prototypen des LAT

Auf der Datengrundlage des Familiensurveys und seiner Zusatzerhebungen arbeitete Schlemmer (1995) drei Prototypen heraus, die mit ihren Partnern in getrennten Haushalten leben[13]. Unterscheidungskriterien waren Alter, Familienstand und Haushaltszusammensetzung.

Am häufigsten wird LAT von jungen Paaren praktiziert: Etwa drei Viertel der westdeutschen Befragten mit einer LAT-Partnerschaft sind zwischen 18 und 35 Jahren, in Ostdeutschland gehören 54% der Befragten mit einer LAT-Partnerschaft dieser jungen Generation an. In dieser Altersgruppe sind die Befragten ohne gemeinsamen Haushalt fast ausschließlich ledig (ABL: 94%, NBL: 84%) und knapp die Hälfte lebt noch zu Hause bei den Eltern oder mit anderen Verwandten zusammen. In Westdeutschland haben etwa 7% dieser jungen Personen eigene Kinder, in Ostdeutschland liegt der Anteil mit 20% deutlich höher. Damit wird diese Lebensform in erster Linie von jungen, ledigen, überwiegend kinderlosen Menschen praktiziert.

18% der westdeutschen Befragten mit LAT-Partnerschaft waren zwischen 36 und 55 Jahren. In Ostdeutschland lag der Anteil dieser mittleren Generation mit 26% etwas höher. Mehr als die Hälfte dieser Personen sind geschieden. In Westdeutschland haben 60% dieser Befragten eigene Kinder, in Ostdeutschland liegt auch in dieser Altersgruppe der Anteil der Befragten mit Kind mit 81% deutlich höher. Ein deutlicher Geschlechtsunterschied zeigt sich bei der Frage, ob die Kinder auch im eigenen Haushalt leben: Während die Männer dieser Altersgruppe überwiegend alleine wohnen (ABL: 82%, NBL: 93%), leben die Frauen in den NBL überwiegend mit ihren Kindern zusammen (58%). In den ABL leben knapp 40% der Frauen mit ihren Kindern im Haushalt – 57% dieser Frauen leben hingegen alleine. Damit sind Personen der mittleren Generation mit LAT-Partnerschaft überwiegend geschieden und die Männer in dieser Altersgruppe leben alleine. Die Frauen dieser Alters-

---

[13] Den im Weiteren zitierten Befunden unterliegt eine Operationalisierung von LAT als einer Partnerschaftsform, die seit mindestens 1 Jahr besteht und in der die Partner über keine gemeinsame Hauptwohnung verfügen. Die Motivation zu dieser Lebensform wurde nicht erfasst. Die Abgrenzung zu Pendler-Ehen findet somit über das Fehlen einer Hauptwohnung statt.

gruppe sind hingegen in den NBL überwiegend, in den ABL relativ häufig alleinerziehende Mütter.

Relativ selten leben Personen zwischen 55 und 80 Jahren mit ihrem Partner in getrennten Haushalten – in den ABL gehören nur 7%, in den NBL immerhin 20% aller Befragten, die diese Lebensform praktizieren, dieser älteren Generation an. Diese Personen sind überwiegend verwitwet (ABL: 64%, NBL: 58%) und haben fast alle Kinder (ABL: 79%, NBL: 92%), die aber meist schon ausgezogen sind. Sie befinden sich somit in der ‚empty-nest'-Phase und leben alleine (ABL: über 90%, NBL: 100%).

Zusammenfassend zeigt sich, dass LAT überwiegend von einer jüngeren Generation bis 35 Jahre praktiziert wird. Allerdings stellen gerade in Ostdeutschland alleinerziehende Mütter einen nennenswerten Anteil der Frauen, die LAT als Lebensform wählen: Dort leben 48% der Frauen mit einer LAT-Partnerschaft mit Kindern zusammen (ABL: 17%) (Schneider 1996)[14].

3.2.4 Living-apart-together – nur eine Phase im Lebenslauf?

Wie sehr ist Living-apart-together nur eine Übergangsphase und wie sehr eine dauerhafte Lebensform? Querschnittlich betrachtet liegt die durchschnittliche Dauer von LAT-Partnerschaften mit 2,7 Jahren deutlich niedriger als diejenige von NEL mit 4,5 Jahren und Ehen mit 17,6 Jahren (Schlemmer 1995). Sie ist damit eine oft ‚flüchtige' Lebensform, die entweder durch Zusammenzug oder Heirat in einer anderen Partnerschaftsform aufgeht oder aufgrund der haushaltlichen Trennung instabil ist und zu einer vergleichsweise baldigen Auflösung der Partnerschaft führt.

Mit zunehmendem Alter verlängert sich die Partnerschaftsdauer beim LAT: In Westdeutschland liegt die durchschnittliche Dauer bei jüngeren Partnern bei 2,3 Jahren, bei der mittleren Generation hingegen schon bei 5,1 Jahren. In Ostdeutschland zeigt sich ein ähnlicher Unterschied zwischen den Generationen, aller-

---

14 Allerdings wurden bei Schneider (1996) nur Frauen zwischen 18 und 55 Jahren in die Analysen einbezogen.

dings ist die Dauer jeweils deutlich geringer als in Westdeutschland: Hier leben jüngere Partner durchschnittlich seit 1,2 Jahren, Partner der mittleren Generation seit 4,2 Jahren in getrennten Wohnungen (Schlemmer 1995).

Eine längsschnittliche Betrachtung vom Verlauf von LAT-Partnerschaften ist für Westdeutschland auf der Basis der Daten des Familiensurveys möglich (Schneider 1996). Handelt es sich bei der LAT-Partnerschaft um die erste Partnerschaft, folgt bei 85% der Befragten im Verlauf der nächsten 6 Jahre die Heirat der Partner. Dazwischen gibt es in der Regel eine Phase des nichtehelichen Zusammenlebens. Nur bei 4% der Befragten besteht die Partnerschaft auch 6 Jahre später in getrennten Haushalten.

Handelt es sich hingegen bei der LAT-Partnerschaft um die zweite oder dritte Partnerschaft, erfolgt eine Eheschließung innerhalb der folgenden 6 Jahre nur bei 43% der Befragten. Rund 14% dieser Beziehungen bestehen nach Ablauf von 6 Jahren in getrennten Haushalten fort. Bei ‚späteren' Partnerschaften ist LAT somit in geringerem Maße ein Vorstadium zur Ehe und hat etwas häufiger den Charakter einer langfristigen Lebensform als in ersten Beziehungen (Schneider et al. 1998). Dies dürfte die durchschnittlich kürzere Dauer der Partnerschaften bei jüngeren Personen erklären: Diese leben mit höherer Wahrscheinlichkeit in ihrer ersten Partnerschaft, die relativ schnell in eine Haushaltsgemeinschaft übergeht oder aufgelöst wird, während die älteren Partner mit höherer Wahrscheinlichkeit in einer zweiten oder dritten Partnerschaft leben, die häufiger über viele Jahre hinweg existiert. In der jüngeren Generation hat LAT somit überwiegend einen Übergangscharakter, während die mittlere Generation LAT auch längerfristig praktiziert.

3.2.5 Die räumliche Entfernung der LAT-Partner

Die Entfernung der Wohnungen beider Partner hat erheblichen Einfluss darauf, wie häufig und wie spontan gemeinsame Zeit verbracht werden kann. Außerdem wird dadurch abgesteckt, wie viel sich die Partner im Alltag praktisch unterstützen können. Schlemmer (1995) hat die räumliche Entfernung der Partner ermittelt. Circa die Hälfte der befragten Personen mit einer LAT-Partnerschaft leben an demselben Ort wie ihr Partner. Von den Personen, die in unterschiedlichen Orten leben, wohnen in Westdeutschland – je nach Alter – zwischen 11 und 14% der Partner weiter als eine Stunde entfernt. In Ostdeutschland gelten ähnliche Zahlen für die älteste Generation, in der jüngeren und mittleren Generation sind die ‚Fernbeziehungen' etwas häufiger: In der jüngsten Generation leben 61% der Partner nicht am selben Ort und 31% sogar weiter als eine Stunde entfernt. In der mittleren Generation wohnen 53% der Partner an einem anderen Ort und 27% weiter als eine Stunde entfernt.

3.3 Unterschiede im Unterstützungspotential von LAT-Partnerschaften, NEL und Ehen

3.3.1 Soziale Einbindung und Exklusivität der Paarbeziehung in unterschiedlichen Partnerschaftsformen

Im Kapitel 3.1 habe ich mich mit dem Unterstützungspotential von Ehen beschäftigt. Auch Partnerschaften in getrennten Haushalten dürften eine Quelle von Bestätigung und Unterstützung sein. Allerdings gibt es bisher kaum empirische Untersuchungen, die sich mit der alltäglichen Ausgestaltung und dem Unterstützungspotential von LAT-Partnerschaften beschäftigen.

Diewald (1993) vergleicht LAT-Partnerschaften mit Ehen und nichtehelichen Lebensgemeinschaften (NEL) hinsichtlich der Unterstützungserwartungen der Partner und der Einbindung der Partnerschaft in das weitere soziale Umfeld. Er geht von folgender Überlegung aus:

„Vor allem die Existenz oder zumindest Erwartung einer geringeren oder größeren Beziehungsstabilität hat Auswirkungen auf die in einer bestimmten Beziehung mögliche Austauschlogik und damit auf ihren Charakter als *Unterstützungs*beziehung. Je dauerhafter eine Beziehung angelegt ist, desto eher kann der wechselseitige Austausch von Unterstützungsleistungen innerhalb dieser Beziehung dem Prinzip der ‚aufgeschobenen Reziprozität' folgen. ... Voraussetzung dafür ist allerdings der Aufbau von Vertrauen in einer längerfristigen Beziehungsgeschichte" (Diewald 1993, S. 280f).

Zentrales Bestimmungsstück für das Ausmaß an Unterstützungsleistungen in einer Beziehung ist für ihn somit die Beziehungsdauer bzw. die antizipierte Beziehungsdauer. Da Ehen durchschnittlich länger währen als NEL und diese wiederum länger als LAT-Beziehungen, nimmt Diewald (1993) an, dass zumindest bei umfangreicheren Hilfen, wie die Pflege des Partners oder das Verleihen größerer Geldsummen, die Ehe eine größere Exklusivität besitzt wie die NEL. LAT-Partnerschaften sollten demnach das geringste Maß an Exklusivität zeigen. Für emotionale Formen der sozialen Unterstützung sieht er hingegen keine Unterschiede voraus.

Datengrundlagen sind für Diewald (1993) drei in der alten Bundesrepublik durchgeführte Bevölkerungsumfragen[15]. Es zeigt sich, dass verheiratete Paare und nichteheliche Lebensgemeinschaften sich hinsichtlich ihrer Unterstützungserwartungen nicht voneinander unterscheiden, LAT-Paare hingegen deutlich weniger auf den Partner bezogen sind. Bei praktischen Formen der Unterstützung (Arbeiten in Wohnung und Garten, Sich-Kümmern bei Grippe) würden zusammenlebende Paare ihren Partner mehr als doppelt so häufig als Ersten um Hilfe bitten als nicht zusammenlebende Paare (Ehe/NEL: circa 80% vs. LAT: circa 33%). Entgegen den Erwartungen Diewalds (1993) zeigen sich auch bei emotionalen und kognitiven Unterstützungsleistungen deutliche Unterschiede zwischen zusammenlebenden und nicht zusammenlebenden Paaren: Bei Niedergeschlagenheit würden drei Viertel der zusammenlebenden Paare zuerst ihren Partner um Hilfe bitten, bei nicht zusammenlebenden Paaren sind es nur knapp die Hälfte. Um Rat bei wichtigen Veränderungen würden über 80% der zusammenlebenden Paare zunächst den Partner fragen, verglichen mit nur knapp der Hälfte der LAT-Paare. Selbst bei Kontrolle von Alter, Elternschaft, Bildung und Geschlecht zeigt sich, dass LAT-Paare ihren Partner signifikant seltener als erste Hilfeinstanz für verschiedene Bedarfsituationen nennen als zusammenwohnende Paare.

Für die Unterstützungserwartungen an den Partner spielt es somit keine Rolle, ob man verheiratet oder unverheiratet zusammenlebt. Dagegen befinden sich nicht zusammenlebenden Paaren entweder in einem unverbindlicherem Stadium, oder sie

[15] Allbus 1986 mit einer Stichprobengröße von 2809 Personen, Wohlfahrtssurveys 1984 und 1988 mit einer Stichprobengröße von 2067 und 2144 Personen. Grundgesamtheit war jeweils die deutsche Wohnbevölkerung ab 18 Jahre.

gehen im Durchschnitt mit von vorneherein eingeschränkten Ansprüchen und Erwartungen an die Partnerschaft heran. Bei LAT-Paaren scheint die Exklusivität der Beziehung eine Zwischenposition zwischen einer Freundschaft und einer Ehebeziehung einzunehmen (Diewald 1993).

Neben der Frage, welche Personen in Bedarfssituationen um Hilfe gebeten werden, kann der Blick auf Kontakthäufigkeiten mit engen Verwandten und Freunden einen Eindruck von der sozialen Einbindung einer Partnerschaft bieten. Diewald (1993) beobachtet mit zunehmendem Institutionalisierungsgrad der Beziehung eine tendenzielle Lockerung der Kontakte zur Herkunftsfamilie. Bezüglich freundschaftlicher Kontakte zeigt sich (auch bei Kontrolle von Alter und Schulbildung), dass verheiratete Paare am geringsten, LAT-Partnerschaften hingegen am umfangreichsten in Freundschaftsbeziehungen eingebunden sind. Freundschaftsbeziehungen dürften somit die geringere partnerschaftliche Bindung der LAT-Paare kompensieren.

Schlemmer (1995) vergleicht Personen unterschiedlicher Generationen, die in einer LAT-Partnerschaft leben, bezüglich ihrer Netzwerkorientierungen[16]. Gefragt wurden die teilnehmenden Personen, mit wem sie regelmäßig ihre Freizeit verbrachten, mit wem sie persönliche Dinge besprachen, mit wem sie regelmäßig ihre Mahlzeiten einnahmen und zu wem sie eine sehr enge gefühlsmäßige Bindung hatten. In der Weststichprobe verhält sich die mittlere Generation am ehestens im Sinne traditioneller sozialer Beziehungsmuster von Partnerschaften. Der Partner steht bei allen Kontaktsituationen an erster Stelle. In der jüngeren und älteren Generation hingegen ist der Partner in erster Linie in den angenehmen Teil des Lebens einbezogen (vor allem Freizeit). In der Oststichprobe zeigte sich auch bei der mittleren Generation keine so klare Partnerorientierung: Kinder und Freunde waren hier genauso oft Ansprechpartner für persönliche Gespräche und gefühlsmäßig eng verbunden wie die LAT-Partner. In allen Generationen war der Partner der häufigste Freizeitpartner.

---

16 Nähere Erläuterungen zur Studie siehe Kapitel 3.2.3.

3.3.2 Arbeitsteilung in unterschiedlichen Partnerschaftsformen

Bis heute leisten Frauen deutlich mehr Hausarbeit als ihre Männer – im gemeinsamen Haushalt (vgl. Kapitel 4.1). Schlemmer (1995) vertritt die zentrale These, dass in der Lebensform LAT die Rollenteilung einen grundlegenden Wandel erfährt. Die Frau sei nicht länger nur die Fürsorgende und der Mann nicht länger nur Ernährer.

Keddi & Seidenspinner (1991) konnten mit ihren Daten[17] diese These stützen. Sie erfassten die Zuständigkeit für 12 Haushaltstätigkeiten bei verheiratet Zusammenlebenden, in NEL und bei LAT lebenden Personen. Mit zunehmendem Institutionalisierungsgrad der Partnerschaft zeigt sich eine Zunahme an traditioneller Arbeitsteilung: In den Ehen überwiegt – nach Angaben der Frauen – der traditionelle Arbeitsteilungstyp mit fast 70%. Bei NEL mit gemeinsamem Haushalt liegt der Anteil traditioneller Paare bei 45%, bei den LAT-Paaren bei 35%. Auch bei den einzelnen Haushaltstätigkeiten zeigt sich ein deutlicher Unterschied zwischen den verschiedenen Lebensformen. Während in der Ehe – aus Sicht der Männer und Frauen – die Frau überwiegend alleine für die genuinen Haushaltstätigkeiten (Einkaufen, Putzen, Kochen, Kinder betreuen) zuständig ist, geht bei NEL – aus Sicht der Männer – die Zuständigkeit auf beide gemeinsam oder abwechselnd über. Frauen in NEL sehen sich zwar weiterhin überwiegend allein in der Verantwortung, aber circa 40% dieser Frauen sehen die Zuständigkeit zwischen den Partnern geteilt. Auch wenn Kinder da sind, ist die Ausprägung der traditionellen Rollenverteilung bei Ehepaaren größer als bei NEL. Der Zeitaufwand verheirateter Männer bleibt fast unberührt davon, ob sie Kinder haben. Bei NEL hingegen beteiligen sich Männer mit Kindern mehr. Frauen in NEL arbeiten weniger im Haushalt als Ehefrauen – mit und ohne Kinder. Allerdings könnte ein Teil dieser Unterschiede durch das unterschiedliche Alter in den verschiedenen Lebensformen erklärt werden – die verheirateten Paare waren am ältesten, die in getrennten Haushalten lebenden Personen am jüngsten.

Partner in getrennten Haushalten sorgen jeweils für sich selbst. Ihr Zeitaufwand im Haushalt ist im Vergleich zu den zusammenwohnenden Paaren am geringsten

[17] Daten der ersten Welle des Familiensurveys in Westdeutschland liegen den Analysen zugrunde.

(Keddi & Seidenspinner 1991). Die von Meyer & Schulze (1992b) interviewten Frauen, die mit ihren Partnern in getrennten Haushalten leben, berichten ebenfalls, sie seien nur für ihren Haushalt verantwortlich, hätten eine geringere zeitliche Arbeitsbelastung durch den Haushalt und fühlten sich entlastet dadurch, dass Auseinandersetzungen mit ihren Partnern über die Arbeitsteilung entfallen. Die befragten Männer wünschen sich dagegen mehr Unterstützung bei der Alltagsbewältigung von ihren Partnerinnen, fühlen sich aber unabhängiger und können mehr ihren Interessen nachgehen. Allerdings belegt die Studie von Schmitz-Köster (1990), dass die Art der Rollenverteilung auch in Partnerschaften in getrennten Haushalten wesentlich vom Vorhandensein von (gemeinsamen[18]) Kindern abhängig ist: Sind Kinder vorhanden, sind bei den befragten Paaren „in der Regel die Frauen für den Nachwuchs verantwortlich. Daraus resultiert scheinbar urwüchsig, dass sie die Hauptlast der Hausarbeit tragen und – in Bezug auf die Partnerschaft – das Gros der Beziehungsarbeit leisten“ (S. 179).

---

18 In der Studie von Schmitz-Köster (1990) waren nur Paare mit gemeinsamen Kindern beteiligt. Alleinerziehende, die mit einem neuen Partner in getrennten Wohnungen lebten, wurden nicht befragt.

4. Mütter in unterschiedlichen Lebensformen

In diesem Kapitel soll der Frage nachgegangen werden, welche besonderen Unterstützungsmöglichkeiten und Belastungsmomente bestimmte Partnerschaftsformen für Mütter beinhalten. Bevor ich auf die unterschiedlichen Lebensformen eingehe, möchte ich zunächst weiterhin bestehende Unterschiede in der Lebenssituation von Müttern in den alten und neuen Bundesländern darstellen, da diese auch für das Verständnis von Unterschieden zwischen verschiedenen Lebensformen in Ost- und Westdeutschland relevant sind. Dann werde ich auf die besondere Situation von alleinerziehenden Müttern ohne Partner eingehen und mich anschließend mit Müttern in Stiefvaterfamilien beschäftigen. Abschließend werde ich die bisher wenig untersuchte Partnerschaftsform des Living-apart-together bei alleinerziehenden Müttern näher betrachten.

4.1 Zur Lebenssituation von Müttern in den alten und neuen Bundesländern

Wie oben schon erwähnt, tragen Mütter unverändert die Hauptverantwortung für Kinderbetreuung und damit verbundenen Hausarbeiten (Schneider 1994; Keddi & Seidenspinner 1991; Gysi 1989). So wird der Erziehungsurlaub fast ausschließlich von den Müttern genommen – nur rund 2% der Väter nutzen diese Möglichkeit (Bundesministerium FSFJ 1999a). Insbesondere die Geburt von Kindern führt in den meisten Partnerschaften zu einer Re-Traditionalisierung der geschlechtsspezifischen Arbeitsteilung (Schneider 1994; Keddi & Seidenspinner 1991).

Frauen leisteten und leisten in beiden Teilen Deutschlands den Hauptteil der Hausarbeit[19]: Der Zeitaufwand, den Männer für die Hausarbeit aufwenden, betrug in der BRD in den 80ern zwischen 15 und 23% des Anteils, der von Frauen geleistet wurde. In der DDR lag der Anteil mit 26% leicht darüber (Schneider 1994). Im

[19] Bezogen auf die geringe Beteiligung der Männer bei der Hausarbeit bezeichneten Miller & Garrison (1984) die Forschung in diesem Bereich sarkastisch als ‚viel Lärm um nichts' (zit. nach Thompson & Walker 1989).

vereinten Deutschland bestehen diese Gemeinsamkeiten und Unterschiede fort: Hausarbeit bleibt überwiegend Frauensache, aber ostdeutschen Frauen gelingt es etwas besser, ihre Partner in diese Arbeiten einzubinden (Horskemper 1993).

Mit zunehmendem Umfang der Erwerbsbeteiligung der Frau und steigendem Bildungsgrad erhöht sich zwar der Anteil der Männer an der Hausarbeit, aber selbst vollberufstätige Frauen leisten mehr Hausarbeit als ihre Partner (Gysi 1989; Keddi & Seidenspinner 1991; Kracke & Hofer 2002; Künzler 1995; Coltrane 2000; Thompson & Walker 1989). Zudem gibt es bezüglich der unterschiedlichen Haushaltstätigkeiten eine geschlechtsspezifische Aufgabenteilung: Häufig wiederkehrende, kaum aufschiebbare Arbeiten wie Wäsche waschen, Einkaufen, Kochen, Putzen und Aufräumen werden meist von Frauen erledigt, gelegentlich anfallende, aufschiebbare Arbeiten wie Reparaturen und Verschönerungsarbeiten werden meist von Männern übernommen (Horstkemper 1993; Gysi 1989; Keddi & Seidenspinner 1991; Künzler 1995; Kracke & Hofer 2002; Coltrane 2000; Thompson & Walker 1989).

Andererseits gehört die eigene Berufstätigkeit für viele Frauen – aus Neigung und/oder finanzieller Notwendigkeit – zum Alltag dazu. Der daraus resultierende Konflikt zwischen Familien- und Erwerbsarbeit wurde in der alten Bundesrepublik und der DDR unterschiedlich zu lösen versucht.

In der alten Bundesrepublik beruhten familienpolitische Maßnahmen seit den 80er Jahren in erster Linie auf der Implementierung von Anreizsystemen, welche *die Frauen* zu einem (vorübergehenden) Ausstieg aus dem Berufsleben und einer Rückkehr zur Familienarbeit motivieren sollten. Zentrales Instrument dieser Familienpolitik war und ist der Erziehungsurlaub. Zugrunde liegt dieser Politik ein traditionelles Rollenverständnis, das den Konflikt zwischen Erwerbs- und Familienarbeit in einem Drei-Phasen-Modell des weiblichen Lebenslaufes (Erwerbstätigkeit – Familienpause – Erwerbstätigkeit) auflösen möchte, wobei die Rolle des Mannes als Familienversorger unangetastet bleibt (Schneider 1994). Zudem impliziert diese Politik, dass Kindererziehung in der Familie stattfinden sollte und öffentliche Betreuungsangebote die mütterliche Betreuung bestenfalls ergänzen.

In der DDR wurde hingegen das Leitbild der vollerwerbstätigen Ehefrau und Mutter propagiert. Frauen hatten nicht nur das Recht, sondern auch die Pflicht zur Berufstätigkeit (Artikel 24 der Verfassung der DDR, vgl. Schneider 1994). Genauso gehörten Kinder selbstverständlich zum Leben dazu und der Staat unterstützte die Familien massiv in der Kinderbetreuung[20]. Allerdings war die Familienarbeit auch in der DDR ganz klar Frauensache (Schneider 1994). Die Vereinbarkeit von Beruf und Familie wurde durch eine sogenannte ‚Mutti-Politik' gefördert: flächendeckende Kinderbetreuungseinrichtungen mit an den Arbeitszeiten angepassten Öffnungszeiten, vielfältige Freizeitangebote für die Kinder, besonderer Kündigungsschutz und ‚Haushaltstage' für Mütter, sowie eine indirekte Subventionierung der Kinderkosten. Diese Maßnahmen zeigten deutliche Erfolge: In der DDR waren 1989 91% aller Frauen im erwerbsfähigen Alter berufstätig oder in Ausbildung (Schneider 1994). Gleichzeitig hatten 90% der Frauen Kinder – im Vergleich zu nur 75% der Frauen in der BRD (Schwarz 1995). Trotz dieser Maßnahmen unterlagen die Mütter einer massiven Alltagsbelastung, die nur mit striktem Zeitmanagement zu bewältigen war (Meyer & Schulze 1992a).

Nach der Wiedervereinigung wurden die bundesrepublikanischen Regelungen zum Erziehungsurlaub deutschlandweit eingeführt. Gleichzeitig gibt es neue Regelungen zum Ausbau der öffentlichen Kinderbetreuung: Seit 1996 existiert ein Rechtsanspruch auf einen Kindergartenplatz für jedes Kind vom vollendeten dritten Lebensjahr bis zum Schuleintritt (Deutsches Jugendinstitut 1998). Dennoch – die aufgezeigten Unterschiede in der Familien- und Frauenpolitik zwischen der alten Bundesrepublik und der DDR wirken sich weiterhin auf die Verfügbarkeit und Akzeptanz von Kindertageseinrichtungen, sowie auf die Erwerbsbeteiligung der Mütter in West- und Ostdeutschland aus.

Sind Mütter auf der Suche nach alternativen Unterbringungsmöglichkeiten, so können sie in den alten Bundesländer auf deutlich weniger staatliche Hilfen bei der Kinderbetreuung hoffen als Familien in den neuen Bundesländern oder anderen europäischen Ländern wie Dänemark, Schweden, Belgien und Frankreich (Deutsches Jugendinstitut 1998).

---

[20] In der DDR war Kindererziehung aus ideologischen Gründen Staatssache (vgl. Schneider 1994). Die nachwachsende Generation sollte in der Familie zu ‚sozialistischen Persönlichkeiten' erzogen werden (Art. 38 der Verfassung der DDR, vgl. Schneider 1994).

Tabelle 4.1.1: Versorgungsgrad von Kindern unterschiedlichen Alters mit Plätzen in Tageseinrichtungen in den alten und neuen Bundesländern, Stand 1994 (Angaben in %)

Versorgungsgrad mit ...	**Alte Bundesländer und Berlin-West**	**Neue Bundesländer und Berlin-Ost**
Krippenplätzen für Kinder unter 3 Jahren	2,2	41,3
Kindergartenplätzen für 3- bis 6½-jährige Kinder	73,0	96,2
Hortplätzen für Kinder im Schulalter (6½ bis 10½ Jahre)	6,5	54,7

(Quelle: Bundesministerium für FSFJ 1999b, S. 37)

Für unter Dreijährige gibt es in den alten Bundesländern kaum Krippenplätze, wohingegen in den neuen Bundesländern für zwei Fünftel der Kinder Plätze vorhanden sind (siehe Tabelle 4.1.1). Kindergartenplätze stehen inzwischen auch in den alten Bundesländern meist in ausreichender Zahl zur Verfügung (siehe Rechtsanspruch!), allerdings handelt es sich nur bei jedem sechsten Platz um eine Ganztagsbetreuung, während in den neuen Bundesländern 97% der Plätze Ganztagsangebote darstellen (Deutsches Jugendinstitut 1998). Entsprechend berichtete in der Brigitte-Untersuchung jede dritte westdeutsche Mutter von Schwierigkeiten mit ungünstigen Öffnungszeiten (Brigitte 1992). Auch mit Schulkindern stehen westdeutsche Mütter vor erheblichen Betreuungsproblemen: Ganztagsschulen werden zwar von vielen Müttern befürwortet, in westdeutschen Flächenländern gibt es entsprechende Angebote aber nur für 2-8% der Schulkinder (Brigitte 1992). Die Vormittags-Schule ergänzende Hortplätze sind ähnlich rar (siehe Tabelle 4.1.1.). In den neuen Bundesländern gibt es hingegen für mehr als die Hälfte der Schulkinder nachschulische Betreuungsangebote.

Außerdem ist in den alten Bundesländern Skepsis gegenüber außerfamilialer Kinderbetreuung weit verbreitet. Viele halten diese besonders in den ersten Lebensjahren für der mütterlichen Betreuung unterlegen und der kindlichen Entwicklung abträglich – eine Haltung, die es in den neuen Bundesländern kaum gibt (vgl. Sass & Jaeckel 1996).[21]

[21] Entsprechend wünschen sich ostdeutsche Frauen für ihre Kinder häufiger öffentliche Kinderbetreuungseinrichtungen wie Kinderkrippen (NBL: 46% vs. ABL: 14%) oder ganztägige Kindergärten (NBL: 74% vs. ABL: 46%), während westdeutsche Frauen vermehrt auf private Betreuungsmöglichkeiten wie

Gemäß der unterschiedlichen Sozialisationskontexte und den unterschiedlichen Betreuungsangeboten hat sich in den alten und neuen Bundesländern bis heute ein unterschiedliches Verständnis der Frauen- und Mutterrolle gehalten. Ostfrauen erleben Kind und Beruf fast gleichermaßen als sinnstiftend für ihr Leben (als sinnstiftend erleben den Beruf: 73%, Kinder: 82%), während Westfrauen Kindern einen deutlich höheren Stellenwert einräumen als dem Beruf (als sinnstiftend erleben den Beruf: 45%, Kinder: 75%) (Horstkemper 1993). Eine Unverträglichkeit beider Lebensbereiche sehen entsprechend sehr viel mehr west- als ostdeutsche Frauen: In Westdeutschland stimmen 60% der Mütter zu, dass ‚eine Mutter ins Haus gehört und zu ihren Kindern', aber nur 27% der ostdeutschen Mütter. Der Überzeugung, dass Kind(er) und Beruf sich nicht vereinbaren lassen, sind 33% der westdeutschen, aber nur 11% der ostdeutschen Mütter (Brigitte 1992).

Angesichts der größeren Schwierigkeiten in den alten Bundesländern, alternative Kinderbetreuung zu organisieren, und dem unterschiedlichen mütterlichen Selbstverständnis liegt die Erwerbstätigkeitsquote bei Müttern in den alten Bundesländern deutlich unter jener in den neuen Bundesländern: 1995 waren in Westdeutschland 53% der Mütter erwerbstätig, in Ostdeutschland waren es hingegen 71% (Deutsches Jugendinstitut 1998). Das Dilemma zwischen beruflichen und familialen Anforderungen wird in den alten Bundesländern häufig durch die Kompromissformel Teilzeittätigkeit zu lösen versucht. Nur 39% der erwerbstätigen Mütter in den ABL sind in Vollzeit tätig im Vergleich zu 74% der ostdeutschen Mütter (Deutsches Jugendinstitut 1998).

Ein weiterer bedeutsamer Unterschied im Erwerbsverhalten von Müttern in Ost- und Westdeutschland besteht darin, dass nur in Westdeutschland der Familienstand der Mutter ihre Erwerbsbeteiligung moderiert – Alleinerziehende sind häufiger und in höherem Umfang erwerbstätig: In den alten Bundesländern waren nach Stegmann (1997) 1992 nur 31% der verheirateten, aber 58% der alleinerziehenden Mütter berufstätig. Davon arbeiteten nur 33% der verheirateten, aber 54% der alleinerziehenden Mütter Vollzeit. Folglich arbeiteten Alleinerziehende dreimal so häufig Vollzeit wie verheiratete Mütter (Alleinerziehende: circa 31% vs. Verheira-

---

Großeltern (ABL: 54% vs. NBL: 36%) oder andere Verwandte (ABL: 23% vs. NBL: 9%) zurückgreifen wollen (Horstkemper 1993).

tete: 10%[22]) – das bedeutet, dass in Westdeutschland alleinerziehende Mütter sehr viel stärker im Spannungsfeld zwischen der mangelhaften Kinderbetreuungssituation und ihrer Berufstätigkeit stehen als verheiratete Mütter. In Ostdeutschland gibt es hingegen keine nennenswerten Unterschiede im Erwerbsverhalten zwischen Müttern in unterschiedlichen Lebensformen (vgl. Teubner 2002d) [23].

So leben Mütter in den alten und neuen Bundesländern immer noch in zwei unterschiedlichen (Arbeits-)Welten. Die vermeintlichen Vorteile ostdeutscher Mütter bei der Vereinbarkeit von Kind und Beruf erweisen sich bei einem Perspektivenwechsel als kritisch. Für ostdeutsche Mütter ist die Vereinbarkeit von Beruf und Familie nach der Vereinigung schwieriger geworden.

Für ostdeutsche Mütter ist ihre Berufstätigkeit weiterhin ein selbstverständlicher Bestandteil weiblicher Identität (siehe oben Horstkemper 1993). Durch die Erfahrung drohender oder erlebter Arbeitslosigkeit hat Erwerbsarbeit sogar an Bedeutung gewonnen: Mehr als vier Fünftel der ostdeutschen Frauen schätzten 1997 Arbeit als sehr wichtig ein (Winkler 1997). Die angespannte Arbeitsmarktlage verlangt allen Erwerbstätigen ein erhöhtes Maß an Flexibilität ab – jedoch sind Frauen in den NBL sehr viel stärker von Arbeitslosigkeit bedroht als Männer: So lag die Arbeitslosenquote 1996 in Brandenburg für Frauen mit 20,4% um fast die Hälfte höher als für Männer mit 13,8% (Landesamt für Datenverarbeitung und Statistik Brandenburg 1997). Viele Frauen mussten sich weiterbilden, das Berufsfeld wechseln oder weniger qualifizierte Tätigkeiten annehmen, um der Arbeitslosigkeit zu entgehen (Drauschke et al. 1993).

[22] Allerdings schätzt das Deutsche Jugendinstitut (1998) den Anteil Vollzeit erwerbstätiger Mütter aller Familientypen in den ABL für 1991 auf 22% - und damit deutlich höher. Teubner (2002d) berichtet hingegen für alleinerziehende Mütter und jene in Kernfamilien ähnliche Zahlen wie Stegmann (1997).

[23] Die meisten der im Anschluss referierten Ergebnisse zur Lebenssituation und dem Wohlbefinden von Müttern in unterschiedlichen Lebensformen stammen aus westdeutschen oder angloamerikanischen Studien, die in der Regel Mittelschicht-Familien untersucht haben. In den USA waren 2001 68% der verheirateten und 75% der alleinerziehenden Mütter berufstätig (United States Department of Labor 2003). Allerdings ist zu vermuten, dass in den USA die mütterliche Erwerbsbeteilung stärker durch die Schichtzugehörigkeit moderiert wird – und in der Mittelschicht größere Unterschiede zu finden sind. Wenn Unterschiede zwischen den Lebensformen bzgl. der mütterlichen Lebenssituation und ihrem Wohlbefinden z. T. auf ein unterschiedliches Erwerbsverhalten der Mütter zurückzuführen sind, dann wären jene Befindensunterschiede nur bedingt auf ostdeutsche Mütter übertragbar.

Zum anderen wurde – entsprechend der anderen Familienpolitik in der Bundesrepublik – die Verantwortung für das Wohlergehen der Kinder nach der Wende stärker an die Familien abgegeben. Ostdeutsche Familien haben nun mehr Freiheiten, über den schulischen Werdegang und die Freizeitgestaltung ihrer Kinder zu entscheiden, dies bedeutet aber gleichzeitig mehr Anforderungen bei der Organisation des Alltags ihrer Kinder. Das Angebot an Kinderbetreuungsplätzen ist zwar besser als in den ABL, wurde aber im Vergleich zu den Angeboten zu DDR-Zeiten abgebaut. So stehen Krippen- und Hortplätze nur für etwa die Hälfte der Kinder zur Verfügung (siehe Tabelle 4.1.1). Die Ferienbetreuung der Kinder wurde eingeschränkt – schon in einer Befragung im Winter 1991/92 sahen zwei Drittel der ostdeutschen Mütter hier eine erhebliche Verschlechterung seit der nur ein Jahr zurückliegenden Vereinigung (Brigitte 1992). Zudem müssen nun die Eltern dafür sorgen, dass ihre Kinder die schulischen Anforderungen bewältigen, während in der DDR die Lehrer dafür verantwortlich waren, dass alle Kinder die geforderten Leistungen erbrachten (Uhlendorff & Seidel 2001; Kornadt 1996).

Ostdeutsche Mütter sehen sich somit in Beruf und Familie gestiegenen Anforderungen gegenüber. Eine Kombination von Vollzeittätigkeit und Kindern ist in den NBL vermutlich ‚leichter' zu organisieren als in den ABL, da die notwendige Infrastruktur eher vorhanden ist. Dennoch erfordert die Mehrfachbelastung durch Beruf, Kinder und Haushalt ein striktes Zeitmanagement und lässt wenig Spielraum für eigene Bedürfnisse.

Vergleicht man die Lebenssituation von Müttern in Ost- und Westdeutschland abschließend, so bleiben die unterschiedlichen Familienmodelle der alten Bundesrepublik und der DDR bestehen: Das Modell der vollberufstätigen Mutter ist in den NBL weiterhin gebräuchlicher als in den ABL (NBL: 53% vs. ABL: 21%, Deutsches Jugendinstitut 1998) – allerdings mit eingeschränkten staatlichen Hilfen. In den ABL lösen Mütter das Dilemma zwischen Kind und Beruf hingegen hauptsächlich damit, dass sie ihre Berufstätigkeit zumindest zeitweise einschränken – dies dürfte in Wechselwirkung mit der katastrophalen Kinderbetreuungssituation und dem anderen mütterlichen Selbstverständnis stehen. Unterschiede im Erwerbsverhalten zwischen Müttern in unterschiedlichen Lebensformen finden sich nur in Westdeutschland.

Auf einen weiteren Unterschied zwischen den alten und neuen Bundesländern möchte ich nun im Folgenden näher eingehen: Mütter leben in den NBL etwa doppelt so häufig in ‚alternativen' Lebensformen wie Einelterteil- und Stiefvaterfamilien.

4.2 Alleinerziehende Mütter ohne Partner

4.2.1 Zur Entstehung und Häufigkeit von Ein-Elternteil-Familien

Laut Mikrozensus von 1998 waren fast 30% aller Familien mit minderjährigen Kindern in Ostdeutschland Ein-Elternteil-Familien, in Westdeutschland lag der Anteil bei 17% (Statistisches Bundesamt 1999 zit. nach Schwarz & Noack 2002). Die überwiegende Mehrheit der Alleinerziehenden sind Frauen: 1997 waren es 86,5% in den neuen Bundesländern und 82% in den alten Bundesländern (Dorbritz & Gärtner 1998).

Die meisten Ein-Elternteil-Familien entstehen durch Trennung oder Scheidung: In den ABL waren 1995 knapp zwei Drittel der alleinerziehenden Mütter getrennt lebend oder geschieden, in den NBL lag deren Anteil bei 49%. Ledige Elternschaft ist in den NBL fast genauso häufig: 1995 waren 45% aller alleinerziehenden Mütter ledig, in den ABL lag der Anteil mit 30% deutlich niedriger. Verwitwung spielt inzwischen nur eine untergeordnete Rolle: Nur 6% der alleinerziehenden Mütter in den NBL und 9% in den ABL sind verwitwet (Limmer 1998). Problematisch an diesen Statistiken ist allerdings, dass nichteheliche Lebensgemeinschaften von ledigen oder geschiedenen Müttern zu den Alleinerziehenden-Familien gezählt werden. Schwarz (1995) schätzt, dass in den NBL jede zweite ledige Mutter, in den ABL jede dritte mit dem Vater ihres Kindes zusammenlebt – und somit eigentlich eine Kernfamilie bildet. Ähnliches gilt für geschiedene Mütter: Hier geht Schwarz (1995) davon aus, dass zwischen 25% (ABL) und 40% (NBL) der Scheidungskinder mit einem nicht-ehelichen Partner der Mutter bzw. des Vaters in einer Stieffamilie zusammenleben (zit. nach Walper & Wild 2002). Der Anteil der Mütter, die wirklich alleine mit ihren Kindern leben, dürfte somit in den neuen Bundesländern bei etwa 20% liegen und in den alten Bundesländern etwas über 10% betragen. Zudem dürfte der Anteil der geschiedenen oder getrennt lebenden Mütter an allen Alleinerziehenden durch diese statistischen Ungenauigkeiten etwas unter- und der Anteil der ledigen Mütter etwas überschätzt werden.

Verlässt man den statischen Blick auf die Verbreitung von Ein-Elternteil-Familien, zeigt sich Alleinerziehen besonders in den neuen Bundesländern als eine sehr viel weiterverbreitete Erfahrung von Müttern, als dies obige Zahlen nahe legen. Stegmann (1997) analysierte Längsschnittdaten von 3000 ostdeutschen und 3000 westdeutschen Frauen zwischen 20 und 39 Jahren. Datengrundlage war der ‚Fertility and Familiy Survey' von 1992. Eine Haupterkenntnis ihrer Arbeit war, dass ostdeutsche Mütter mehr Übergänge von einer Lebensform zur anderen erlebten als westdeutsche Mütter: 37% jener ostdeutschen Mütter, die zum Erhebungszeitpunkt mit einem Partner zusammenlebten, waren zuvor irgendwann alleinerziehend gewesen – bei den westdeutschen Müttern traf dies nur auf 11% zu. Von jenen ostdeutschen Müttern, die zum Erhebungszeitpunkt alleinerziehend waren, hatten ebenfalls 37% die Phase des Alleinerziehens mindestens einmal durch eine erneute Partnerschaft unterbrochen – bei westdeutschen Müttern waren es nur 13%. Insgesamt war fast jede zweite ostdeutsche Mutter mindestens einmal während ihrer Mutterschaft alleinerziehend (45%), von den westdeutschen Müttern war immerhin jede fünfte schon alleinerziehend gewesen.

4.2.2 Das psychische Wohlbefinden von alleinerziehenden und verheirateten Müttern im Vergleich

Die in Kapitel 3.1.1 aufgeführten Ergebnisse zu Unterschieden im Wohlbefinden zwischen alleinstehenden und verheirateten Personen werden auch in Studien bestätigt, die sich explizit auf Mütter beschränken[24]. Am häufigsten wurde Depressivität als abhängige Variable untersucht – konsistent berichten alleinerziehende Mütter von höheren Depressivitätswerten (Demo & Acock 1996; Hetherington 1993; Compas & Williams 1990; Lorenz et al. 1997). Hetherington (1993) und Compas &

[24] Einschränkend ist aber zu erwähnen, dass keine der im Folgenden genannten Studien explizit darauf geachtet hat, dass die alleinerziehenden Mütter keinen neuen Partner außerhalb des Haushalts hatten. Die meisten Studien dürften von daher Alleinerziehende ohne Partner <u>und</u> Alleinerziehende mit einer LAT-Partnerschaft untersucht haben.

Williams (1990) berichten zudem von höheren Ängstlichkeitswerten bei den alleinerziehenden Müttern.

Demo & Acock (1996) verglichen in ihrer Studie Mütter aus Kernfamilien, Mütter aus Stieffamilien, geschiedene Alleinerziehende und ledige Alleinerziehende bezüglich ihres psychischen Wohlbefindens. Dieses wurde mittels drei Indikatoren erfasst: allgemeines Wohlbefinden (als Single-Item), Depressivität und Selbstwertgefühl. Geschiedene Alleinerziehende berichten im Vergleich zu den anderen Müttern von einem geringeren allgemeinen Wohlbefinden und häufigeren Gefühlen der Depressivität, haben aber kein geringeres Selbstwertgefühl. Ledige Mütter haben bezüglich aller drei Indikatoren ein geringeres Wohlbefinden als die anderen Mütter. Diese Unterschiede gelten auch unter Kontrolle verschiedener sozioökonomischer Variablen wie Einkommen, Alter und Bildung der Mütter.

Jesse (2000) verglich alleinerziehende Mütter mit Müttern aus Kern- und Stieffamilien. Sie operationalisierte psychisches Wohlbefinden mittels des Trierer Persönlichkeitsfragebogens (TPF) nach Becker (1989). Alleinerziehende berichten im Durchschnitt von einem geringeren Wohlbefinden als Mütter aus Kern- und Stieffamilien. Keine Unterschiede zwischen den drei Gruppen finden sich bei den anderen Skalen des TPF wie ‚seelische Gesundheit', ‚Verhaltenskontrolle', ‚Autonomie' und ‚Selbstwertgefühl'.

Es zeigt sich somit neben einem höheren Maß an Depressivität ein geringeres Maß an (positiv operationalisiertem) Wohlbefinden bei alleinerziehenden Müttern. Bezüglich des Selbstwertgefühls sind die Ergebnisse hingegen inkonsistent – nur zum Teil zeigen sich ihr Unterschiede zuungunsten der Alleinerziehenden.

Allerdings betonen einige AutorInnen (Jesse 2000; Hetherington 1993; Wilcox 1986), dass alleinerziehende Mütter im Durchschnitt einer psychisch gesunden Population angehören und nur eine Minderheit unter psychischen Beeinträchtigungen klinischen Ausmaßes leidet. So berichtet Hetherington (1993), dass sechs Jahre nach der Scheidung ‚nur' 17% der geschiedenen Frauen über dem klinischen ‚cutoff' des ‚Beck Depression Inventory' liegen (im Vergleich zu 9% der verheirateten Mütter). Außerdem weist Hetherington (1993) darauf hin, dass die geschiedenen Mütter nicht nur unter den Depressiven überrepräsentiert sind, sondern auch in einem von ihr ermittelten Cluster von ‚Superfrauen', die beruflich, sozial und als Elternteil sehr erfolgreich sind und über ein sehr hohes Selbstwertgefühl verfügen – 22% der geschiedenen, aber nur 10% der Mütter aus Kernfamilien gehören in ihrer Studie diesem Cluster an. Auch Wallerstein, Corbin & Lewis (1988; vgl. auch Wallerstein 1986) berichten, dass sich einerseits einige Mütter zehn Jahre nach der Trennung einsam und abgelehnt fühlen und unter ökonomischen, sozialen und psychischen Bedingungen leben, die deutlich schlechter sind als jene vor der Trennung. Anderseits gibt es viele – meist jüngere – Frauen, die sich nach der Trennung in allen Lebensbereichen verbessert haben und über ein klareres Selbstkonzept und höheres Selbstwertgefühl verfügen als zuvor. Einige deutsche Studien betonen ebenfalls die positiven Entwicklungsanstöße, die einige Frauen nach einer Trennung erleben (Niepel 1994; Schöningh et al. 1991; Nave-Herz & Krüger 1992). Alleinerziehen bzw. die oft vorausgegangene Trennung lässt sich somit als Chance und Risiko für das Wohlbefinden der Mütter begreifen. Wie sich das durchschnittlich etwas schlechtere Befinden der Alleinerziehenden, mehr noch die große Heterogenität in der Gruppe der Alleinerziehenden erklären lässt, möchte ich im nächsten Abschnitt erörtern. Diese Erklärungsansätze beziehen sich meist explizit auf geschiedene Alleinerziehende, viele Aspekte lassen sich aber auch auf ledige Alleinerziehende übertragen.

4.2.3 Erklärungsansätze für ein geringeres Wohlbefinden von alleinerziehenden Müttern – das Modell zur Scheidungs-Stress-Bewältigung von Amato (2000)

Bei der Erklärung von Befindensunterschieden dominieren stresstheoretische Ansätze. Amato (2000) hat diese in einem Modell zur Scheidungs-Stress-Bewältigung integriert (vgl. Abbildung 4.2.1).

Scheidung wird als längerfristiger Prozess aufgefasst, der mit der Unzufriedenheit und Entfremdung der Ehepartner einsetzt und lange nach der offiziellen Scheidung endet. Der Trennungsprozess geht mit Veränderungen einher, die Stressoren beinhalten wie z.B. finanzielle Einbußen oder das Alleinerziehen. Da das Ausmaß dieser Stressoren in unterschiedlichen Familien und für einzelne Familienmitglieder unterschiedlich hoch ist, fallen die Entwicklungsfolgen für die Betroffenen unterschiedlich aus. Zusätzlich wird dieser Zusammenhang durch Protektionsfaktoren wie z.B. individuelle Bewältigungsstrategien oder die Verfügbarkeit von sozialer Unterstützung moderiert. Das Vorhandensein solcher Protektionsfaktoren kann die Betroffenen vor den negativen Auswirkungen der Stressoren schützen und macht positive Entwicklungsverläufe wahrscheinlicher.

Abbildung 4.2.1: Ein Modell zur Scheidungs-Stress-Bewältigung

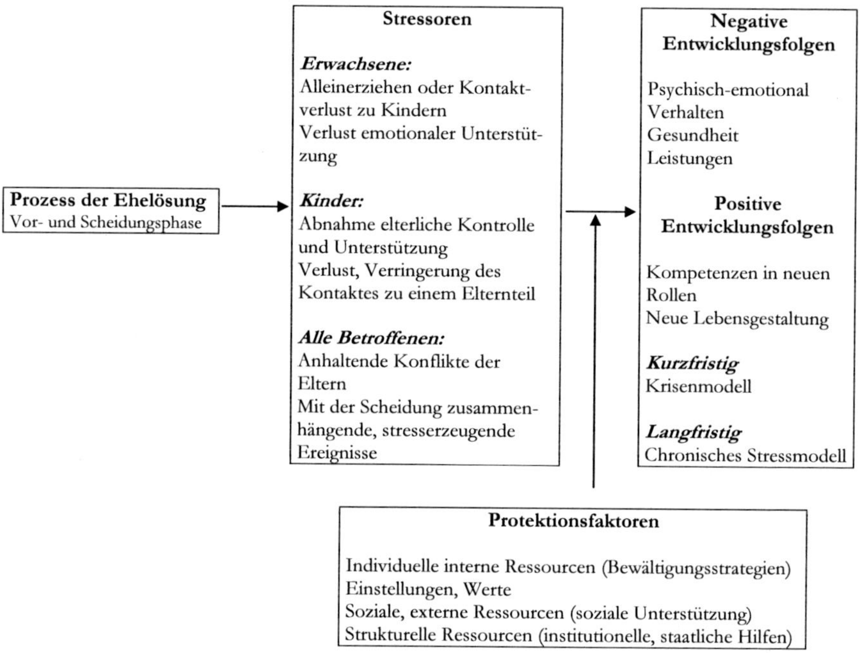

(Schwarz & Noack 2002, S. 317; vgl. Amato 2000, p. 1271)

Amato (2000) unterscheidet zwischen einem kurzfristigen Krisenmodell und einem langfristigen chronischen Stressmodell. Das Krisenmodell sieht die Belastungen in erster Linie in den vielfältigen Anpassungserfordernisse an die neue Situation kurz nach der Trennung – das Alltagsleben muss umgestaltet werden, die Beziehungen innerhalb der Familie und im sozialen Umfeld werden neu definiert und ähnliches mehr. Demzufolge wird angenommen, dass nach einer Phase der Anpassung an die neuen Gegebenheiten die Belastungen und Beeinträchtigungen der Familienmitglieder wieder abnehmen und auf ein den Kernfamilien vergleichbares Maß zurückgehen. Das chronische Stressmodell hingegen postuliert, dass durch eine Trennung Stressoren freigesetzt werden können, wie z.B. finanzielle Einbußen oder eine hohe Alltagsbelastung durch das Alleinerziehen, die über eine Reorganisationsphase hinweg anhalten und das Befinden der Betroffenen dauerhaft beeinträchtigen. Wie ich im Weiteren darstellen werde, werden beide Modelle durch empirische Ergebnisse gestützt und ergänzen einander in ihrer Erklärungskraft.

4.2.3.1 Scheidung als Krise – Phasenverlauf nach einer Trennung und Scheidung

Die Trennung und Scheidung vom Partner und Vater ihrer Kinder geht einher mit einer Vielzahl von Veränderungen und Anforderungen, auf die eine Mutter reagieren und sich neu einstellen muss. Zentrale Aufgaben dieser Zeit sind nach Walper & Schwarz (1999, S.12):

- die juristische Regelung des Sorgerechts („juristische Scheidung")
- die Neuverteilung finanzieller Ressourcen („finanzielle Scheidung")
- die faktische Ausgestaltung von Besuchsregelungen, Wohnarrangements etc. („ko-elterliche Scheidung") und
- die Redefinition familialer Rollen und Beziehungen und Rückgewinnung von Eigenständigkeit der Partner („psychische Scheidung").

Die ‚psychische Scheidung' verlangt von den Müttern einerseits eine Beendigung der partnerschaftlichen Beziehung zu ihrem Ex-Partner, dabei muss der Verlust der positiven Aspekte der Beziehung akzeptiert und negative Gefühle wie Bitterkeit, Wut und Rachewünsche unter Kontrolle gebracht werden. Andererseits muss der Kontakt zum Ex-Partner aufgrund der gemeinsamen Elternschaft aufrechterhalten werden. Diese schwierige Konstellation kann zu erheblichen psychischen Belastungen führen, wenn jede Begegnung zu einer ‚Auffrischung' alter Konflikte und Verletzungen wird. Außerdem werden durch andauernde Beziehungskonflikte juristische, finanzielle und ko-elterliche Regelungen erschwert (vgl. Beelmann 1994; Wallerstein & Blakeslee 1989).

Die Beziehung zu den Kindern ist in der ersten Zeit der Trennung beeinträchtigt. Die Kinder reagieren auf die Trennung ihrer Eltern je nach Alter mit Symptomen wie Verlassensängsten, regressivem Verhalten, tiefer Trauer, Schlafstörungen, schulischen und sozialen Auffälligkeiten und aggressivem Verhalten – letzteres oft gegen die Eltern gerichtet (Wallerstein & Kelly 1980). Nach der Studie von Schmidt-Denter & Beelmann (1997) sind nur eine Minderheit von 18% der untersuchten Kinder direkt nach der elterlichen Trennung wenig belastet. Schon allein die Wahrnehmung, dass die Kinder unter der Trennung leiden, kann die Mütter belasten und Schuldgefühle aufkommen lassen (Beelmann 1994). So belegen Demo & Acock (1996), dass das Wohlergehen der Kinder ein wichtiger Prädiktor für das mütterliche Wohlbefinden ist. Zusätzlich müssen Mütter mit dem ‚schwierigen' Verhalten der Kinder zurechtkommen. Aufgrund der eigenen vielfältigen Belastungen, denen die Mütter nach der Trennung ausgesetzt sind, vermindert sich aber ihre erzieherische Kompetenz: Es fällt ihnen schwerer, ihre Kinder effektiv zu unterstützen, zu kontrollieren und zu disziplinieren (Hetherington 1993). Dadurch kommt es besonders zwischen Müttern und Söhnen häufig zu negativen Schlagabtauschen, gegenseitigem Druckausüben und Aggressionen (Hetherington 1993).

Neben den Veränderungen in den familialen Beziehungen sehen sich alleinerziehende Mütter in der ersten Zeit nach einer Trennung alltagspraktisch vielfältigen Anforderungen ausgesetzt: Eine Trennung geht oft mit weiteren ‚kritischen Lebensereignissen' einher wie finanziellen Einschränkungen, Wohnungswechsel und – vor allem in Westdeutschland und dem angloamerikanischen Raum – der Aufnahme bzw. Ausweitung einer Erwerbstätigkeit. Alltagsroutinen müssen der neuen Situation angepasst werden – Aufgaben, die bisher der Partner übernommen hatte, werden neu verteilt. Die sorgeberechtigten Mütter leiden so häufig unter einer Aufgabenlast, der sie sich zunächst nicht gewachsen fühlen (Chase-Lansdale & Hetherington 1990; Beelmann 1994; Niepel 1994).

All diese Aufgaben müssen in einer Zeit bewältigt werden, die bei den meisten Betroffenen von emotionalen Turbulenzen geprägt ist: Häufig erleben Frauen wie Männer Wut, Schuldgefühle, Einsamkeit, Bedrücktheit, Bedauern, Trauer, Hilflosigkeit und ein Mangel an Kompetenzgefühl – die geschiedenen Eltern sehen sich oft als gescheiterte Eltern und Ehepartner und zweifeln auch an ihrer Kompetenz in anderen sozialen Situationen und im Beruf (vgl. Chase-Lansdale & Hetherington

1990; Hetherington, Cox & Cox 1982; Wallerstein & Kelly 1980). Einige Personen fühlen sich nach der Trennung erleichtert und befreit – diese positiven Gefühle werden aber meist von ambivalenten und depressiven Stimmungen unterbrochen (Chase-Lansdale & Hetherington 1990).

Längsschnittuntersuchungen bestätigen den Krisencharakter der Nach-Trennungszeit (Hetherington 1993; Wallerstein & Blakeslee 1989; Schmidt-Denter & Beelmann 1997). Hetherington und Mitarbeiter (Hetherington, Cox & Cox 1982; Hetherington 1989) unterscheiden zwei Phasen in der Nachscheidungszeit: Die erste Phase der Desorganisation des familialen Systems unmittelbar nach der Scheidung ist durch eine Auflösung alter Familienrollen und -routinen gekennzeichnet. Mahlzeiten und Zubettgehzeiten der Kinder sind unregelmäßig, die Beziehungen zwischen den Ex-Partnern und den Eltern und Kindern sind konfliktreich, Mütter berichten von einem hohen Maß an Stress, täglichen Ärgernissen und wenig kleinen Freuden des Alltags (vgl. auch Wilcox 1986). In einer zweiten Phase der Stabilisierung und Reorganisation nehmen diese Konflikte im Laufe des zweiten Jahres nach der Scheidung ab und die Eltern-Kind-Beziehungen normalisieren sich, neue Alltagsroutinen setzen sich durch und das Befinden der Familienmitglieder verbessert sich. Laut Hetheringtons Ergebnissen (1989, 1993) ist mit einer relativen Normalisierung der Familiensituation etwa 2 Jahre nach der Scheidung bzw. 3 bis 3½ Jahre nach der Trennung der Eltern zu rechnen[25].

Wallerstein & Blakeslee (1989) sprechen hingegen von drei Phasen: Nach einer akuten Phase von circa ein bis zwei Jahren Dauer nach der Trennung beginnt eine Übergangsphase, in der neue familiale Beziehungen und Rollen ausprobiert werden. 3 bis 3½ Jahre nach der Trennung lässt sich auch hier in der Phase der Stabilität eine Normalisierung der Familiensituation feststellen (vgl. Schmidt-Denter, Beelmann & Trappen 1995).

Ergebnisse der Kölner Längsschnittstudie (Schmidt-Denter & Beelmann 1997) bestätigen ebenfalls, dass der Zeitraum der ersten ein bis zwei Jahre als Phase einer akuten Krise bezeichnet werden kann und dass im weiteren Verlauf die Belastun-

[25] Die Studie von Hetherington (1993) setzte mit der Scheidung der Probandinnen ein. Zwischen Trennung und Scheidung lagen in ihrer Stichprobe 1 bis 1½ Jahre.

gen abnehmen und wieder eine gewisse Form der Stabilität einkehrt. Auch hier zeigen sich drei Jahre nach der elterlichen Trennung Anzeichen einer Reorganisation des Familiensystems (vgl. Walper & Gerhard 2001).

4.2.3.2 Scheidung als Ursache chronischer Belastungen

Wie gerade dargelegt, fordert die erste Zeit nach einer Trennung ein besonders hohes Maß an Anpassungsleistung von allen Beteiligten. Einige der Belastungen bleiben aber auch nach einer Stabilisierung der Nachscheidungsfamilie bestehen. Amato (2000) benennt als wichtigste chronische Stressoren die schlechte ökonomische Situation, das Alleinerziehen, Streit mit dem Expartner und eine Abnahme an emotionaler Unterstützung. Auf die Bedeutung von emotionaler Unterstützung werde ich bei der Diskussion der Protektionsfaktoren eingehen. Im Weiteren möchte ich die anderen Stressoren etwas näher betrachten und dabei dem Alleinerziehen in seiner Auswirkung auf eine erhöhte Alltagsbelastung und auf eine veränderte Mutter-Kind-Beziehung nachgehen. Die meisten der im folgenden genannten empirischen Befunde sind zwar im Rahmen der Scheidungsforschung entstanden, zentrale Belastungen wie die schlechte ökonomische Situation oder Belastungen durch das Alleinerziehen treffen aber auch auf ledigen Alleinerziehenden zu (vgl. Napp-Peters 1987; Schöningh et al. 1991; Nave-Herz & Krüger 1992).

Die ökonomische Situation

Am häufigsten wird die schlechte ökonomische Situation alleinerziehender Mütter als chronischer Stressor diskutiert (Schwarz & Noack 2002; Niepel 1994; Napp-Peters 1987; Schöningh et al. 1991; Limmer 1998; Krüger & Micus 1999; Hetherington 1993). Alleinerziehen ist – neben Kinderreichtum – zum Armutsrisiko Nr. 1 in Deutschland geworden (Bundesministerium für FSFJ 1998).

Beim Vergleich der finanziellen Lage von Alleinerziehenden unterschiedlichen Familienstatus sind verwitwete Alleinerziehende in der Regel am besten gestellt, ledige Alleinerziehende hingegen am schlechtesten (Napp-Peters 1987; Krüger & Micus 1999).

Allerdings gibt es bzgl. der ökonomischen Situation Alleinerziehender (noch) Unterschiede zwischen den alten und neuen Bundesländern (vgl. Schuster & Traub 2003). In den alten Bundesländern lebt jede dritte Alleinerziehende von Sozialhilfe, mit 13% lag der Anteil in den NBL 1993 deutlich niedriger (Nestmann & Stiehler 1998). Die bessere ökonomische Lage der ostdeutschen Alleinerziehenden lässt sich vor allem durch ihre höhere Erwerbsbeteiligung erklären: 1992 war der Anteil erwerbstätiger Alleinerziehender in Ostdeutschland zwar ‚nur' um etwa 9% höher (NBL: 66,6% vs. ABL: 57,5%, Stegmann 1997), aber doppelt so viele Alleinerziehende arbeiteten dort Vollzeit wie in Westdeutschland (NBL: 59% vs. ABL: 31%, Schuster & Traub 2003). Entsprechend der hohen Erwerbsneigung ist in den NBL Arbeitslosigkeit die Hauptursache einer Sozialhilfeabhängigkeit (Großmann & Huth 1995; Nestmann & Stiehler 1998), in den ABL hingegen der Verlust des Mannes als Ernährer (Nestmann & Stiehler 1998).

Es gibt viele Belege für die Bedeutung der ökonomischen Lage für das Befinden der Alleinerziehenden (McLanahan 1985; Shapiro 1996; Coletta 1983; Lorenz et al. 1996; Brown & Moran 1997). Angesichts der anderen Belastungsmomente, denen Alleinerziehende ausgesetzt sind, ist eine Reduktion auf ökonomische Ursachen aber zu kurz gegriffen. So verschwinden in vielen Studien die Befindensdifferenzen nicht, wenn für das Einkommen kontrolliert wird (Demo & Acock 1996; McLanahan 1985; Shapiro 1996; Compas & Williams 1990). Bei einer bloßen Gegenüberstellung von Alleinerziehenden und Müttern in Kernfamilien besteht zudem die Gefahr, dass positive Effekte der Partnerschaft der finanziell besseren Situation in Kernfamilien zugeschlagen werden, da beides – Partnerschaft und finanzielle Situation – sehr stark miteinander verwoben sind.

Die Beziehung zu den Kindern

Wie zu Beginn dieser Arbeit geschildert, geht Elternschaft mit einer Vielzahl von Anforderungen und Arbeiten einher. Diese müssen alleinerziehende Mütter im Alltag größtenteils alleine bewältigen. Bei kleinen Kindern sind es vor allem alltagspraktische Aufgaben rund um die Versorgung der Kinder, die sehr zeitaufwendig sind. Zudem bestehen für diese erhebliche Unterbringungsprobleme (siehe Kapitel

4.1). Doch auch bei älteren Kindern, die nicht mehr der ständigen Aufmerksamkeit ihrer Mütter bedürfen, müssen die Mütter bei Problemen allein Entscheidungen treffen und ihre Entscheidungen auch ohne ‚Rückendeckung' durch einen Partner gegenüber den Kindern vertreten.

Zwei Jahre nach der Scheidung der Eltern haben sich die anfänglichen Probleme zwischen alleinerziehenden Müttern und ihren Kinder meist deutlich verbessert. Das Erziehungsverhalten der Mütter wird mit der Zeit wieder kompetenter und autoritativer und vor allem die Mutter-Tochter-Beziehungen werden oft sehr eng und unterstützend. Mutter-Sohn-Beziehungen bleiben konfliktreicher als in Kernfamilien (Hetherington 1989, 1993).

Der Übergang der Kinder in die Pubertät ist in allen Familienformen mit zunehmenden Konflikten und abnehmender Wärme verbunden. Zwischen Alleinerziehenden und ihren Kindern sind die Konflikte allerdings häufiger. Mit dem Übergang in die Pubertät verschwinden die bisherigen Geschlechtsunterschiede – Söhne wie Töchter haben nun eine sehr konfliktreiche Beziehung zu ihrer Mutter. Andererseits zeigen alleinerziehende Mütter ihren Kindern gegenüber nicht weniger Wärme als Mütter in anderen Familienformen. Es handelt sich somit um eine intensive ambivalente Beziehung zwischen den Alleinerziehenden und ihren jugendlichen Kindern (Hetherington 1993).

Kinder sind jedoch nicht nur eine Quelle von Belastungen, sondern geben dem Leben ihrer Mütter auch positive Impulse. Nestmann & Niepel (1994) befragten 20 alleinerziehende Mütter, ob sie sich durch ihre Kinder unterstützt fühlten. Die Kinder waren mehrheitlich zwischen 3 und 8 Jahren alt. Im Vordergrund steht bei den Antworten die emotionale Unterstützung, welche die Kinder ihren Müttern indirekt über ihre bloße Anwesenheit vermitteln. Sie zwingen ihre Mütter dazu, den Alltag zu meistern und verleihen ihnen psychische Stabilität. Ihre Lebenslust und ihr unverzagter Umgang mit anderen Menschen dienen den Müttern als Aufmunterung und Rollenmodell. Die Wahrnehmung, dass es den Kindern gut geht und sie nicht zu sehr unter der elterlichen Trennung leiden, vermittelt den Müttern Zuversicht, dass sie mit der Trennung eine richtige Entscheidung getroffen hatten und die Situation auch selbst gut bewältigen werden.

Die Alltagsbelastung

Viele Studien heben die Mehrfachbelastung alleinerziehender Mütter als wichtigen Stressor hervor (zusammenfassend Niepel 1994). Die Anforderungen sind zwar in der ersten Zeit nach der Trennung besonders hoch, aber auch später müssen die alleinerziehenden Mütter Aufgaben, die sonst auf zwei Eltern verteilt sind, alleine bewältigen. So leiden Alleinerziehende häufig unter chronischem Zeitmangel – neben der eigenen Erwerbstätigkeit müssen noch Eltern- und Haushaltspflichten erledigt werden. Zeit für persönliche Belange bleibt da selten – und oft fehlt dann auch die Kraft, um Freizeitaktivitäten nachzugehen (vgl. Niepel 1994). Entsprechend stellte Wilcox (1986) fest, dass geschiedene Mütter im Vergleich zu verheirateten Müttern nicht nur über mehr Alltagsprobleme und -ärgernisse berichten, sondern auch weniger ‚uplifts' – kleine Freuden im Alltag – erleben. Doch nicht nur im Hinblick auf Zeit und Kraft werden Alleinerziehende stark beansprucht. Hinzu kommt, dass sie sich ein ‚Ausfallen' nicht leisten können (Niepel 1994). Die Krankheit einer Alleinerziehenden wird schnell zur Notsituation (Napp-Peters 1987; Schöningh et al. 1991).

Für Alleinerziehende gelten die in Kapitel 4.1 geschilderten Probleme der Vereinbarkeit von Kind und Beruf in besonderem Maße und sie sind deshalb stärker auf ihr soziales Netzwerk angewiesen (Napp-Peters 1987; Niepel 1994). Allerdings ist zu vermuten, dass der Unterschied in der Alltagsbelastung zwischen alleinerziehenden und verheirateten Müttern in den NBL im Durchschnitt etwas geringer ist als in den ABL, da sich alleinerziehende und verheiratete Mütter in den NBL kaum in ihrer Erwerbsbeteiligung unterscheiden – ganz im Gegensatz zu den ABL, wo Alleinerziehende häufiger und mit höherer Stundenzahl erwerbstätig sind als verheiratete Mütter (vgl. Schuster & Traub 2003).

Demo & Acock (1993) untersuchten die Haushaltsbelastung von alleinerziehenden geschiedenen, alleinerziehenden ledigen, Kernfamilien- und Stiefvaterfamilien-Müttern. Die Mütter aus den vier Familientypen unterscheiden sich nicht signifikant in den Arbeitsstunden, die sie in den Haushalt investieren (40 bis 44 Stunden pro Woche). Die Abwesenheit eines Partners erhöht somit die Gesamtzeit, die eine

Mutter mit Hausarbeit verbringt, nicht[26]. Bei bestimmten Aufgaben vermindern die Partner die Hausarbeitslast der Mütter doch: Alleinerziehende geschiedene und ledige Mütter verbringen mehr Zeit mit Einkaufen, Rechnungen, Autoreparaturen und Chauffeurdiensten für Familienmitglieder als Mütter in Kern- und Stiefvaterfamilien. Zu einem sehr kleinen Teil wird die ‚fehlende' Arbeitskraft des Partners durch die Kinder ausgeglichen: Die Kinder geschiedener Mütter müssen mehr im Haushalt mithelfen (6 h pro Woche) als die Kinder von ledigen Müttern und in Stiefvaterfamilien (4-5 h pro Woche). Kinder aus Kernfamilien helfen mit 3 Stunden pro Woche am wenigsten. Die fehlenden Unterschiede in der Gesamtarbeitszeit zwischen alleinerziehenden Müttern und Müttern mit Partner können zum einen so erklärt werden, dass die Partner genau soviel Hausarbeit leisten (circa 13 Stunden pro Woche), wie sie zusätzlich verursachen. Zum anderen ist denkbar, dass in Alleinerziehenden-Haushalten Aufgaben, die nicht absolut notwendig sind, öfter mal liegen bleiben bzw. völlig unterbleiben.

Die erhöhte Alltagsbelastung der alleinerziehenden Mütter bezieht sich somit nicht so sehr auf die Hausarbeit selbst, als auf die vielfältigen, sich zum Teil widersprechenden Rollenanforderungen durch Beruf, Kinder und Haushalt. Rollenüberlastung wird in der Studie von Hetherington (1993) von alleinerziehenden Müttern zwar am stärksten in den ersten zwei Jahren nach der Scheidung beklagt, bleibt aber auch in den folgenden Jahren ein wichtiges Thema.

Konflikte mit dem Ex-Partner

Trotz der Erkenntnis, dass kooperative, einander unterstützende und konfliktarme ko-elterliche Beziehungen für Eltern und Kinder von Vorteil sind (Hetherington et al. 1998), schafft es nur etwa ein Viertel der geschiedenen Eltern, eine solche Beziehung aufzubauen. Etwa die Hälfte der Eltern führt eine parallele Elternschaft – mit wenig Kooperation und Kommunikation, aber durch die geringe Kontakthäufigkeit auch wenigen Konflikten. Ein letztes Viertel der ehemaligen Partner

[26] Einschränkend ist zu bemerken, dass 13% der geschiedenen und 22% der ledigen Alleinerziehenden unverheiratet mit einem Partner im Haushalt lebten. Dies wurde bei den zitierten Ergebnissen nicht berücksichtigt.

bleibt in einer sehr verbitterten Beziehung verstrickt (Maccoby & Mnookin 1992 zit. nach Hetherington et al. 1998). Anhaltende Konflikte zwischen den Ex-Partnern – vor allem wenn die Kinder mit hineingezogen werden – gelten als eines der Hauptrisikofaktoren für das kindliche Wohlbefinden und seine weitere Entwicklung (vgl. Hetherington et al. 1998; Amato 2000). Die Belastung durch anhaltende Konflikte mit dem Ex-Partner beeinträchtigt aber auch die mütterliche Anpassung, weil diese eine feindselige, negative Verbundenheit zum Ex-Partner über viele Jahre aufrechterhalten und einen Neuanfang behindern. Das Ausmaß an Konflikten zwischen den Ex-Partnern ist ein wichtiger Prädiktor für die gelungene bzw. misslungene Anpassung nach einer Scheidung (Tschann et al. 1989).

4.2.3.3 Protektionsfaktoren

Wie eine Mutter das Alleinerziehen langfristig bewältigt, hängt auch von den internen und externen Ressourcen ab, die sie zur Verfügung hat (vgl. Kapitel 2.2). In der Forschung vielfach diskutierte externe Ressourcen der Mütter sind ausreichende ökonomische Ressourcen (siehe oben), ein großes Netzwerk unterstützender Verwandter und Freunde, die Unterstützung durch einen neuen Partner und die eigene Berufstätigkeit. Interne Ressourcen sind die mütterliche Bildung, soziale und Problemlösekompetenzen (vgl. Amato 2000).

Soziale Unterstützung

Niepel (1992, 1994) hebt neben der ökonomischen Situation soziale Unterstützung als zentrale Ressource zur Bewältigung der Einelternschaft hervor. Entsprechend habe ich im Kapitel 3.1.3 schon auf den positiven Zusammenhang zwischen sozialer Unterstützung und psychischem Wohlbefinden hingewiesen. In einigen Alleinerziehenden-Studien wird als schwerwiegendes Problem des Alleinerziehens eine häufig durch Geld- und Zeitmangel entstehende soziale Isolation benannt (Napp-Peters 1987). Forschungsüberblicke von Niepel (1994) und Nestmann & Stiehler (1998) können dies nicht konsistent bestätigen. Zwar verändern sich die sozialen Netze nach einer Trennung erheblich – Beziehungen zur Familie des Ex-Partners und ehemals gemeinsamen Freunden gehen verloren, neue Freundschaften werden aufgebaut (vgl. Niepel 1994; Nestmann & Stiehler 1998). Bezüglich der Größe der Netzwerke sind die Befunde allerdings sehr widersprüchlich: Einige Studien finden eine Verkleinerung, andere eine Vergrößerung der Netzwerke nach einer Trennung (vgl. Niepel 1994). Alleinerziehende Mütter bemühen sich allerdings im Vergleich zu verheirateten Müttern wesentlich stärker um soziale Kontakte und pflegen sie bewusster (Niepel 1994).

Wichtiger als die Anzahl von potentiell unterstützenden Personen ist jedoch, welche Unterstützung die Frauen wirklich erhalten und wie angemessen diese den Bedürfnissen der Frauen ist. Im Vergleich zu verheirateten Müttern erhalten Alleinerziehender mehr Unterstützung. Dennoch sind sie unzufriedener mit dem Umfang (Niepel 1994) – das dürfte wohl daran liegen, dass sie aufgrund ihrer hohen Belastung einen größeren Bedarf an Hilfe haben als verheiratete Mütter. In der Studie von Nestmann & Stiehler (1998) sind etwa die Hälfte der alleinerziehenden Mütter in den ABL und NBL sehr zufrieden oder zufrieden mit der Unterstützung, die sie erhalten.

Nestmann & Niepel (1994) weisen auch auf Belastungsaspekte sozialer Unterstützung hin. So sind Alleinerziehende sehr ‚sparsam' mit ihren sozialen Ressourcen und nutzen diese nur, wenn sie diese wirklich brauchen, da im Sinne einer reziproken Beziehung sich die Mütter im Gegenzug zur Hilfe verpflichtet fühlen und bisweilen mehr Unterstützung geben als sie selbst erhalten. Außerdem kann häufige Unterstützung zu Gefühlen der Abhängigkeit und zu Einschränkungen der eigenen Autonomie besonders in der Herkunftsfamilie führen (vgl. Niepel 1992; Nestmann & Niepel 1994).

Unterstützung durch einen neuen Partner

Im Kapitel 3.1 bin ich auf die zentrale Bedeutung einer Partnerschaft als vielfältige Unterstützungsquelle eingegangen. In der Studie von Nestmann & Stiehler (1998) zeigt sich emotionale Unterstützung (Liebe, körperliche Nähe und Zärtlichkeit) als jene Unterstützungsform, welche die befragten Alleinerziehenden als am wichtigsten einschätzen. Genau in diesem Bereich sind sie am unzufriedensten und erleben den größten Mangel, dessen Behebung sie sich – wenn auch in unterschiedlichem Ausmaß an Nähe und Verbindlichkeit – von einer neuen Partnerschaft oder Liebesbeziehung wünschen. Die Autoren schlussfolgern, „dass die an eine enge Partnerschaft adressierten Wünsche nach intimer emotionaler Unterstützung sich offenbar nicht durch andere Beziehungen kompensieren lassen" (Nestmann & Stiehler 1998, S. 160). Entsprechend wird eine neue Partnerschaft als einer der wichtigsten Protektionsfaktoren alleinerziehender Mütter diskutiert (vgl. zusammenfassend Amato 2000; Hetherington & Stanley-Hagan 1999). Eine neue Partnerschaft kann auch die Bewältigung der Beziehung zum Ex-Partner erleichtern (Tschann et al. 1989).

Berufstätigkeit

Schwarz & Gödde (1999) konnten belegen, dass eine Berufstätigkeit mit einem besseren Befinden von alleinerziehenden wie verheirateten Müttern einhergeht. Allerdings sollten auch Faktoren wie die Zufriedenheit mit der ausgeübten Tätigkeit, das Ausmaß an Routine und Kontrollierbarkeit, sowie die Entscheidungsmacht und Überlastung im Beruf mit berücksichtigt werden (Barnett & Marshall 1991; Graetz 1993; Lennon 1994 zit. nach Schwarz & Gödde 1999).

Interne Ressourcen

Neben den externen Ressourcen sind auch persönliche Kompetenzen von Bedeutung für die langfristige Anpassung und das Wohlbefinden von alleinerziehenden Müttern. Sander (1999) räumt der mütterlichen Bildung einen hohen Stellenwert ein. Ein höherer Bildungsstand garantiere eher „das Verfügen über Kompetenzen und Strategien, sich in schwierigen Situationen zu helfen und bietet auch eher die Chance für eine befriedigende berufliche Tätigkeit und finanzielle Sicherheit, Faktoren, die die Bewältigung erheblich erleichtern" (Sander 1999, S. 24). In der Studie von Tschann et al. (1989) zeigt sich die psychische Anpassung der Mütter vor der Trennung als stärkster Prädiktor des Wohlbefindens nach der Scheidung. Mütter, die zuvor ihren Alltag gut im Griff hatten und emotional stabil waren, berichten nach der Scheidung weniger emotionale Beeinträchtigungen – wie Depressivität und Ängstlichkeit – und ein effektiveres Bewältigungsverhalten.

4.2.4 Stress- vs. Selektionsperspektive

Neben der Stressperspektive wird die Selektionsperspektive als konkurrierender Erklärungsansatz für ein schlechteres Befinden von alleinerziehenden Müttern diskutiert (vgl. Amato 2000). Diese besagt, dass manche Personen Merkmale und Eigenschaften besitzen, die sie einerseits einem höheren Risiko für Eheprobleme und Scheidung aussetzen, und sie andererseits für psychische und soziale Probleme prädestinieren. Ein schlechteres Befinden von Geschiedenen wäre nach diesem Ansatz nicht Folge der Scheidung, sondern sowohl die Scheidung, wie auch das Befinden wären auf Persönlichkeitsmerkmale der betroffenen Personen zurückzuführen.

Die meisten Längsschnittstudien unterstützen die Stressperspektive, d.h. die Scheidungsphase geht einher mit einem Zuwachs an Belastungen, die das Befinden beeinträchtigen (zusammenfassend Amato 2000; McLanahan 1985). Booth & Amato (1991) bestätigen ebenfalls die Stressperspektive und widerlegen die Selektionsperspektive. Sie finden keine Belege dafür, dass psychischer Stress eine Ursache für eine Trennung sein könnte, bestätigen aber einen Anstieg an Stress kurz vor einer Trennung. Allerdings gibt es Belege, dass Selektion eine gewisse Rolle spielt, wenn auch in geringerem Maße oder nur bei einer bestimmten Gruppe von Personen (zusammenfassend Amato 2000). So testeten Simons & Associates (1996) Stress- und Selektionsperspektive gegeneinander. Nach ihren Ergebnissen erklärt die Stressperspektive etwa 75-80% der aufgeklärten Beziehung zwischen Familienstruktur (geschieden vs. verheiratet) und dem von den Müttern erlebten Stress, antisoziale Tendenzen der Mütter erklären hingegen ‚nur' 20-25% dieser Beziehung.

4.2.5 Zusammenfassung: Die Lebenssituation von alleinerziehenden Müttern ohne Partner

- Das psychische Wohlbefinden von Alleinerziehenden ist durchschnittlich geringer als das von Müttern in Kernfamilien.
- Allerdings muss das ‚Timing' bei geschiedenen Alleinerziehenden berücksichtigt werden. In den ersten 3 Jahren nach der Trennung erleben sie eine Krise und eine allmähliche Reorganisationsphase, in der ihr Wohlbefinden zunächst deutlich eingeschränkt ist und sich dann allmählich bessert.
- Die Stressperspektive hat auch nach dieser Übergangszeit einen hohen Erklärungswert: Chronische Stressoren erschweren den Alltag von Alleinerziehenden und können deren Wohlbefinden beeinträchtigen. Sie sind ökonomisch meist deutlich schlechter gestellt und einer sehr hohen Alltagsbelastung ausgesetzt. Die Kinder sind zwar auch eine Quelle der Freude und moralischen Unterstützung, aber vor allem mit Söhnen und jugendlichen Kindern zeigen sich viele Konflikte, die sie allein ohne Unterstützung eines Partners austragen müssen.
- Soziale Unterstützung durch die Herkunftsfamilie und Freunde ist wichtig, aber das Fehlen eines Partners macht sich besonders beim Mangel an intimer emotionaler Unterstützung bemerkbar – diesen können auch andere Netzwerkpartner nicht kompensieren.
- Die ökonomische Situation und die erhöhte Alltagsbelastung wurden in der Alleinerziehenden-Forschung bisher am häufigsten zur Erklärung von Befindensunterschieden zwischen Alleinerziehenden und Mütter in Kernfamilien herangezogen. Die Bedeutung der (fehlenden) Partnerschaft wurde hingegen nur am Rande beleuchtet.
- Die ökonomische Situation (zumindest wenn das Haushaltseinkommen zugrunde gelegt wird) und das Vorhandensein einer Partnerschaft sind eng miteinander verwoben – hier wäre zu prüfen, ob ein Teil der Varianz, die bisher der ökonomischen Situation zugesprochen wurde, eigentlich auf das Unterstützungspotential eines Partners zurückzuführen ist. So schlussfolgert Shapiro (1996) in seiner Studie, in der er die ökonomische Situation Verheirateter, Geschiedener und Wiederverheirateter gegenüberstellt:

„What remains unanswered is if economic well-being or a close confiding relationship is the key to understanding psychological distress“ (p. 200).

4.3 Mütter in Stiefvaterfamilien

4.3.1 Zur Entstehung und Häufigkeit von Stieffamilien

Stieffamilien sind kein neues Phänomen, sie „haben jedoch im Laufe dieses Jahrhunderts ihr Gesicht verändert. Sozialhistorischen Studien zufolge hat mit Beginn der Industrialisierung der Stieffamilientyp ‚Wiederheirat nach Verwitwung‘ aufgrund von Verbesserungen in den Lebens- und Arbeitsbedingungen sowie im Gesundheitswesen stark an Bedeutung verloren. Im Gegenzug hat die Verbreitung von Stieffamilien zugenommen, die nach einer Trennung oder Scheidung entstehen“ (Walper & Wild 2002, S. 336).

In den amtlichen Statistiken werden Stieffamilien nicht gesondert ausgewiesen. Deshalb ist über ihre Häufigkeit nur wenig bekannt. Teubner (2002a) hat auf der Datenbasis des Familiensurveys 1994 und 2000 die Häufigkeit von verheirateten und nicht verheirateten Stieffamilien in der Bundesrepublik geschätzt. Demzufolge sind 7% aller Familien mit Kindern unter 18 Jahren Stieffamilien – d.h. die Kinder leben mit einem Stiefeltern- und einem leiblichen Elternteil zusammen. Stieffamilien sind somit in der Bundesrepublik sehr viel seltener als in den USA (vgl. Teubner 2002a). Allerdings bestehen deutliche Unterschiede zwischen den alten und neuen Bundesländern: In den NBL ist der Anteil mit 11,5% fast doppelt so hoch wie in den ABL mit 6% aller Familien. Diese Diskrepanz basiert vor allem auf zwei Faktoren: Zum einen auf dem gewissermaßen historischen Tatbestand, dass in der DDR deutlich häufiger geschieden wurde und von den Scheidungen häufiger minderjährige Kinder betroffen waren. Zum anderen gibt es in Ostdeutschland erheblich mehr nichteheliche Lebensgemeinschaften mit Kindern (NBL: 12% vs. ABL: 4%). Unter nichtehelichen Lebensgemeinschaften mit Kindern ist wiederum der Anteil von Stieffamilien mit 45% in ganz Deutschland besonders hoch (NBL: 40% vs. ABL: 50%). Dahingegen beträgt der Anteil von Stieffamilien bei den verheirateten Paaren mit minderjährigen Kindern nur 5,5% – hier ist ebenfalls der

Anteil in den neuen Bundesländern mit 9,5% etwa doppelt so hoch wie in den alten Bundesländern mit 4,5% aller Ehen (Teubner 2002a).

Betrachtet man nun den formalen Status der Stieffamilien, so dominiert in den neuen und alten Bundesländern die Ehe als Partnerschaftsform, aber in den neuen Bundesländern leben immerhin 43% und in den alten Bundesländern 35% der Stieffamilien unverheiratet zusammen – im Vergleich zu nur 4% der Kernfamilien bundesweit (NBL: 11% vs. ABL: 3%; Teubner 2002a).

Stieffamilien lassen sich noch weiter differenzieren in einfache, zusammengesetzte und komplexe Stieffamilien. Bei einfachen Stieffamilien bringt nur ein Partner Kinder in die Beziehung ein, ohne dass weitere Kinder im Haushalt leben. In zusammengesetzten Stieffamilie bringen beide Partner Kinder in die Beziehung ein – beide Elternteile sind zugleich leiblicher Elternteil und Stiefelternteil. Bei komplexen Stieffamilien treten noch gemeinsame leibliche Kinder hinzu – sie können aus einfachen oder zusammengesetzten Stieffamilien hervorgehen (Bien et al. 2002). Häufige Konstellationen sind eheliche komplexe sowie eheliche einfache Stieffamilien und nichteheliche einfache Stieffamilien. Äußerst selten sind zusammengesetzte Stieffamilien – im Familiensurvey betrug ihr Anteil unter 1% aller Stieffamilien (Teubner 2002a).

Die überwiegende Mehrheit der Stieffamilien sind Stiefvaterfamilien – nur 10% der Stiefkinder leben in Stiefmutterfamilien (ABL: 11% vs. NBL: 6%, Bien et al. 2002).

4.3.2 Das psychische Wohlbefinden von Müttern in Stiefvaterfamilien im Vergleich zu Alleinerziehenden und Müttern in Kernfamilien

Garvin, Kalter & Hansell (1993) vergleichen in ihrer Studie geschiedene Mütter, die alleinstehend sind, mit ehemals geschiedenen Müttern, die wieder geheiratet haben. Die alleinstehenden Mütter haben ein geringeres Selbstwertgefühl, nennen mehr psychiatrische Symptome, verfügen über eine geringere soziale Anpassung und schätzen ihre tägliche Gesundheit und tägliche Stimmung schlechter ein. Auch in der Studie von Hetherington (1987 zit. nach Chase-Lansdale & Hetherington 1990) berichten geschiedene nicht wiederverheiratete Mütter sechs Jahre nach der Scheidung von einer geringeren Zufriedenheit, geringerer internalen Kontrolle, größerer Einsamkeit und größerer Depression als wiederverheiratete Mütter. Bei Demo & Acock (1996) berichten die geschiedenen und ledigen alleinerziehenden Mütter von einem geringeren Wohlbefinden (vgl. auch Jesse 2000) bzw. einer höheren Depressivität als die wiederverheirateten Mütter, ein geringeres Selbstwertgefühl hatten aber nur die ledigen Alleinerziehenden – geschiedene Alleinerziehende und Wiederverheiratete unterschieden sich hierin nicht. So haben wiederverheiratete Mütter im Vergleich zu alleinerziehenden Müttern konsistent ein durchschnittlich höheres Wohlbefinden, aber nicht unbedingt einen höheren Selbstwert.

Allerdings fassen Coleman et al. (2000) und Walper & Wild (2002) in ihren Forschungsüberblicken die Befundlage zum psychischen Wohlbefinden von Wiederverheirateten als inkonsistent zusammen und verweisen – neben Studien, die ein höheres Wohlbefinden von Wiederverheirateten belegen (Shapiro 1996) – auf Studien, in denen Wiederverheiratete über ein geringeres Wohlbefinden verfügen als Geschiedene (Neff & Schluter 1993) oder keine Unterschiede zwischen beiden Gruppen bestehen (Richards et al. 1997)[27]. Die von ihnen zitierten Studien beschränken sich jedoch nicht auf die Population von sorgeberechtigten Müttern, sondern beziehen auch Väter und Kinderlose mit ein. Sowohl eine Scheidung, wie auch eine erneute Partnerschaft stellen jedoch kinderlose Paare vor andere emotionale, rechtliche, finanzielle und alltagspraktische Anforderungen. Sie stehen nicht vor der schwierigen Aufgabe, nach der Trennung weiterhin als Eltern zu kooperieren, noch müssen neue Partner als Stiefelternteile in vorhandene Familienstrukturen integriert werden. Zu vermuten ist deshalb, dass die widersprüchlichen Ergebnisse dieser Studien zumindest teilweise auf die andere Stichprobenzusammensetzung zurückzuführen sind. Spanier & Furstenberg (1982 zit. nach Chase-Lansdale & Hetherington 1990) betonen zudem das hohe Maß an Heterogenität bei den Wiederverheirateten – einige profitieren, andere leiden.

27 Hier wird von Coleman et al. (2000) und Walper & Wild (2002) erstaunlicherweise die Studie von Richards et al. (1997) als Beleg für nicht vorhandene Unterschiede angeführt, obwohl diese Autoren in ihrer Studie berichten, dass geschiedene Frauen hochsignifikant ängstlicher und depressiver sind als jene Frauen, die nach einer Scheidung oder Trennung wieder geheiratet hatten. Allerdings zeigt sich in der Studie von Spanier & Furstenberg (1982 zit. nach Chase-Lansdale & Hetherington 1990) in sieben von acht Wohlbefindensindikatoren kein Unterschied zwischen Wiederverheirateten und Geschiedenen 2½ Jahre nach der Scheidung, Wiederverheiratete berichteten lediglich von weniger psychosomatischen Symptomen.

Wie schneiden nun Mütter in Stieffamilien im Vergleich zu Müttern in Kernfamilien bezüglich ihres Befindens ab? Hier zeigen sich sehr widersprüchliche Befunde: Jesse (2000) findet keinen Unterschied im Wohlbefinden zwischen beiden Gruppen. Bei Demo & Acock (1996) zeigt sich kein Unterschied zwischen beiden Gruppen bezüglich des Selbstwertgefühls, Mütter in Stieffamilien berichten aber von einem geringeren allgemeinen Wohlbefinden und einem höheren Maß an Depressivität als die Kernfamilien-Mütter. In der Längsschnittstudie von Hetherington (1987 zit. nach Chase-Lansdale & Hetherington 1990) berichteten Mütter in neu entstandenen Stieffamilien eine höhere Zufriedenheit, ein höheres Wohlbefinden und eine geringere Depressivität als Mütter in Kernfamilien. Nach einigen Jahren der Wiederheirat glich sich die Zufriedenheit der Mütter beider Gruppen an. Diese Ergebnisse basieren auf Daten des 6-Jahres-follow-up. Hetherington (1993) fand im 11-Jahres-follow-up derselben Längsschnittstudie hingegen, dass Mütter in Kernfamilien durchschnittlich einen geringeren Depressionswert hatten als Mütter in Stieffamilien – besonders in den ersten zwei Jahren oder wenn heranwachsende Kinder involviert waren[28]. Diese widersprüchlichen Ergebnisse deuten darauf hin, dass ein einfacher Vergleich von Stief- und Kernfamilien zu kurz greift und die genaue Entstehungsgeschichte und Lebenssituation bei Stieffamilien berücksichtigt werden muss, um ihr Unterstützungspotential für die Mütter abzuschätzen.

Zusammenfassend kommen Studien, die sich auf Mütter bzw. Eltern beschränken, konsistent zu dem Ergebnis, dass Mütter in Stieffamilien über ein höheres Wohlbefinden berichten als Alleinerziehende, bezüglich des Selbstwertgefühls zeigen sich widersprüchliche Ergebnisse. Studien, die auch kinderlose Paare einschließen, kommen insgesamt zu einem inkonsistenten Bild. Beim Vergleich von Müttern in Stieffamilien mit jenen in Kernfamilien gibt es ebenfalls inkonsistente Befunde. Dies spricht dafür, dass es sich bei der Gruppe der Stieffamilien um eine sehr hete-

[28] Vielleicht liegt der Schlüssel dieses erstaunlichen Widerspruchs im Alter der Kinder. So berichtet Hetherington (1993), dass vor allem Kinder, die bei einer erneuten Heirat ihrer Mutter neun Jahre und älter sind, einem Stiefvater – und der Mutter – besonders kritisch und feindselig gegenüberstehen, während jüngere Kinder, vor allem Söhne, einen Stiefvater eher akzeptieren. In der Längsschnittstudie von Hetherington waren die Zielkinder zum 6-Jahres-follow-up 10 Jahre alt – zum Zeitpunkt einer Wiederheirat waren diese Kinder somit größtenteils noch unter 9 Jahren. Beim 11-Jahres-follow-up waren die Kinder hingegen schon 15 Jahre – hatte ihre Mutter in den letzten Jahren geheiratet, so musste sie verstärkt mit dem Widerstand ihrer heranwachsenden Kinder umgehen. Der ‚honeymoon' dürfte dadurch überschattet worden sein. In der Studie von Demo & Acock (1996) waren die Kinder zwischen 0 und 18 Jahren zum Zeitpunkt der Erhebung – das Alter bei der Wiederheirat ihrer Mutter ließ sich nicht ermitteln.

rogene Familienform handelt. Im Weiteren möchte ich Erklärungsmöglichkeiten für diese Heterogenität darstellen.

4.3.3 Erklärungsansätze für das Wohlbefinden von Müttern in Stieffamilien im Vergleich zu Alleinerziehenden und Müttern in Kernfamilien

Was bedeutet der Übergang vom Alleinerziehen hin zu einer neuen Partnerschaft für die Belastungen und Ressourcen einer Mutter? In der jungen Forschungsrichtung zu Stieffamilien hat sich zunehmend eine entwicklungsbezogen-systemische Perspektive durchgesetzt[29]. Zentral ist hierbei die Hervorhebung spezifischer Entwicklungsaufgaben für Eltern und Kinder bei der Etablierung einer Stieffamilie. Nach Walper & Wild (2002) bieten stresstheoretische Modelle auch hier einen breiten Integrationsrahmen für diese Perspektive. Zunächst möchte ich auf die Entwicklungsaufgaben einer Stieffamlie eingehen.

4.3.3.1 Aufgaben und besondere Belastungen bei der Etablierung einer Stieffamilie

Walper (1993, S. 431) hat die wichtigsten Entwicklungsaufgaben, welche die Familienmitglieder einer neu entstandenen Stieffamilie bewältigen müssen, zusammengestellt:

---

[29] Wie in der Alleinerziehendenforschung (vgl. Hetherington & Stanley-Hagan 1999) dominierte auch in der Stieffamilienforschung zunächst eine Defizitperspektive (vgl. Walper & Wild 2002). Stieffamilien wurden als prinzipiell problematisch für die Entwicklung der in ihnen aufwachsenden Kinder gesehen. Im Vergleich zu Kernfamilien wurden vor allem das – aufgrund des fehlenden biologischen Bands – geringere erzieherische Engagement von Stiefeltern, das höhere Risiko von Kindesmisshandlungen und -vernachlässigung, aber auch das Fehlen anerkannter Rollen und Normen für Stiefeltern und -kinder als Nachteile postuliert (vgl. Walper & Wild 2002). Neuere Ansätze arbeiten hingegen im Vergleich mit Ein-Elternteil-Familien die möglichen Vorteile einer Stieffamilie heraus. Hier werden vor allem die Entlastung und Unterstützung des leiblichen Elternteils durch den neuen Partner und die häufige Verbesserung der finanziellen Situation der Familie durch ein (zusätzliches) Einkommen positiv hervorgehoben (ebd.). Beide Ansätze kranken allerdings an der jeweils einseitigen Betrachtung der Stieffamilie. Einzelne Aspekte – wie die finanzielle Besserstellung von Stieffamilien im Vergleich zu Alleinerziehenden und die partnerschaftliche Unterstützung der Mutter, andererseits das geringere Engagement der Stiefväter bei der Erziehung im Vergleich zu Vätern (Hetherington 1993) und die Rollenunsicherheit – lassen sich jedoch sehr gut in die im Weiteren näher betrachteten Stressperspektive integrieren.

- Verluste und Einschränkungen durch die elterliche Trennung müssen emotional bewältigt werden. Scheidungskinder, die auf eine Versöhnung der leiblichen Eltern gehofft hatten, müssen sich bei einer neuen Partnerschaft eines Elternteils mit dem nun ‚festgeschriebenen' Verlust des anderen Elternteils auseinandersetzen.
- Die Beziehung zwischen Kindern und außerhalb lebendem Elternteil muss konstruktiv gestaltet werden.
- Die Kinder und der neue Partner müssen sich wechselseitig aufeinander einstellen und die fehlende gemeinsame Entwicklungsgeschichte ‚nachholen'.
- Gleichzeitig (und daher unter erschwerten Bedingungen) muss die neue Partnerschaft gefestigt werden.
- Der zuvor (mehr oder minder lange) alleinerziehende Elternteil muss seine Aufmerksamkeit und Zuwendung neu verteilen, und die Kinder müssen den hiermit verbundenen Verlust bewältigen.
- Die Rolle des Stiefelternteils in der Betreuung und Erziehung der Kinder muss individuell ausgestaltet werden, ohne Loyalitätsprobleme der Kinder gegenüber dem außerhalb lebenden Elternteil zu provozieren.
- Soweit vorhanden müssen sich Stief- und Halbgeschwister aufeinander einstellen und ihre Beziehung konstruktiv gestalten.
- Im Zuge der Entwicklung einer Identität als Stieffamilie müssen neue Routinen und Familienrituale etabliert werden, in denen auch die Kinder veränderte Rollen übernehmen.
- Schließlich muss das erweiterte Verwandtschaftsnetz integriert werden.

Die Etablierung einer Stiefvaterfamilie stellt somit – ähnlich der Zeit direkt nach einer Trennung – eine Reorganisationsphase dar, in der alle Familienmitglieder neue bzw. veränderte Umgangsformen, Regeln und Routinen miteinander finden müssen. Die Bewertung dieser Veränderungen dürfte zwischen den Familienmitgliedern erheblich variieren: Stellt eine neue Partnerschaft für die Partner in aller Regel ein sehr positives Ereignis dar, stehen Kinder diesem Ereignis meist zwiespältig gegenüber und sehen für sich oft mehr Verluste als Gewinne. Diese unterschiedlichen Bewertungen können zu erheblichen innerfamiliären Spannungen führen (siehe unten). Zusätzlich müssen die Beziehungen zu den Ex-Partnern und nichtsorgeberechtigten Vätern (und eventuell zu den Ex-Partnerinnen der neuen

Partner und deren Kindern) geregelt werden. Dadurch handelt es sich beim Zusammenwachsen von Stieffamilien um einen sehr komplexen Prozess, der mit fünf Jahren länger dauert als die Reorganisation nach einer Trennung der Eltern (Hetherington & Jodl 1994 zit. nach Walper & Wild, 2002). Dieser Prozess ist oft in einem hohen Maße mit Anstrengungen verbunden und fordert allen Familienmitgliedern viel Aushandlungsbereitschaft ab. Wie diese Aufgaben bewältigt werden, beeinflusst maßgeblich, mit welchen familialen Schwierigkeiten Mütter auch über eine Anpassungsphase hinweg zu kämpfen haben bzw. wie viel Rückhalt sie durch ihre Familie erhalten. Im Weiteren möchte ich näher auf zentrale Aspekte der mütterlichen Lebenssituation in Stiefvaterfamilien eingehen, nämlich auf die ökonomische Situation, die Beziehung zu den Kindern, das Unterstützungspotential der neuen Partnerschaft und die Alltagsbelastung der Mütter. Den Vergleichsrahmen hierfür bilden Alleinerziehenden ohne Partner und Mütter in Kernfamilien.

4.3.3.2 Die ökonomische Situation

Der am häufigsten diskutierte chronische Stressor bei alleinerziehenden Müttern, die ökonomisch schlechte Situation, wird durch eine neue Partnerschaft meist deutlich entschärft. Hetherington (1993) bezeichnet die Wiederheirat gar als „the most effective route out of economic duress" (p. 42)[30]. Dass es wiederverheirateten Frauen finanziell deutlich besser geht als Alleinerziehenden, ist für den angloamerikanischen Raum gut belegt (Shapiro 1996; Hetherington 1993; Garvin et al. 1993; Duncan & Hoffman 1985). Ein expliziter Vergleich zwischen Müttern in Stief- und Kernfamilien findet sich deutlich seltener in empirischen Studien. Hetherington (1993) berichtet für Mütter in Stief- und Kernfamilien ein ähnliches Haushaltseinkommen (vgl. auch Duncan & Hoffman 1985). Allerdings sind die Finanzen in Stieffamilien ein häufigerer Streitpunkt als in Kernfamilien (siehe unten Hetherington 1988, 1993).

Für Deutschland hat Teubner (2002b) einen Vergleich der ökonomischen Situation von alleinerziehenden Müttern, Stieffamilien und Kernfamilien vorgelegt. Eine

[30] Wiederheirat nach dem Tod des Ehepartners war in früheren Jahrhunderten in erster Linie aus ökonomischen Gründen notwendig (Friedl & Maier-Aichen 1991).

besondere Stärke seiner Analysen besteht darin, dass er der Heterogenität von Stieffamilien Rechnung trägt und zwischen einfachen und komplexen, sowie zwischen ehelichen und nichtehelichen Stieffamilien differenziert. Er bestätigt für die Bundesrepublik, dass Kernfamilien und einfache Stieffamilien sich nicht in ihrem Einkommen unterscheiden[31]. Komplexe Stieffamilien verfügen allerdings über ein deutlich geringeres Einkommen als Kernfamilien und einfache Stieffamilien. Dies ist in erster Linie auf die durchschnittlich hohe Kinderzahl und die vergleichsweise geringe Erwerbsbeteiligung der Mütter zurückzuführen – ihre finanzielle Schlechterstellung resultiert somit nicht aus ihrem Status als Stieffamilie, sondern ist Ausdruck der finanziellen Lage kinderreicher Familien in Deutschland.

Alleinerziehende Mütter verfügen in den neuen Bundesländern über das geringste durchschnittliche Äquivalenzeinkommen aller Familienformen. In den alten Bundesländern haben sie ein signifikant niedrigeres Einkommen als Kern- und einfache Stieffamilien, unterscheiden sich aber nicht signifikant von den komplexen Stieffamilien (Teubner 2002b).

Differenziert man nun nach ehelichen und nichtehelichen Stieffamilien, so unterscheiden sich diese in Ostdeutschland nicht, in Westdeutschland verfügen nichteheliche Stieffamilien seltener über besonders hohe Einkommen (Teubner 2002b).

Für das Befinden der Familienmitglieder ist jedoch weniger das tatsächliche Familieneinkommen, als vielmehr die subjektive Einschätzung desselben als ausreichend oder knapp entscheidend (vgl. Conger et al. 1993; Shapiro 1996; Walper 2001). Jesse (2000) ließ alleinerziehende Mütter und Mütter aus Stief- und Kernfamilien ihre finanzielle Situation einschätzen. Die Alleinerziehenden schätzen ihre Situation erwartungsgemäß deutlich schlechter ein als die Kernfamilien-Mütter. Mütter aus Stieffamilien liegen mit ihrem Urteil zwischen beiden Gruppen. Walper (1998) und Walper & Gerhard (1999) haben die ökonomische Knappheit der Familie aus Sicht der jugendlichen Kinder in einem west- und einem ostdeutschen Sample ermittelt. In beiden Samples schätzen die Kinder alleinerziehender Mütter die ökonomische Lage ihrer Familie signifikant schlechter ein als Kinder aus Kernfamilien. Kinder

[31] Einkommen wurde zum einen als an der Haushaltsgröße gewichtetes Äquivalenzeinkommen und zum anderen als Haushaltseinkommen operationalisiert – die Ergebnisse beider Indikatoren waren konsistent.

aus Stieffamilien liegen mit ihrer Einschätzung zwischen den beiden anderen Gruppen, unterscheiden sich aber nicht signifikant von den anderen. Bezüglich der subjektiv erlebten ökonomischen Lage nehmen somit Stieffamilien im Urteil von Müttern und Kindern eine Mittelposition ein. Diese Mittelposition lässt sich vielleicht darüber erklären, dass in diesen Untersuchungen nicht zwischen einfachen und komplexen Stieffamilien differenziert wurde.

4.3.3.3 Die Beziehung zu den Kindern

Die Etablierung einer Stieffamilie bedeutet nicht nur, dass Kinder und Stiefvater eine neue Beziehung zueinander aufbauen müssen, sondern verändert auch die bestehende Mutter-Kind-Beziehung. Hetherington (1988, 1989, 1993) hat diese familialen Beziehungen sehr differenziert in ihrer prospektiven Längsschnittstudie untersucht. Dabei stellten sich das Geschlecht und das Alter der Kinder bei der Wiederheirat der Mutter als zentrale Moderatorvariablen heraus.

Waren die Kinder bei der Wiederheirat acht Jahre und jünger, so ist die Beziehung zwischen Müttern und Kindern zunächst sehr konfliktreich. Vor allem die Mädchen sind ihren Müttern gegenüber fordernder, feindseliger, mehr Druck ausübend und weniger warmherzig als Mädchen in Alleinerziehenden- und Kernfamilien (Hetherington 1988, 1989). Töchter, die ein sehr enges Verhältnis zu ihren Müttern vor der Wiederheirat hatten, sind besonders kritisch und widerständig gegen ihre Mütter und deren neuen Partner (Hetherington 1988). Ihr Verhalten verbessert sich zwar in den darauf folgenden zwei Jahren, sie bleiben aber weiterhin antagonistischer als Töchter in den anderen Familienformen (Hetherington 1988, 1989). Auch die Söhne sind zunächst schwierig, zeigen aber nach zwei Jahren kein aggressiveres oder widerständigeres Verhalten als Söhne in Kernfamilien (Hetherington 1989).

Kinder, die bei der Wiederheirat ihrer Mutter neun Jahre und älter waren, zeigen ein weniger herzliches, kommunikatives und stärker negatives Verhalten gegenüber ihrer Mutter als Kinder in Kernfamilien – unabhängig vom Geschlecht (Hetherington 1993). Im Kontrast zu den jüngeren Mädchen sind jugendliche Mädchen weniger direkt antagonistisch, sondern vielmehr unkommunikativ, mürrisch und vermeidend (ebd.). Dieses Verhalten verbessert sich auch nach zwei Jahren nicht (Hetherington 1989).

Für die Mütter ist zudem von Bedeutung, wie sich das Verhältnis zwischen den Kindern und dem Stiefvater gestaltet. Davon hängt ab, ob sie durch ihren neuen Partner in Erziehungsfragen entlastet oder durch ein angespanntes Verhältnis zwischen beiden zusätzlich belastet werden.

Auch hier stehen besonders Kinder in der Präadoleszenz einem Stiefvater eher skeptisch gegenüber (Hetherington 1993). Die Stiefväter berichten in den ersten zwei Jahren von wenigen Gefühlen der Nähe gegenüber ihren Stiefkindern, verbringen aber Zeit mit ihnen und suchen nach gemeinsamen Interessen, um eine Beziehung zu etablieren – trotz der offenen Ablehnung durch die Stiefkinder. Obwohl bei jüngeren Kindern die Beziehung mit der Zeit enger wird, bleiben die jugendlichen Mädchen und Jungen weniger herzlich und interessiert und verhalten sich eher Druck ausübend gegenüber ihren Stiefvätern – egal wie sehr sich der Stiefvater zunächst bemüht (ebd.). In der ersten Phase der Wiederheirat beeinflussen somit die Kinder – vor allem die Jugendlichen – ihre (Stief-)Eltern stärker durch ihr Verhalten als umgekehrt: Ein externalisierendes und negatives Verhalten der Stiefkinder führt zu einer späteren Zunahme von negativen Verhalten der Stiefväter. Sozial kompetentes Verhalten der Jugendlichen führt hingegen zu positiveren Reaktionen von Müttern und Stiefvätern (ebd.).

Hetherington (1989) erklärt das abweisende Verhalten der Töchter dadurch, dass der Stiefvater von den Kindern zunächst als Eindringling erlebt wird. Da viele Söhne eine angespannte Beziehung zu ihren alleinerziehenden Müttern hatten, können sie jedoch durch den Stiefvater hinzugewinnen. Töchter hingegen hatten häufig eine sehr enge Beziehung zu ihrer Mutter und eine verantwortungs- und machtvolle Rolle in der geschiedenen Familie. Sie sehen somit durch den Stiefvater ihre Unabhängigkeit und ihre enge Beziehung zur Mutter gefährdet. Daraus resultiert dann das widerspenstige Verhalten gegenüber Mutter und Stiefvater. Präadoleszente Kinder zwischen 9 und 15 Jahren stellen sich deutlich stärker gegen die Einführung eines Stiefelternteils als jüngere und ältere Kinder. Die meisten jüngeren Kinder akzeptieren einen warmherzigen und engagierten Stiefvater. Ältere Jugendliche sind zukunftsorientierter und denken schon an die Zeit, in der sie ausziehen. Hierbei kann sie der Stiefvater von der Verantwortung für das Wohlergehen ihrer Mutter entlasten.

Angesichts der oft ablehnenden Haltung der Stiefkinder mag es nicht verwundern, dass Stiefväter weniger engagiert und autoritativ sind als Väter – bei Jungen nimmt die Autoritativität des Stiefvaters mit der Zeit zu, bei Mädchen hingegen ab (Hetherington 1988, 1993). In allen Altersgruppen ist ein unengagierter Erziehungsstil vorherrschend bei den Stiefvätern (Hetherington 1993). Damit zeigt sich die Stiefvater-Kind-Beziehung (zumindest bei älteren Kindern und Mädchen) in der Regel als potentieller Stressor und nicht als Entlastung für die Mutter.

Die ko-elterliche Beziehung zwischen den Ex-Partnern spielt für die Reaktionen der Kinder auf einen neuen Partner ebenfalls eine Rolle: Bei konfliktarmer und kooperativer Ko-Elternschaft kommen Kinder besser mit der Wiederheirat ihrer Eltern zurecht und entwickeln eine positivere Beziehung zu ihren Stiefeltern (Bray & Berger 1993; Crosbie-Burnett 1991 zit. nach Hetherington et al. 1998) [32]. Mütter profitieren in diesem Fall von einer kooperativen Ko-Elternschaft doppelt – sie erhalten mehr Unterstützung durch den Vater und Stiefvater und müssen insgesamt mit weniger Konflikten klarkommen.

Hartl & Teubner (2002) haben im Rahmen einer qualitativen Studie in einer erweiterten Perspektive die familieninternen Beziehungsgeflechte von Stieffamilien untersucht. Dabei wurde neben der Mutter, dem Stiefvater und dem Kind auch der außerhalb lebende Vater befragt. Sie unterscheiden drei Kommunikationstypen, die sich durch unterschiedliche Beziehungsmuster, verschiedene Familiendefinitionen und ein je unterschiedliches Selbstverständnis auszeichnen:

- In der gescheiterten Stieffamilie ist die Integration des Stiefvaters misslungen. Der Stiefvater hat es nicht geschafft, eine Beziehung zum Stiefkind aufzubauen. Auch nach längerer Zeit wird er immer noch nicht als neuer Partner der Mutter akzeptiert. Darunter leidet das ganze Familienleben, und die Partnerschaft

[32] Vermutlich fällt den Kindern dann eine Akzeptanz des Stiefvaters leichter, weil durch die gefestigte und auch von der Mutter anerkannte Position des Vaters Verlustängste, der Stiefvater könne den Vater gänzlich aus der Familie verdrängen, nicht aufkommen.

droht daran zu zerbrechen. Auffallend ist bei diesem Typus, dass nicht nur die Kinder den Stiefvater nicht zur Familie zählen, sondern dass auch Mutter und Stiefvater einander nicht als zur eigenen Familie gehörig empfinden.

- Die erweiterte Stieffamilie zeichnet sich durch ein intensives haushaltsübergreifendes Kommunikations- und Interaktionsgeschehen und erweiterte Familiengrenzen aus. In diesem Typus wird zum einen der Stiefvater in die Fortsetzungsfamilie integriert, zum anderen spielt aber auch der außerhalb lebende Vater (und meist auch dessen Eltern) weiterhin eine wichtige Rolle im Alltagsleben der Stieffamilie. Typisch sind sowohl sehr enge Beziehungen zwischen den Mitgliedern der Stiefvaterfamilie als auch die positive Verbindung zum außerhalb lebenden Vater. Sowohl Mutter, Stiefvater, wie auch Kinder empfinden sich als Familie zueinander gehörig. Für die Kinder gehört darüber hinaus der Vater (und eventuell auch dessen ‚neue' Familie) zur eigenen Familie. Dieser Typus dürfte eine kooperative Ko-Elternschaft darstellen.
- Die ‚Als-ob-Normalfamilie' versteht sich als Kernfamilie und negiert ihre stieffamilialen Besonderheiten. Der Stiefvater übernimmt die Rolle des leiblichen Vaters und wird von den Stiefkindern oft Papa genannt. Zum außerhalb lebenden leiblichen Vater besteht in der Regel keine Verbindung mehr. Mutter, Stiefvater und Kinder sehen sich einhellig als eine Familie an. Zu Problemen kommt es, wenn nicht alle Mitglieder der Stiefkonstellation mit diesem Arrangement einverstanden sind. Dieses Modell funktioniert meist dann, wenn das Kind bei der Gründung der Stieffamilie sehr jung ist und keinen Kontakt zum Vater sucht und wenn zudem der Vater ebenfalls keinen Kontakt mit seinem Kind halten will.

Als zentral für das Gelingen einer Stieffamilie zeigt sich somit die Integration des Stiefvaters in die Familie und das Übereinstimmen der Familiendefinitionen der einzelnen Mitglieder (vgl. zum unterschiedlichen Selbstverständnis von Stiefvätern auch Friedl & Maier-Aichen 1991).

4.3.3.4 Das Unterstützungspotential der neuen Partnerbeziehung

Eine neue Partnerschaft gilt als wichtiger Protektionsfaktor von alleinerziehenden Müttern – bietet sie doch eine Vielzahl von Unterstützungsaspekten, besonders die von alleinerziehenden Frauen häufig vermisste emotionale Unterstützung (siehe oben). Allerdings dürfte auch in Stieffamilien die Qualität der Beziehung eine wichtige Rolle für ihr Unterstützungspotential spielen. Deshalb stellt sich hier die Frage, ob sich Partnerschaften in Stieffamilien von denen in Kernfamilien unterscheiden. Im Weiteren soll auf die Beziehungsdauer, die Partnerschaftsqualität, auf Entscheidungsmacht und Arbeitsteilung in der Partnerschaft und auf die Bedeutung der Kinder für die Beziehung eingegangen werden.

Ein offensichtlicher Unterschied zwischen Partnerschaften in Stief- und Kernfamilien, in denen Kinder ähnlichen Alters leben (wie z.B. in der Studie von Hetherington 1993), ist die Dauer der (stief-)elterlichen Beziehung: Partnerschaften in Stieffamilien müssen deutlich jünger sein. Die Beziehungsdauer steht in Zusammenhang mit der Ehezufriedenheit – in den ersten Jahren ist sie besonders hoch und nimmt dann ab (Karney & Bradbury 1995). In neu formierten Stieffamilien befinden sich die Partner demnach zunächst im ‚Honeymoon'. So berichten die Wiederverheirateten in der Studie von Hetherington (1993) in den ersten 2 Jahren von einer höheren Ehezufriedenheit als die länger verheirateten, nichtgeschiedenen Paare, im weiteren Verlauf gibt es aber keine Unterschiede in der Ehezufriedenheit mehr. Dazu passen die Ergebnisse von Bray (1987, 1988 zit. nach Hetherington et al. 1989), dass neu verheiratete Partner in Stieffamilien zwar doppelt so viel negativen, aber auch doppelt so viel positiven Stress als Partner in Kernfamilien berichten.

In ihrem Überblicksartikel fassen Walper und Wild (2002) die Ergebnisse zur Qualität und Stabilität von Folgeehen im Vergleich zu Erstehen als uneinheitlich zusammen: So gibt es Hinweise auf eine positivere Qualität von Zweit- gegenüber Erstehen (Kurdek 1989; MacDonald & DeMaris 1995), öfter finden sich keine deutlichen Unterschiede hinsichtlich der Ehezufriedenheit (Clingempeel & Brand 1985; Hobart 1990; Kitson 1992). Andere Arbeiten berichten hingegen von einer geringeren Ehezufriedenheit in Zweitehen (Brown & Booth 1996). Nach Befunden von Kurdek (1991) sinkt die Ehezufriedenheit in Zweitehen schneller ab und laut

Bray (1999) sind Interaktionen zwischen Wiederverheirateten weniger positiv und unterstützend. Ein höheres Scheidungsrisiko bei Folgeehen lässt sich für Deutschland allerdings nicht belegen (Klein 1992).

In der Längsschnittstudie von Hetherington (1988, 1993), die sich auf Folgeehen von Müttern beschränkt, zeigen sich mehr Gemeinsamkeiten als Unterschiede zwischen den Partnerschaften in Kern- und Stiefvaterfamilien: Nach den ersten 2 Jahren gibt es keine Unterschiede in der Ehezufriedenheit mehr (Hetherington 1993). Allerdings betrachteten wiederverheiratete Paare auch nach längerer Ehe ihre Familien als weniger kohäsiv und berichteten von mehr Konflikten – besonders wegen der Kinder und finanzieller Angelegenheiten wie den Kinderunterhalt (Hetherington 1988, 1993). Sie schildern ihre Ehe aber auch als gleichberechtigter, mit mehr geteilten Verantwortlichkeiten in Haushaltsangelegenheiten (Hetherington 1993).

Teubner (2002c) findet ebenfalls kaum Unterschiede in der Partnerschaftszufriedenheit zwischen Kern- und Stieffamilien. Verheiratete Mütter in Stieffamilien erleben ihre Beziehung nicht krisenhafter und denken nicht häufiger an eine Trennung als verheiratete Mütter in Kernfamilien. Im Vergleich zu diesen verheirateten Müttern erleben Mütter in nichtehelichen Lebensgemeinschaften ihre Partnerschaft als instabiler – dies gilt für Stief- und Kernfamilien. Unverheiratete Mütter in Stieffamilien bewerten ihre Partnerschaft aber tendenziell positiver als nichtverheiratete Mütter in Kernfamilien – was sich vielleicht darüber erklären lässt, das ein unverheiratetes Zusammenleben für Kernfamilien sehr ungewöhnlich, für Stieffamilien aber relativ üblich ist.

Mütter in Stieffamilien bringen meist schon die Erfahrung einer gescheiterten Partnerschaft mit in die neue Beziehung ein. Daraus können sich andere Erwartungen an eine Partnerschaft knüpfen – so der Wunsch nach einer ‚gleicheren' Verteilung von Rechten und Pflichten. Coleman et al. (2000) führen in ihrem Überblicksartikel Belege dafür an, dass Frauen die Entscheidungsmacht in ihrer zweiten Ehe als ausgeglichener erleben als in ihrer ersten, vor allem weil sie in ihrer zweiten Ehe bewusst nach mehr Macht streben. In finanziellen Angelegenheiten bleibt ein bestimmter Anteil der ökonomischen Ressourcen meist unter individueller Kontrolle, z. T. wegen finanzieller Verantwortlichkeiten bezüglich der Kinder, z. T. aus dem Wunsch nach finanzieller Unabhängigkeit (ebd.).

Einige Studien belegen zudem, dass Partner in Zweitehen sich stärker am Haushalt beteiligen als Partner in Erstehen (Deal, Stanley-Hagan & Anderson 1992; Ishii-Kuntz & Coltrane 1992 zit. nach Coleman et al. 2000). Demo & Acock (1993) hingegen finden bei einem Vergleich von verheirateten Partnern in Kernfamilien und verheirateten wie nicht verheirateten Partnern in Stiefvaterfamilien keinerlei Unterschiede in deren Haushaltsbeteiligung: Alle Partner leisteten etwa 13 Stunden Hausarbeit pro Woche. Übereinstimmung herrscht immerhin darüber, dass auch in Zweitehen die Frauen den Löwenanteil der Hausarbeit erbringen (vgl. Coleman et al. 2000).

Welche Rollen haben nun die Kinder für die Ehezufriedenheit und -stabilität in Kern- und Stieffamilien? (Stief-)Kinder scheinen im Gegensatz zu leiblichen Kindern keine ehestabilisierende Funktion zu haben, sondern die Paarbeziehung eher zu belasten (vgl. Walper & Wild 2002). Wie oben erwähnt, kreisen viele eheliche Auseinandersetzungen um Kinderthemen. Allerdings muss hierbei die Komplexität der Stieffamilie berücksichtigt werden. Die Ehequalität ist dann geringer, wenn beide Partner Kinder in die Ehe mitbringen, vermutlich wegen der zusätzlichen Komplexität und mehr Möglichkeiten zum Konflikt (Hobart 1991 zit. n. Coleman et al. 2000). Auch das Alter der Kinder spielt eine Rolle für die Ehezufriedenheit. In der Studie von Hetherington (1993) nimmt die Ehezufriedenheit bei Erst- und Wiederverheirateten ab, wenn ihre Kinder in die Adoleszenz kommen. Doch nur die wiederverheirateten Mütter zeigen in der Interaktion mit ihrem Partner mehr Negativität und weniger Positivität. Jugendliche Kinder sind somit eine generelle Belastung für die Ehe der Eltern – dies aber verstärkt in Stieffamilien. (vgl. Hetherington 1993).

Zusammenfassend befinden sich Mütter zu Beginn einer neuen Partnerschaft im ‚Honeymoon' – sie sind zufriedener mit ihrer Beziehung als Mütter in schon länger bestehenden Kernfamilien. Im weiteren Verlauf der Partnerschaft finden sich sehr widersprüchliche Befunde zur Partnerschaftsqualität in Erst- und Zweitehen. Bei Studien, die sich auf Partnerschaften mit Kindern beschränken, finden sich nur wenige Unterschiede zwischen Stief- und Kernfamilien. Die Heterogenität innerhalb der beiden Gruppen dürfte da größer sein. In beiden Familienformen überwiegen die glücklichen Paare (vgl. Teubner 2002c). In der Stiefvaterfamilie sind die Partnerschaften durch die (Stief-)Kinder und eventuell auch durch anhaltende Kontakte zu den Ex-Partnern konfliktreicher und deshalb stärker gefordert (vgl. auch Friedl & Maier-Aichen 1991; Hartl & Teubner 2002). Andererseits scheint zumindest ein Teil der Mütter Lehren aus ihrer früheren Beziehung zu ziehen und in ihrer neuen Partnerschaft mehr Rechte für sich einzufordern. (Stief-)Elternpaare, denen trotz der höheren Anforderungen eine gute Partnerschaft und ein lebendiges Familienleben gelingt, wissen dies vielleicht mehr zu schätzen – gerade vor dem Hintergrund der gescheiterten Beziehung. Paare, die an diesen Anforderungen (erneut) scheitern, sind vermutlich in besonderem Maße frustriert. Ob Partner in Stief- oder Kernfamilien ein höheres Unterstützungspotential für die Mütter haben, lässt sich auf der Basis der vorliegenden Befundlage nicht beantworten.

4.3.3.5 Die Alltagsbelastung

Die Alltagsbelastung von Müttern wird zum einen von den vielfältigen, oft widersprüchlichen Anforderungen – Beruf, Kinder, Haushalt – sowie von der Unterstützung durch den Partner oder andere Personen bestimmt.

Wie in den vorangegangenen Kapiteln schon dargestellt, gibt es in Westdeutschland erhebliche Unterschiede in der Erwerbsbeteiligung zwischen alleinerziehenden Müttern und Müttern in Kernfamilien – in Ostdeutschland unterscheiden sich beide Gruppen hingegen nicht. Teubner (2002d) hat die Erwerbsbeteiligung von Müttern in Kern- und Stieffamilien verglichen – und es zeigen sich ähnliche Ergebnisse: In Ostdeutschland sind die Erwerbsmuster von Müttern in Kern- und Stieffamilien nahezu identisch: 45% der Mütter arbeiten Vollzeit und rund 15% Teilzeit[33]. Eine genauere Differenzierung der Stieffamilien zeigt allerdings, dass sich nur Mütter in Kern- und einfachen Stieffamilien nicht unterscheiden. Mütter in komplexen Stieffamilien sind hingegen nur zu etwa einem Drittel Vollzeit tätig, aber ebenfalls zu unter 20% Teilzeit berufstätig. Die geringere Erwerbsbeteiligung

[33] Die von Teubner (2002d) referierten Anteile erwerbstätiger Mütter sind insgesamt etwas niedriger als jene in den amtlichen Statistiken – dies liegt zum einen an den strengeren Klassifizierungskriterien, zum anderen daran, dass Hausfrauen aufgrund ihrer leichteren Erreichbarkeit etwas überrepräsentiert sind.

der Mütter in komplexen Stieffamilien ist durch ihren Kinderreichtum, durch das häufigere Vorhandensein von Kleinkindern und durch das höhere Alter der Frauen zu erklären. Vergleicht man nun Mütter in Westdeutschland, so sind Mütter in Stieffamilien erheblich erwerbsorientierter: Sie arbeiten etwa doppelt so häufig Vollzeit wie Kernfamilien-Mütter (25% vs. 11%) und sind seltener nicht erwerbstätig (48% vs. 63%). Bei einer Differenzierung in einfache und komplexe Stieffamilien gleichen sich in Westdeutschland die Mütter in Kern- und komplexen Stieffamilien in ihrem Erwerbsverhalten weitgehend, während Mütter aus einfachen Stieffamilien häufiger berufstätig sind, was sich insbesondere an einem höheren Anteil Vollzeit erwerbstätiger Mütter zeigt (35% vs. 10%). Zusammenfassend haben somit Mütter in Ostdeutschland ein sehr ähnliches Erwerbsverhalten unabhängig von der Familienform, wohingegen in Westdeutschland Mütter in Kern- und komplexen Stieffamilien deutlich seltener erwerbstätig sind als alleinerziehende Mütter und Mütter in einfachen Stieffamilien. Da ich davon ausgehe, dass die Erwerbsbeteiligung die Höhe der Alltagsbelastungen mitbeeinflusst, dürften diesbezügliche Unterschiede in Westdeutschland größer ausfallen als in Ostdeutschland.

Zu den Alltagsbelastungen von Müttern in Stieffamilien gibt es nur wenige Studien. Wie im vorangegangen Kapitel schon ausgeführt, unterscheiden sich alleinerziehende Mütter, Kern- und Stieffamilien-Mütter nicht in der Gesamtzahl an Stunden, die sie in den Haushalt investieren (Demo & Acock 1993). Im Vergleich zu Müttern in Stieffamilien berichten alleinerziehende geschiedene Mütter aber von mehr täglichen Belastungen und vor allem häufiger von Problemen mit dem Haushalt und Hausinstandhaltungsarbeiten (Garvin et al. 1993). Sie haben eben nicht die Möglichkeit – wie die Stieffamilien-Mütter – mal Aufgaben an ihre Partner abzugeben.

Studien, die explizit die Alltagsbelastung von Müttern in Kern- und Stieffamilien vergleichen, sind mir nicht bekannt. Die alltäglichen Anforderungen dürften für Mütter aus beiden Familienformen ähnlich sein – sie haben beide einen Partner, der sie unterstützen kann. Stiefväter scheinen im Haushalt tendenziell aktiver zu sein, aber bei der Kindererziehung sind Stiefväter weniger engagiert als leibliche Väter (siehe oben). Zusammenfassend ist zu vermuten, dass sich Mütter in Kern- und

Stieffamilien durchschnittlich nicht so sehr in ihrer Alltagsbelastung unterscheiden, die Unterschiede innerhalb der Familienformen dürften da größer sein.

4.3.4 Stress- vs. Selektionsperspektive

Bei der Erklärung von Unterschieden zwischen geschiedenen und wiederverheirateten Personen findet die Selektionsperspektive einige Bestätigung. Bezogen auf diesen Vergleich besagt sie, dass die Wiederheirat nicht die Ursache für ein besseres Befinden von Wiederverheirateten ist, sondern dass diejenigen Personen, die über ein höheres psychisches Befinden bzw. über Persönlichkeitsmerkmale oder Kompetenzen, die ein höheren Befinden fördern, verfügen, bessere Chancen bei der Partnersuche haben und deshalb eher wieder heiraten. Walper & Wild (2002) plädieren in ihrem Überblicksartikel für die Selektionsperspektive (vgl. auch Coleman et al. 2000). So berichten Spanier & Furstenberg (1982 zit. nach Chase-Lansdale & Hetherington 1990), dass für Geschiedene mit hohem Wohlbefinden die Wahrscheinlichkeit einer zweiten glücklichen Ehe am größten ist. Andererseits geben McKenry & Price (1991) zu bedenken, dass sowohl die Verbesserung der ökonomischen Situation, wie auch die Bestätigung und Zuneigung durch einen neuen Partner wohl kaum ohne Folgen für das Wohlbefinden der Geschiedenen bleiben. Vermutlich klären beide Perspektiven unterschiedliche ‚Varianzanteile' des Wohlbefindens von alleinerziehenden und wiederverheiraten Müttern auf.

4.3.5 Zusammenfassung: Die Lebenssituation von Müttern in Stieffamilien

- Das psychische Wohlbefinden von Müttern in Stieffamilien ist durchschnittlich höher als das von alleinerziehenden Müttern. Ein Vergleich von Müttern in Stief- und Kernfamilien bringt widersprüchliche Ergebnisse hervor – ein genereller Befindensvorteil lässt sich somit für keine der beiden Gruppen annehmen.
- Mütter in neu etablierten Stiefvaterfamilien befinden sich wie frisch getrennte Alleinerziehende in einer Reorganisationsphase, die mit einem erhöhten Maß an Anforderungen und negativem Stress verbunden ist. Allerdings berichten sie in

den ersten zwei Jahren auch von deutlich mehr positiven Erlebnissen als Mütter in Kernfamilien.

- In ihrer neuen Partnerschaft erleben die Mütter in den ersten zwei Jahren ihren ‚Honeymoon'. Im späteren Verlauf gibt es widersprüchliche Ergebnisse zur Partnerschaftsqualität im Vergleich zu Partnerschaften in Kernfamilien – dies spricht für eine hohe Heterogenität in den Stieffamilien. Partnerschaften in Stiefvaterfamilien sind jedoch gleichberechtigter als solche in Kernfamilien. Sie scheinen aber auch konfliktreicher zu sein.
- Die Kinder reagieren in der Regel antagonistisch auf den neuen Partner ihrer Mutter. Vor allem Mädchen und jüngere Jugendliche zwischen 9 und 15 Jahren akzeptieren den Stiefvater auch nach längerer Zeit nicht und zeigen ihm und der Mutter gegenüber abweisendes Verhalten.
- Beim Vergleich der Mutter-Kind-Beziehung in unterschiedlichen Familienformen ist somit das Geschlecht des Kindes zentral: Alleinerziehende Mütter haben vor allem mit ihren Söhnen problematische Beziehungen, in Stiefvaterfamilien sind die Mutter-Tochter-Beziehungen in der Regel schwieriger (vgl. auch Zaslow 1988). Diese Geschlechtsunterschiede verlieren mit der Pubertät an Bedeutung.
- Stiefväter sind deutlich weniger engagiert in ihrem Erziehungsverhalten als Väter.
- Die ökonomische Situation von Müttern in einfachen Stiefvaterfamilien ist besser als die von alleinerziehenden Müttern. Im Vergleich zu Müttern in Kernfamilien verfügen sie über ein ähnliches Haushaltseinkommen. Komplexe Stiefvaterfamilien haben ein signifikant geringeres Einkommen als Kernfamilien und einfache Stieffamilien, was auf die höhere Kinderzahl zurückzuführen ist. In den neuen Bundesländern verfügen komplexe Stieffamilien über ein höheres Einkommen als alleinerziehende Mütter, in den ABL unterscheiden sich beide Familientypen nicht. Nach der subjektiven Einschätzung ihrer finanziellen Lage befragt, nehmen Mütter in Stieffamilien eine Mittelstellung zwischen der negativen Beurteilung der alleinerziehenden Mütter und der signifikant besseren Bewertung der Mütter in Kernfamilien ein.
- Mütter in Stieffamilien fühlen sich im Alltag weniger belastet als alleinerziehende Mütter. Im Vergleich zu Müttern in Kernfamilien dürfte die Alltagsbelastung ähnlich sein. Aufgrund der ähnlichen Erwerbsmuster von Müttern

unterschiedlicher Familienformen in Ostdeutschland ist anzunehmen, dass dort die Unterschiede in der Alltagsbelastung zwischen den Familienformen geringer ausfallen als in Westdeutschland, wo sich Mütter in Kern- und komplexen Stieffamilien in ihrem Erwerbsverhalten von alleinerziehenden Müttern und Müttern in einfachen Stieffamilien unterscheiden.

- Unterschiede im psychischen Wohlbefinden zwischen alleinerziehenden Müttern und Müttern in Stieffamilien lassen sich sowohl durch die Stress-, wie auch durch die Selektionsperspektive erklären.

4.4 LAT – eine Lebensform irgendwo zwischen Alleinerziehen und Stieffamilie?

In den vorangegangenen Abschnitten habe ich die Lebenssituation von alleinerziehenden Müttern ohne Partner und von Müttern in Stiefvaterfamilien vergleichend betrachtet. In diesem Abschnitt möchte ich mich mit der Situation von Müttern beschäftigen, die mit ihrem neuen Partner in getrennten Haushalten leben. Ich nehme an, dass LAT bei Müttern als Lebensform irgendwo zwischen der Lebensform des Alleinerziehens ohne Partner und dem Leben in einer Stieffamilie anzusiedeln ist – zu fragen bleibt aber, welcher Lebensform sie mehr ähnelt bzw. welche Gemeinsamkeiten und Unterschiede jeweils bestehen. Aufgrund der schwachen Befundlage wird dieses Teilkapitel sehr stark vom Konjunktiv beherrscht werden. Ich werde erste Informationen zusammentragen, die eine Positionierung der Lebensform LAT zwischen den Polen alleinerziehend und Stieffamilie erleichtern. Zunächst beschäftige ich mich mit den Partnerschaftswünschen und -vorstellungen alleinerziehender Mütter. In einem zweiten Schritt schätze ich anhand vorliegender Alleinerziehenden-Studien die Häufigkeit von LAT bei Alleinerziehenden. Im dritten Abschnitt gehe ich auf die wenigen Hinweise zur Ausgestaltung dieser Partnerschaften ein, um abschließend den Effekt von LAT für das Wohlbefinden der Mütter abzuschätzen.

4.4.1 Partnerschaftswünsche und -vorstellungen alleinerziehender Mütter

Angesichts des hohen Stellenwerts, den eine Partnerschaft in unserer Gesellschaft hat (siehe Kapitel 3.1.1), verwundert es nicht, dass auch alleinerziehende Mütter einen großen Wunsch nach einer neuen Partnerschaft verspüren: In der Studie von Nave-Herz & Krüger (1992) wollen etwa die Hälfte der Frauen einen neuen Partner, ein knappes Drittel ist sich unsicher darüber und nur etwa ein Viertel bis ein Fünftel der Frauen wollen keine neue Partnerschaft mehr eingehen. Bei Nestmann & Stiehler (1998) wünschen sich 19 der 20 interviewten Frauen einen neuen Partner. In der Untersuchung von Schöningh et al. (1991) wollen 21 der 25 interviewten Frauen eine neue Partnerschaft bzw. haben schon einen Partner. Jene Frauen, die eine neue Partnerschaft ablehnen oder ihr ambivalent gegenüberstehen, begründen dies damit, dass sie sich erst vor kurzem getrennt haben oder noch zu sehr mit ihrem neuen Selbstverständnis beschäftigt sind. Die Mehrheit der Frauen möchte aber nochmals das Wagnis einer neuen Partnerschaft eingehen.

Als Gründe für einen Partnerschafswunsch nennen die Frauen in der Studie von Nave-Herz & Krüger (1992) in erster Linie den Wunsch nach emotionaler Nähe und Geborgenheit (drei Viertel aller Frauen), nach einem Gesprächspartner (die Hälfte) und einer sexuellen Beziehung (zwei Fünftel). Einen (Ersatz-)Vater für ihre Kinder wünscht sich hingegen nur jede Siebte. Unterstützung in Beruf und Haushalt (11%) oder materielle Versorgung (4%) werden kaum als Motive genannt. Diese Ergebnisse bestätigen nochmals die oben dargelegten Befunde, dass es vor allem die intimen emotionalen Bedürfnisse sind, deren Befriedigung sich viele von einer Partnerschaft versprechen und die längerfristig nicht durch ein noch so unterstützendes soziales Netzwerk kompensieren werden können (Nestmann & Stiehler 1998).

Allerdings bevorzugen alleinerziehende Mütter eher unkonventionelle Lebensformen für ihre zukünftigen Partnerschaften: Nave-Herz & Krüger (1992) befragten 600 westdeutsche alleinerziehende Mütter nach ihrer idealen Lebensform. Gut ein Drittel der Frauen entschied sich für ein LAT-Arrangement, knapp ein Drittel würde gerne in einer nichtehelichen Lebensgemeinschaft leben und etwa jede Fünfte würde gerne eine Ehe eingehen. Die restlichen 10% der Befragten wollten in einer WG oder alleine ohne Partner leben. Damit zeigt sich LAT mit knappem Vorsprung vor der NEL als die präferierte Lebensform. In den Studien von Schöningh et al. (1991) und Napp-Peters (1987) entschied sich die Mehrheit der westdeutschen Frauen bewusst gegen ein Zusammenleben mit einen möglichen neuen Partner. Nestmann & Stiehler (1998) stellten auch für ostdeutsche alleinerziehende Mütter eine Präferenz des LAT-Arrangements fest: 18 von 20 Befragten wünschen sich eher eine Partnerschaft in getrennten Wohnungen - ganz im Gegensatz zu den alleinerziehenden Vätern, die ein Zusammenleben mit einer neuen Partnerin bevorzugten (für westdeutsche Väter siehe auch Napp-Peters 1987). Somit besitzt LAT als Partnerschaftsform eine hohe Attraktivität für alleinerziehende Mütter.

Die eher ablehnende Haltung gegenüber einem Zusammenleben mit einem neuen Partner liegt oft in den negativen Erfahrungen in früheren Beziehungen begründet. Viele Frauen litten in ihrer früheren Partnerschaft unter der traditionellen Rollenverteilung. Sie waren – auch wenn sie berufstätig waren – allein für Kinder und Haushalt zuständig und erhielten kaum Unterstützung vom Partner. Einige Frauen fühlten sich vom Partner in ihren eigenen Interessen eingeengt oder waren von ihren Männern emotional abhängig (Schöningh et al. 1991). Nach der Trennung haben sich diese Frauen eine Unabhängigkeit erkämpft, die sie nicht wieder aufgeben wollen. Ihre Ansprüche an eine Partnerschaft sind gestiegen – vor allem wünschen sie sich in einer neuen Beziehung eine egalitärere Arbeitsteilung und mehr Raum für ihre eigenen Bedürfnisse. Dies – so sind wohl viele Frauen überzeugt – ist in getrennten Wohnungen leichter zu realisieren (Schöningh et al. 1991). Es sind somit in erster Linie Befürchtungen, ihre Selbständigkeit und Unabhängigkeit zu verlieren, der Wunsch nach einer nicht so nahen Beziehung, aber auch die fehlende Akzeptanz von Seiten der Kinder, die LAT so attraktiv für alleinerziehende Mütter macht (Nestmann & Stiehler 1998).

Vermutlich steht hinter dieser Präferenz der Versuch, Vorteile des Alleinerziehens (mehr Selbständigkeit und Freiheiten) mit den Vorteilen der Stiefvaterfamilie (emotionale Unterstützung) zu kombinieren und die Nachteile einer Stieffamilie – vor allem die Rollenaufteilung und mögliche Konflikte zwischen neuem Partner und Kindern – zu vermeiden.

4.4.2 Die Häufigkeit von LAT-Partnerschaften bei alleinerziehenden Müttern

Wie verbreitet ist LAT unter den alleinerziehenden Müttern? Der prozentuale Anteil von alleinerziehenden Müttern, die mit ihrem neuen Partner in getrennten Haushalten leben, ist schwer abzuschätzen, da es entsprechende Statistiken kaum gibt. Teubner (2002a) schätzt auf der Basis des Familiensurveys, dass 17% der Alleinerziehenden einen Partner außerhalb ihres Haushalts haben. Als ein weiterer Anhaltspunkt kann der Anteil der Alleinerziehenden mit LAT-Partnerschaften in Alleinerziehenden-Studien dienen – unter der Annahme, dass sich Alleinerziehende mit und ohne Partner nicht in ihrer Teilnahmebereitschaft an solchen Studien unterscheiden. Im deutschsprachigen Forschungsraum liegen mir fünf Studien vor, in denen ausreichende Angaben zur Partnerschaftssituation der alleinerziehenden Mütter gemacht wurden.

Drei dieser Studien untersuchten nur Alleinerziehende im engeren Sinne, d.h. die Mütter lebten mit ihren Kindern alleine in einem Haushalt. In der Studie von Schwarz & Gödde (1999) liegt der Anteil der Alleinerziehenden mit einer LAT-Beziehung bei 35% (48 von 136 Frauen), bei Schöningh et al. (1991) sind es 24% (6 von 25 Frauen) und bei Nestmann & Stiehler (1998) haben 40% der alleinerziehenden Mütter einen neuen Partner außerhalb ihres Haushalts (8 von 20 Frauen).

In zwei weiteren Studien wurde die Gruppe der Alleinerziehenden nach ihrem formalen Status definiert, d.h. es handelte sich um Mütter, die ledig oder geschieden waren. Deshalb befanden sich in dieser Stichprobe auch Frauen, die mit ihren neuen Partner schon zusammenlebten. Nach meiner Definition leben diese Frauen in Stiefvaterfamilien und sollen deshalb im Weiteren ‚herausgerechnet' werden. Napp-Peters (1987) gibt an, dass 44% der 300 untersuchten Frauen einen neuen Lebenspartner haben, 31 Frauen (10% der Gesamtstichprobe) leben mit diesem schon zusammen, d.h. der Anteil der LAT-Beziehungen beträgt hier 37,5%[34]. Bei Nave-Herz & Krüger (1992) haben „circa ein Drittel" der 600 teilnehmenden Frauen seit mindestens 6 Monaten einen neuen Lebenspartner. 56 dieser Frauen

[34] 37,5% der 269 Alleinerziehenden, die nicht mit einem neuen Partner zusammenleben.

(9% der Gesamtstichprobe) leben mit diesem zusammen. Damit lebt etwa ein Viertel aller befragten Frauen in einer mindestens sechsmonatigen LAT-Beziehung.

Zusammenfassend liegt der Anteil der alleinerziehenden Mütter mit einer LAT-Partnerschaft in diesen Studien zwischen einem Viertel und zwei Fünfteln. Gewichtet man die Studien mit den größeren Stichproben etwas stärker, so liegt der Anteil in zwei Studien (Schwarz & Gödde 1999; Napp-Peters 1987) bei einem guten Drittel, in der Studie von Nave-Herz & Krüger (1992) liegt der Anteil mit einem Viertel etwas niedriger, allerdings werden hier nur Partnerschaften berücksichtigt, welche die erste Phase des Kennenlernens schon ‚überlebt' haben. In den hier aufgeführten Alleinerziehenden-Studien liegt somit der Anteil der Alleinerziehenden mit LAT-Partnerschaften bis zu doppelt so hoch wie im Familiensurvey (Teubner 2002a).

Wechselt man den Bezugsrahmen und versteht LAT-Partnerschaften von Müttern als eine besondere Form der Stieffamilie, so stellt Teubner (2002a) fest, dass bundesweit in 28% aller Stieffamilien in diesem erweiterten Sinne der neue Partner nicht im selben Haushalt lebt (Ehe: 45%, NEL: 27%). Dieses Wohnarrangement der ‚Teilzeit-Stieffamilie' ist – wie LAT-Partnerschaften generell (siehe Kapitel 3.2) – in den alten Bundesländern etwas häufiger verbreitet als in den neuen Bundesländern (ABL: 31% vs. NBL: 21%).

Die geringere Verbreitung von LAT-Partnerschaften in den NBL mag z. T. erklären, warum der Anteil der LAT-Partnerschaften in den oben angeführten Alleinerziehenden-Studien höher ist als im Familiensurvey: Alle Studien außer Nestmann & Stiehler (1998, die eine sehr kleine Stichprobe haben) basieren auf Weststichproben, im Familiensurvey werden hingegen ost- und westdeutsche Personen befragt. Möglich wäre auch, dass Teubner (2000a) – ohne dies explizit hervorzuheben – nur LAT-Partnerschaften berücksichtigt, die seit mindestens einem Jahr bestehen, und dadurch zu geringeren Schätzungen kommt[35].

[35] Teubners (2000a) Schätzungen beruhen auf Daten der zweiten und dritten Welle des Familiensurveys. In Auswertungen, die auf der erste Welle des Familiensurveys basieren (Schlemmer 1995; Schneider 1996), wurden nur Partnerschaften berücksichtigt, die seit mindestens einem Jahr existierten. Vielleicht trifft dies auch auf die nachfolgenden Wellen zu.

4.4.3 Zur Ausgestaltung von LAT-Partnerschaften

In diesem Abschnitt soll geklärt werden, ob sich die Lebenssituation von Müttern mit einer LAT-Partnerschaft eher der von Alleinerziehenden ohne Partner oder der von Müttern in Stieffamilien ähnelt. Ich möchte hierbei auf die ökonomische Situation, die Rolle des Partners im Familienleben, auf das Unterstützungspotential der Partnerschaft im Alltag und auf die Partnerschaftsqualität eingehen.

4.4.3.1 Die ökonomische Situation

Nach Keddi & Seidenspinner (1991) verwaltet bei Paaren ohne gemeinsamen Haushalt jeder sein eigenes Geld – nur ca. 13% der Partner hatten eine gemeinsame Geldverwaltung[36]. Mütter in LAT-Partnerschaften profitieren deshalb finanziell vermutlich kaum von der neuen Partnerschaft. Die finanzielle Situation von Müttern in LAT-Beziehungen dürfte der von Alleinerziehenden ohne Partner entsprechen.

4.4.3.2 Die Rolle des neuen Partners im Familienleben

Nave-Herz & Krüger (1992) haben sich näher mit den neuen Partnerschaften von Alleinerziehenden beschäftigt. Allerdings lebt etwa ein Viertel der neuen Partner in ihrer Stichprobe schon im gemeinsamen Haushalt und die Autorinnen haben nicht zwischen jenen und den Partnern außerhalb des Haushaltes unterschieden. Die folgenden Ergebnisse müssen somit mit etwas Vorsicht interpretiert werden.

Um die Rolle des neuen Partners in der Familie – Geliebter oder Vaterersatz – zu erfassen, haben die Autorinnen ermittelt, wie oft und auf welche Weise sich die neuen Partner der Alleinerziehenden mit den Kindern ihrer Partnerin beschäftigen. 16% der neuen Partner „entziehen sich ... vollkommen jeglicher Beschäftigung mit dem Kind" (Nave-Herz & Krüger 1992, S. 117). Etwa die Hälfte der Partner beteiligt sich mindestens einmal in der Woche an der Alltagsversorgung der Kinder,

[36] In dieser Stichprobe waren auch LAT-Paare mit gemeinsamen Kindern und kinderlose Paare vertreten.

jeweils genauso viele unternehmen außerhäusliche Aktivitäten, lesen den Kindern vor oder schauen mit ihnen fern. Drei Viertel der Partner lediger Mütter und zwei Drittel der Partner geschiedener Mütter spielen mindestens einmal wöchentlich mit den Kindern. Hilfe bei den Hausaufgaben geben nur 16-20% der Partner – allerdings bleibt unklar, wie viele der Kinder überhaupt im Schulalter sind. Die Autorinnen kommen zu dem Schluss, dass es in ihrer Stichprobe kein ‚eigentliches Familienleben' gibt. Zu bemerken bleibt aber, dass nur eine Minderheit der Partner überhaupt keinen Kontakt mit den Kindern hat – und die meisten Partner mindestens einmal die Woche mit den Kindern interagieren. Die Rolle des ‚Nur-Geliebten' nehmen somit die wenigsten Partner ein, während sich die meisten zumindest als ‚temporäre Spielgefährten' der Kinder betätigen.

In der Einschätzung der meisten Mütter übernimmt der Partner bedeutsame Betreuungsaufgaben: 85% der ledigen und 77% der geschiedenen Mütter fühlen sich durch ihren Partner in der Betreuung ihres Kindes entlastet. Eine zusätzliche Belastung in der Betreuung durch den Partner sehen nur 6% der ledigen und 2% der geschiedenen Alleinerziehenden. (Nave-Herz & Krüger 1992).

Die Beziehung zwischen ihrem Partner und ihrem Kind bewerten die Mütter recht positiv: 86% der ledigen und 72% der geschiedenen Mütter glauben, dass beide eine gute Beziehung zueinander haben. Als eher schlecht oder schlecht bewerten sie 2% der ledigen und 8% der geschiedenen Mütter (Nave-Herz & Krüger 1992). Dies steht im Kontrast zu den Befunden in der Stieffamilienforschung, die eher konfliktreiche Beziehungen zwischen Stiefvätern und Kindern nahe legen (siehe Abschnitt 4.3.3.3). Vielleicht sind die Beziehungen zwischen Kindern und ‚Teilzeit-Stiefvätern' unproblematischer, da er nur ‚zu Besuch' kommt und deshalb die Position des Kindes in der Familie nicht ernsthaft gefährdet, sowie selbst nicht in die Rolle eines ‚Erziehungsberechtigten' einsteigt. Zu bedenken ist jedoch, dass hier weder die Partner, noch die Kinder selbst befragt wurden. Es ist deshalb auch möglich, dass dieses positive Bild bei einigen Müttern eher ihrem Wunsch als der Realität entspricht.

4.4.3.3 Das Unterstützungspotential der Partnerschaft im Alltag

In welchem Maße ein LAT-Partner eine Mutter in ihrem Alltag praktisch unterstützt, ist bisher noch nicht untersucht worden. Die in Kapitel 3.3.2 dargestellten Befunde zu LAT-Partnerschaften sprechen dafür, dass die Partner jeweils für ihren eigenen Haushalt verantwortlich sind (vgl. Keddi & Seidenspinner 1991). Bei Arbeiten in Wohnung und Garten sind die LAT-Partner weniger oft Ansprechpartner als bei zusammenlebenden Paaren (Diewald 1993). Folglich ist zu vermuten, dass die alleinerziehenden Mütter von ihrem Partner weniger praktische Unterstützung erhalten als Mütter in Stiefvaterfamilien[37]. Allerdings müssen die Mütter ihren Partner auch weniger im Alltag unterstützen. Bedenkt man, dass viele Frauen an früheren Beziehungen gerade ihre alleinige Verantwortung für alle Alltagsbelange der Familie kritisieren, so dürfte für diese Frauen das Nichtverantwortlichsein für die Alltagsbelange des Partners positiver wiegen als die fehlende (potentielle) Unterstützung durch diesen. Die Autonomie des Alltags im Sinne von ‚jeder macht seins' dürfte somit den Wünschen der Alleinerziehenden entsprechen (siehe oben). Zudem ist anzumerken, dass Personen mit LAT-Partnerschaften über einen umfangreicheren Freundeskreis verfügen als jene Personen, die mit ihrem Partner zusammenleben (Diewald 1993). Diese Freundschaftsbeziehungen können die geringeren Unterstützungsleistungen des Partners z. T. kompensieren. Zusammenfassend ist zu vermuten, dass die Alltagsbelastungen der Mütter mit LAT-Partnern eher der von Alleinerziehenden ohne Partner ähneln als jenen von Stieffamilien-Müttern. Dennoch haben LAT-Mütter im Vergleich zu Alleinerziehenden ohne Partner eine wichtige Bezugsperson, die sie in Notfällen unterstützen kann. Zudem können sie mit ihrem Partner die alltäglichen Sorgen teilen und sich so von ihnen distanzieren. Dadurch dürften die Belastungen bisweilen leichter zu (er-)tragen sein.

[37] Die Entfernung der beiden Wohnungen dürfte allerdings Einfluss darauf haben, ob der Partner z.B. in Notfällen zur Verfügung steht. Nach Daten des Familiensurveys lebt etwa die Hälfte der LAT-Partner am selben Ort und wäre auch für kurzfristige Hilfegesuche erreichbar (Schlemmer 1995).

4.4.3.4 Die Partnerschaftsqualität

Wie in Kapitel 3.3.1 ausgeführt, sind LAT-Beziehungen weniger exklusiv und eng als Partnerschaften im gemeinsamen Haushalt. Selbst bei emotionalen und kognitiven Unterstützungsleistungen hat ein LAT-Partner nicht den besonderen Stellenwert wie ein Partner im gemeinsamen Haushalt, sondern ist einer von mehreren wichtigen Bezugspersonen (Diewald 1993). Gilt dies auch für LAT-Partnerschaften alleinerziehender Mütter? Alleinerziehende Mütter suchen in einer neuen Partnerschaft vor allem emotionale Geborgenheit und einen vertrauten Gesprächspartner. Daneben steht aber ein großer Wunsch nach Unabhängigkeit und eigenen Freiräumen. Welches Gewicht geben die Alleinerziehenden nun diesen gegensätzlichen Wünsche und wie zufrieden sind sie mit ihrer Partnerschaft?

Für jene Mütter in der Studie von Nave-Herz & Krüger (1992), die einen neuen Partner haben, ist mit Abstand am wichtigsten in ihrer Partnerschaft, dass sie mit jemandem über alles sprechen können (68% der ledigen und 60% der geschiedenen Mütter halten dies für ‚sehr wichtig'), sowie die emotionale Beziehung (für 62% der ledigen und 61% der geschiedenen Mütter ‚sehr wichtig') und Geborgenheit (37% der Ledigen und 41% der Geschiedenen). An vierter Stelle, aber mit deutlichem Abstand, wird die Wichtigkeit der sexuellen Beziehung betont (23% der Ledigen und 29% der Geschiedenen). Andere Aspekte wie einen Ersatzvater für die Kinder (Ledige: 21% vs. Geschiedenen: 9%), berufliche (Ledige: 10% vs. Geschiedene: 12%) und materielle Unterstützung (Ledige: 5% vs. Geschiedene: 3%) sind für die Beziehung deutlich weniger wichtig. Sie bestätigen somit die hohe Bedeutung emotionaler Aspekte für ihre Partnerschaft.

Hinweise zur Partnerschaftsqualität im Vergleich zu anderen Familienformen liefert eine Studie von Schwarz & Gödde (1999). Mütter mit einer LAT-Partnerschaft, Mütter in Stief- und Mütter in Kernfamilien bewerteten ihre Partnerschaft mittels der Skala ‚Gemeinsamkeit/Kommunikation' von Hahlweg et al. (1982). Diese Skala erfasst, wie oft die Partner Gemeinsames planen und unternehmen und im Gespräch Anteil am Leben des Anderen haben. Die Mütter wurden am Median der Gesamtgruppe in jeweils zwei Gruppen (gute vs. schlechte Kommunikation) unterteilt. Der Anteil von Partnerschaften mit guter Kommunikation ist bei den LAT-Partnerschaften am höchsten und in den Kernfamilien am niedrigsten. Dieses

Ergebnis spricht dafür, dass Mütter auch in LAT-Beziehungen eine rege Kommunikation und gemeinsame Aktivitäten leben. Die oben angeführten Ergebnisse von Diewald (1993), dass LAT-Partnerschaften weniger eng sind als Partnerschaften im gleichen Haushalt, scheinen auf LAT-Partnerschaften bei alleinerziehenden Müttern nicht zuzutreffen.

In der Studie von Schwarz & Gödde (1999) wurde zudem ermittelt, dass Mütter, welche die Kommunikation in ihrer LAT-Partnerschaft als gut einschätzen, ebenso viel emotionale wie auch praktische Unterstützung erhalten wie Mütter in Kernfamilien mit guter Paarkommunikation. Dieses Ergebnis lässt sich auf zweierlei Weisen interpretieren: Da die Bewertung der erhaltenen Unterstützung nicht auf den Partner als Quelle beschränkt wurde, kann es zum einen sein, dass Mütter in LAT-Partnerschaften die geringere Unterstützung durch den Partner durch mehr Unterstützung durch Freunde ausgleichen können. Zum anderen kann emotionale Nähe und Unterstützung zumindest dann unabhängig von der Wohnform sein, wenn ein Paar in getrennten Haushalten Wege findet, bewusst Gemeinsamkeiten herzustellen.

Geht es um die allgemeine Zufriedenheit mit der Partnerschaft, so stellen Nave-Herz & Krüger (1992) fest, dass nur etwa ein Drittel der Mütter sehr zufrieden, etwas weniger als die Hälfte relativ zufrieden und 17% gar nicht zufrieden sind. Entsprechend sind sich etwa ein Drittel der ledigen und knapp die Hälfte der geschiedenen Mütter nicht sicher, ob die Partnerschaft von Dauer ist. Geschiedene Mütter sind somit skeptischer bezüglich der Stabilität ihrer Beziehung. Dies mag an ihren ‚schlechten Erfahrungen' in der letzten Partnerschaft liegen.

Fasst man die bisherigen Ergebnisse zusammen, so zeigt sich einerseits bei LAT-Partnerschaften von alleinerziehenden Müttern der hohe Stellenwert des Partners als Vertrauten. In getrennten Haushalten gelingt es vielen Paaren eine enge Beziehung mit vielen Gemeinsamkeiten aufzubauen. Diese Mütter erleben dadurch (vielleicht aber auch durch weitere vertraute Personen) ähnlich viel emotionale und praktische Unterstützung wie Mütter in Kernfamilien. Anderseits ist nur ein Teil der Frauen wirklich zufrieden mit der Partnerschaft und relativ viele Mütter sind skeptisch bezüglich der Stabilität ihrer Beziehung. Wie lassen sich diese gegensätzlichen Ergebnisse erklären?

Hinter LAT-Partnerschaften verbergen sich vermutlich unterschiedliche Partnerschaftstypen. Zum einen sind dies Mütter, für die diese Lebensform eine Wunschvorstellung darstellt und die bewusst ihre Unabhängigkeit leben, aber gleichzeitig aktiv Gemeinsamkeiten in der Partnerschaft gestalten. Zum anderen handelt es sich bei diesen Partnerschaften wahrscheinlich um Beziehungen, die noch sehr jung sind und sich erst stabilisieren müssen. Des Weiteren dürften sich darunter Partnerschaften befinden, die zwar nicht optimal funktionieren – weshalb man nicht zusammenziehen möchte – die aber aufrechterhalten werden, da sie dennoch Vorteile gegenüber dem Alleinsein bringen.

4.4.4 LAT und psychisches Wohlbefinden

Untersuchungen, die sich eingehend mit dem psychischen Wohlbefinden von Müttern in LAT-Partnerschaften beschäftigen, sind mir nicht bekannt. Nur in der Studie von Schwarz & Gödde (1999) finden sich einige Zusatzauswertungen zu diesem Thema. Im Fokus ihrer Untersuchung steht der Vergleich von Alleinerziehenden, Mütter in Kern- und Stieffamilien bezüglich der von ihnen berichteten Depressivität. Die Mütter mit LAT-Partnerschaften wurden am Gesamtgruppenmedian in zwei Gruppen mit guter (N= 32) und schlechter Paarkommunikation (N=14) unterteilt (siehe oben). Die Gruppe mit schlechter Paarkommunikation wurde mit der Gruppe der alleinerziehenden Mütter ohne Partnerschaft (N=87) zusammengefasst. Bei einem Vergleich dieser beiden Gruppen mit der Referenzgruppe der Mütter aus Kernfamilien mit guter Paarkommunikation hatten sowohl die Mütter mit guter LAT-Partnerschaft, wie auch die Mütter mit schlechter oder keiner LAT-Partnerschaft signifikant höhere Depressivitätswerte als die Mütter aus Kernfamilien mit guter Paarkommunikation. Bei Müttern, die mit ihren Partnern nicht zusammenleben, geht eine gute Paarkommunikation somit nicht mit geringerer Depressivität einher, wie dies bei Müttern, die mit einem Partner zusammenleben, der Fall ist (siehe Kapitel 3.1.2). Außerdem berichten Mütter mit LAT-Beziehungen mit guter Paarkommunikation über ein ähnliches Ausmaß an erhaltener emotionaler und praktischer Unterstützung wie Kernfamilien-Mütter mit guter Paarkommunikation, wohingegen Mütter mit einer schlechten oder keinen LAT-Partnerschaft signifikant weniger Unterstützung erhalten. Das bedeutet, dass Mütter in ‚guten' LAT-Partnerschaften ähnlich viel Unterstützung erhalten wie Mütter in Kernfamilien, diese Unterstützung sie aber nicht vor einem negativem Befinden schützt.

Mütter mit LAT-Partnerschaften wünschen sich zwar einen guten Gesprächspartner, wollen aber gleichzeitig eigene Freiräume behalten. Von daher ist es möglich, dass viel Gemeinsamkeiten und eine rege Kommunikation mit dem Partner nicht denselben Stellenwert für ihr Wohlbefinden hat wie bei zusammenlebenden Paaren. Außerdem sind LAT-Mütter in ihrem Alltag vermutlich stärker belastet als Mütter in Kernfamilien. Vielleicht können diese zusätzlichen Belastungen durch eine gute Partnerschaft nicht vollständig kompensiert werden. Schwarz & Gödde (1999) stellten zudem fest, dass Mütter mit guten LAT-Partnerschaften über mehr belastende Sozialbeziehungen verfügen als Mütter in Kernfamilien mit guter Paarkommunikation. Auch dies könnte zu Befindenseinschränkungen führen. Ein Vergleich zwischen Müttern in LAT-Partnerschaften und Alleinerziehenden ohne Partner oder Mütter in Stieffamilien wurde in dieser Untersuchung leider nicht gemacht.

4.4.5 Zusammenfassung: Die Lebenssituation von alleinerziehenden Müttern mit LAT-Partnerschaften

- Die Mehrheit alleinerziehender Mütter möchte eine neue Partnerschaft eingehen – und es sind vor allem emotionale Bedürfnisse, die sie an diese Beziehung herantragen. Allerdings präferieren sie eher unkonventionelle Lebensformen: Living-apart-together besitzt für viele Alleinerziehende eine hohe Attraktivität, da sie in dieser Lebensform ihre Unabhängigkeit und eigene Interessen bewahren können.
- In Alleinerziehenden-Studien beträgt der Anteil von Müttern mit LAT-Partnerschaften etwa ein Drittel. Teubner (2002a) schätzt den Anteil hingegen auf 17%. LAT wird in den ABL etwas häufiger praktiziert als in den NBL.
- Mütter mit LAT-Partnern profitieren finanziell vermutlich nicht von der neuen Partnerschaft – im Gegensatz zu Müttern in Stieffamilien. Deshalb dürfte ihre ökonomische Situation der von Alleinerziehenden ohne Partner entsprechen.
- Der LAT-Partner hat in der Familie seiner Partnerin selten nur die ‚Geliebten-Rolle', die meisten interagieren regelmäßig mit den Kindern ihrer Partnerin und

werden von ihr als Entlastung erlebt. Die Beziehung zwischen neuem Partner und Kindern scheint positiver zu sein als zwischen im Haushalt lebenden Stiefvätern und Kindern.

- LAT-Partner leben ihren Alltag weitgehend autonom. Mütter in diesen Partnerschaften erhalten wahrscheinlich weniger praktische Unterstützung von ihrem Partner als Mütter in Stieffamilien, müssen aber auch weniger Unterstützung leisten. Im Vergleich zu Alleinerziehenden ohne Partner haben Mütter mit einer LAT-Partnerschaft eine weitere wichtige Unterstützungsperson, bei der sie zumindest ihre Alltagssorgen ‚loswerden' können.
- Mütter mit LAT-Partnern bestätigen die Wichtigkeit emotionaler Aspekte in einer Partnerschaft. Ein relativ hoher Anteil von LAT-Partnerschaften hat eine gute Paarkommunikation und viele Gemeinsamkeiten. Mütter in diesen positiv beurteilten Partnerschaften erhalten viel emotionale und praktische Unterstützung – vergleichbar der von Paaren mit guter Kommunikation in Kernfamilien. Dennoch sind viele Mütter nur relativ zufrieden mit der Partnerschaft und skeptisch bezüglich der Stabilität ihrer Beziehung. Vermutlich gibt es Paare, die mit LAT ein Beziehungsideal leben, und andere, für die diese Partnerschaft eher einen Kompromiss darstellt.
- Eine gute Paarkommunikation scheint bei LAT-Partnerschaften nicht denselben positiven Effekt auf das Befinden zu haben wie bei zusammenlebenden Paaren – was an den höheren Belastungen der alleinlebenden Mütter oder vielleicht an einem geringeren Stellenwert der Beziehung für das Wohlbefinden liegen könnte.

5. Fragestellung und Hypothesen

In dieser Studie steht die Beziehungsform des Living-apart-together bei alleinerziehenden Müttern im Mittelpunkt. Da es nur wenige Erkenntnisse über diese Lebensform gibt, möchte ich sowohl hypothesengenerierend und deskriptiv wie auch hypothesenprüfend vorgehen und Antworten für folgende Fragen liefern.

(1) Ist LAT eine alternative Beziehungsform für alleinerziehende Frauen?

Nave-Herz & Krüger (1992) gingen in ihrer Studie u.a. der Frage nach, ob es sich bei Ein-Elternteil-Familien um eine rational geplante alternative Daseinsform handelt, und negierten dies, weil diese Lebensform selten bewusst gewählt und gewünscht und meist als Übergangsphase gesehen wird. In Anlehnung an diese Autorinnen möchte ich die Frage stellen, ob es sich bei LAT-Partnerschaften um eine alternative Beziehungsform für alleinerziehende Mütter handelt. Wie in Kapitel 4.4.1 dargelegt, gibt es einige Hinweise für die hohe Attraktivität dieser Partnerschaftsform für alleinerziehende Mütter. Möglicherweise stellt LAT auch nur eine Übergangsphase dar, in welcher der neue Partner ‚ausgetestet' wird, bevor man ein Zusammenleben wagt. Ebenfalls denkbar wäre, dass es sich zumindest bei einem Teil der LAT-Beziehungen um eine Kompromisslösung handelt, d.h. eigentlich möchte man lieber zusammenleben, aber die konkrete Lebenssituation spricht dagegen: Der Partner will nicht, man ist selbst nicht von der Beständigkeit der Beziehung bzw. vom Partner überzeugt, die Kinder sperren sich dagegen, berufliche Gründe erlauben es nicht u.ä.m.. Um eine alternative Beziehungsform handelt es sich – nach meiner Definition – dann, wenn:

a) LAT von den alleinerziehenden Müttern mit einer solchen Partnerschaft als ideale Beziehungsform präferiert wird und
b) LAT für diese Frauen nicht nur eine Übergangsform hin zur Stieffamilie darstellt, sondern längerfristig gelebt wird.

(2) Wie stabil sind LAT-Beziehungen?

Ausgehend von Erkenntnissen von Schlemmer (1995), dass LAT-Partnerschaften weniger stabil sind als Partnerschaften in einem gemeinsamen Haushalt, möchte ich herausarbeiten, wie stabil solche Partnerschaften bei alleinerziehenden Müttern sind. Das heißt, zum einen möchte ich die Dauer von LAT-Partnerschaften ermitteln. Zum anderen werde ich prüfen, wie hoch die Trennungsquoten von LAT-Partnerschaften im Erhebungszeitraum sind. Abschließend möchte ich auf der Basis der Stabilität und dem Übergangscharakter der untersuchten LAT-Partnerschaften unterschiedliche ‚Typen' klassifizieren.

(3) Wie hoch ist die Partnerschaftsqualität in LAT-Partnerschaften?

Für das Unterstützungspotential einer Partnerschaft sind zum einen die positiven Ressourcen wie geteilte Aktivitäten und eine gute Paarkommunikation, zum anderen die belastenden Aspekte wie häufige und destruktiv geführte Konflikte von Bedeutung (vgl. Kapitel 3.1.2). Hahlweg et al. (1982) haben für die Partnerschaftsindikatoren partnerschaftliche Gemeinsamkeiten und negatives Streitverhalten Normwerte für glückliche und unglückliche zusammenlebende Paare vorgelegt. In einem ersten Schritt möchte ich die partnerschaftlichen Einschätzungen der Mütter in LAT-Partnerschaften mit diesen Normwerten vergleichen und die LAT-Partnerschaften zwischen den beiden Normgruppen verorten.

Ergebnisse von Diewald (1993) und Schlemmer (1995) legen nahe, dass LAT-Partnerschaften weniger eng und exklusiv sind als Partnerschaften im gemeinsamen Haushalt. Auch wünschen sich viele Alleinerziehende mehr eigene Freiräume in einer neuen Partnerschaft (Schöningh et al. 1991). Schwarz & Gödde (1999) berichten hingegen, dass Mütter mit ihrem LAT-Partner mindestens genauso viele Gemeinsamkeiten leben wie Mütter in Kern- und Stieffamilien. Vermutlich handelt es sich bei LAT um eine sehr heterogene Partnerschaftsform. Für die Gesamtgruppe nehme ich an:

Hypothese 1.1:
Die erlebten partnerschaftlichen Gemeinsamkeiten sind bei LAT-Partnerschaften von Müttern geringer als bei Partnerschaften im gemeinsamen Haushalt.

Durch das Getrenntleben werden alltägliche Reibungspunkte wie die Aufgabenteilung im Haushalt peripher für die Partnerschaft (siehe Kapitel 3.3.2). Deshalb müsste in LAT-Partnerschaften ein geringeres Konfliktpotential vorliegen. Außerdem haben die Partner bei entstehenden Konflikten mehr Rückzugsmöglichkeiten, um die Situation zu entschärfen. Deshalb postuliere ich:
Hypothese 1.2:
Mütter in LAT-Partnerschaften berichten von weniger negativem Streitverhalten als Mütter in Kern- und Stieffamilien.

Ich vermute somit, dass LAT-Partnerschaften weniger eng, aber auch weniger konfliktreich sind. Da sich in Alleinerziehenden-Studien viele Frauen für diese Partnerschaftsform aussprechen (vgl. Kapitel 4.4.1), dürfte sie zu den Bedürfnissen dieser Frauen passen. Andererseits berichten Nave-Herz & Krüger (1992) nur von einer eingeschränkten Partnerschaftszufriedenheit. Zu prüfen ist somit folgende Hypothese:
Hypothese 1.3:
Mütter in LAT-Partnerschaften sind weniger glücklich mit ihrer Beziehung als Mütter in Kern- und Stieffamilien.

(4) Wie häufig nimmt der Partner am Familienleben teil und worin unterscheiden sich LAT-Partnerschaften mit viel und wenig Partner-Kind-Kontakt?

LAT-Partner können unterschiedlich stark in die Familien der Mütter eingebunden sein. Deskriptiv möchte ich der Frage nachgehen, ob LAT-Partnerschaften ‚versteckte' Stieffamilien sind, in denen der Partner häufig am Familienleben teilnimmt, oder ob die Partnerschaft in erster Linie exklusiv ohne die Kinder gelebt wird. Dabei möchte ich herausarbeiten, ob sich jene Partnerschaften mit häufigem Kontakt von jenen mit nur wenig Kontakt zwischen Kind und Partner unterscheiden. Ich möchte zwar meine Vermutungen mit dem Ziel einer klareren

Darstellung in Hypothesenform formulieren. Deren Prüfung sollte aber aufgrund der kleinen Stichprobengrößen mehr als eine kontrastierende Charakterisierung von Partnerschaften mit viel und wenig Kontakt zwischen Partner und Kind, denn als fundierte Hypothesenprüfung verstanden werden.

Zum einen ist zu vermuten, dass nach einer ersten Phase des Kennenlernens das soziale Umfeld der Partner – und damit auch die Kinder – mehr und mehr in die Beziehung eingebunden werden. Deshalb sollte gelten:
Hypothese 2.1:
LAT-Partnerschaften mit einer hohen Kontaktfrequenz zwischen neuem Partner und Kind bestehen schon seit längerer Zeit als jene Partnerschaften mit einer geringen Kontaktfrequenz.

Zur Etablierung einer Partnerschaft gehört in der Regel auch die Verortung derselben im sozialen Umfeld. Partnerschaften, in denen der Partner nur einen ‚Geliebten-Status' und wenig Kontakt zu den wichtigsten Bezugspersonen seiner Partnerin, ihren Kindern, hat, dürften instabiler sein als jene, in denen der Partner in die Familie eingebunden wird. Deshalb postuliere ich:
Hypothese 2.2:
Das Trennungsrisiko ist für Partnerschaften mit häufigem Kontakt zwischen Partner und Kind geringer als für jene Partnerschaften mit geringem Kontakt.

Da Partnerschaften mit hoher Kontaktfrequenz zwischen Partner und Kind sich in ihrer Alltagsgestaltung den Stiefvaterfamilien-Partnerschaften angleichen dürften, müssten sie auch in ihrer Partnerschaftsqualität mehr Ähnlichkeit mit Stiefvaterfamilien-Partnerschaften haben. Deshalb formuliere ich folgende Hypothesen.
Hypothese 2.3:
Mütter in LAT-Partnerschaften mit häufigem Kontakt zwischen Kind und Partner berichten über mehr partnerschaftliche Gemeinsamkeiten als jene mit geringem Kontakt.
Hypothese 2.4:
Mütter in LAT-Partnerschaften mit häufigem Kontakt zwischen Kind und Partner berichten über mehr negatives Streitverhalten als jene mit geringem Kontakt
Hypothese 2.5:
Mütter in LAT-Partnerschaften mit häufigem Kontakt zwischen Kind und Partner sind in ihrer Partnerschaft glücklicher als jene mit geringem Kontakt.

(5) Welche Bedeutung hat das Vorhandensein eines Partners außerhalb des Haushalts für das psychische Wohlbefinden von Müttern?

In viele Studien ist belegt worden, dass alleinerziehende Mütter durchschnittlich über ein geringeres Wohlbefinden verfügen als Mütter in Kern- und Stiefvaterfamilien (vgl. Kapitel 4.2.2 und 4.3.2). In diesen Studien wurde aber selten zwischen alleinerziehenden Müttern, die keinen Partner haben, und alleinerziehenden Müttern, die in einer LAT-Partnerschaft leben, unterschieden, sondern beide Gruppen wurden (meist implizit) als homogen und in ihrer Belastungssituation ähnlich aufgefasst. Andererseits weisen viele Studien einen positiven Zusammenhang zwischen einer (guten) Partnerschaft und einem hohen Maß an psychischem Wohlbefinden aus (vgl. Kapitel 3.1). Dieser positive Effekt einer Partnerschaft kann im Rahmen sozialer Unterstützungskonzepte auf zweierlei Weise erklärt werden (vgl. Cohen & Wills 1985). Im Haupteffekt-Modell beruht der positive Effekt einer Partnerschaft auf der Vermittlung positiver Erfahrungen, dem Gefühl von Stabilität und der Bestätigung des Selbstwertgefühls. Das Puffer-Modell besagt, dass der Partner durch seine funktionale Unterstützung die Mutter vor den potentiell schädlichen Effekten erhöhter Belastungen schützt. Beide Wirkmechanismen sind auch bei Partnerschaften in getrennten Haushalten wahrscheinlich, d.h. alleinerziehende Mütter mit LAT-Partnerschaften dürften strukturelle wie funktionale Unterstützung in ihrer Partnerschaft erfahren, was sich positiv auf ihr Befinden auswirken müsste. Deshalb postuliere ich:

Haupthypothese 3.1:

Alleinerziehende Mütter ohne Partner haben ein geringeres Wohlbefinden als alleinerziehende Mütter mit einer LAT-Partnerschaft, sowie Mütter in Kern- und Stiefvaterfamilien.

In der Studie von Schwarz & Gödde (1999) trug eine Partnerschaft mit vielen Gemeinsamkeiten bei Müttern mit einer LAT-Partnerschaft nicht gleichermaßen zu ihrem psychischen Wohlbefinden bei wie bei Kernfamilien-Müttern. Dies kann daran liegen, dass Mütter in LAT-Partnerschaften wahrscheinlich eine höhere Alltagsbelastung haben wie Mütter, die mit einem Partner zusammen leben. Vielleicht haben partnerschaftliche Gemeinsamkeiten in einer LAT-Partnerschaft auch nicht denselben Stellenwert fürs Wohlbefinden (siehe unten). Deshalb nehme ich folgendes an:

Haupthypothese 3.2:
Alleinerziehende Mütter mit einer LAT-Partnerschaft haben ein geringeres Wohlbefinden als Mütter in Kern- und Stiefvaterfamilien.

Die postulierten Unterschiede sollten bei Kontrolle der ökonomischen Situation der Familien erhalten bleiben.

Zur Erklärung von Unterschieden im Befinden zwischen Müttern ohne Partner und Müttern mit Partner gibt es zwei gegensätzliche Perspektiven – die Stressperspektive und die Selektionsperspektive. Konkurrierend möchte ich beide Erklärungsansätze gegeneinander testen.

Im Rahmen der Stressperspektive wird das unterschiedliche Wohlbefinden darüber erklärt, dass eine Partnerschaft aufgrund ihres hohen Unterstützungspotentials einen positiven Effekt auf das Wohlbefinden von Müttern hat (vgl. Kapitel 3.1.3). Trifft dies zu, so müsste bei einer Mutter, die zunächst ohne Partner ist, der Übergang in eine neue Partnerschaft mit einer Steigerung ihres Wohlbefindens einhergehen.
Nebenhypothese 3.1.1 – pro Stressperspektive:
Mütter, die zu einem ersten Zeitpunkt t1 in keiner Partnerschaft leben und zu einem späteren Zeitpunkt t2 in einer neuen Partnerschaft leben, haben zum Zeitpunkt t2 ein höheres Wohlbefinden als zum Zeitpunkt t1.

Die Selektionshypothese besagt hingegen, dass ein höheres Maß an psychischem Wohlbefinden es den Müttern erleichtert, einen neuen Partner zu finden – hier ist also das höhere Wohlbefinden Ursache und nicht Wirkung einer Partnerschaft. Beim Zutreffen dieser Perspektive sollten Mütter, die zu einem späteren Zeitpunkt eine neue Partnerschaft eingehen, schon vor Beginn dieser Partnerschaft ein höheres Wohlbefinden haben als jene Frauen, die auch im weiteren Verlauf ohne Partner bleiben.
Nebenhypothese 3.1.2 – pro Selektionsperspektive:
Mütter, die zum Zeitpunkt t1 keinen Partner haben, sich aber zum folgenden Zeitpunkt t2 in einer Partnerschaft befinden, haben schon vor dieser Partnerschaft – also zum Zeitpunkt t1 – ein höheres Wohlbefinden als jene Mütter, die zu beiden Zeitpunkten ohne Partner sind.

Um auszuschließen, dass es sich bei einer potentiellen Verbesserung des Wohlbefindens um eine ‚Spontanerholung' nach der Krise der Trennung vom Vater des Kindes handelt, sollten die in den Nebenhypothesen postulierten Unterschiede bei einer Kontrolle für die Dauer der Trennung vom ehemaligen Partner bestehen bleiben.

(6) Welche Bedeutung hat die Qualität der Beziehung für das psychische Wohlbefinden von Müttern?

Für Partnerschaften in einem gemeinsamen Haushalt ist gut belegt, dass die Qualität der Partnerschaft einen erheblichen Einfluss auf das Wohlbefinden der Partner hat: Während Partnerschaften mit vielen Gemeinsamkeiten und wenig negativem Streitverhalten zum Wohlbefinden beitragen, werden Partnerschaften mit einem hohen Maß an negativem Streitverhalten zu einer deutlichen Belastung und beeinträchtigen das Befinden (vgl. Kapitel 3.1.2). Partnerschaften, in denen Konflikte destruktiv ausgetragen werden, dürften sich auch bei Müttern, die mit ihrem Partner nicht zusammenleben, negativ auf ihr Befinden auswirken. Allerdings vermute ich aufgrund der geringeren Exklusivität von LAT-Partnerschaften (Diewald 1993) einen Moderatoreffekt, d.h. der Zusammenhang zwischen negativem Streitverhalten und Wohlbefinden sollte in LAT-Partnerschaften weniger eng sein als bei zusammenlebenden Paaren.

Haupthypothese 4.1:

Je weniger negatives Streitverhalten ein Paar zeigt, desto größer ist das psychische Wohlbefinden der Mütter. Dies gilt nicht nur für Mütter in Kern- und Stiefvaterfamilien, sondern auch für Mütter in einer LAT-Partnerschaft.

Nebenhypothese 4.1.1 – Moderatorhypothese:

Der Zusammenhang zwischen negativem Streitverhalten und dem psychischen Wohlbefinden der Mütter ist in LAT-Partnerschaften weniger eng als bei Paaren, die zusammenleben.

Einige Autoren betonen, dass LAT oft als Lebensform gewählt wird, um zuviel Nähe zu vermeiden und die eigene Unabhängigkeit zu bewahren – eben eine ‚Liebe auf Distanz' zu führen (vgl. Kapitel 3.2.2 und 4.4.1). Deshalb vermute ich, dass für LAT-Paare viele Gemeinsamkeiten nicht immer – wie bei den zusammenlebenden Paaren – positiv erlebt werden und mit einem höheren Wohlbefinden einhergehen, sondern unter Umständen sogar unerwünscht sind. Dafür spricht auch das in Abschnitt (5) erwähnte Ergebnis von Schwarz & Gödde (1999).

Haupthypothese 4.2:

Je mehr Gemeinsamkeiten die Mütter mit ihrem Partner teilen, desto größer ist ihr psychisches Wohlbefinden. Dies gilt für Mütter in Kern- und Stieffamilien, aber nicht für Mütter mit LAT-Partnerschaften.

Nebenhypothese 4.2.1 – Moderatorhypothese:

Bei Müttern mit LAT-Partnerschaften ist der Zusammenhang zwischen partnerschaftlichen Gemeinsamkeiten und psychischem Wohlbefinden weniger positiv als bei Paaren, die zusammenleben.

(7) Welche Bedeutung hat das Vorhandensein eines Partners für das Stresserleben von Müttern in ‚alternativen' Familienformen?

Cohen & Wills (1985) betonen, dass insbesondere die Unterstützung durch den Partner bei Frauen einen stressreduzierenden Effekt hat – das heißt partnerschaftliche Unterstützung wirkt als effektiver Puffer gegen die negativen Auswirkungen der besonderen Belastungen, denen Mütter in alternativen Familienformen ausgesetzt sind (vgl. Kapitel 4). Zentrale Belastungsmomente sind hierbei die ökonomische Situation der Mütter, Belastungen durch die alleinige Verantwortung für ihre Kinder, Belastungen in der Alltagsbewältigung und fehlende emotionale Zuwendung. Sind nun LAT-Partnerschaften bezüglich dieser Belastungsaspekte gleichermaßen unterstützend und stressreduzierend wie Partnerschaften unter einem Dach oder sind Mütter in LAT-Partnerschaften ähnlich ‚gestresst' wie Alleinerziehende ohne Partner?

Nach Keddi & Seidenspinner (1991) verwalten die meisten LAT-Paare ihr Geld getrennt. Dies spricht dafür, dass Mütter mit LAT-Partnerschaften – im Gegensatz zu Müttern in Stieffamilien (Teubner 2002b) – finanziell nicht von einer neuen Partnerschaft profitieren. Daraus folgere ich:

Hypothese 5.1:

Alleinerziehende ohne Partner und Mütter in LAT-Partnerschaften berichten von mehr finanziellen Sorgen als Mütter in Stiefvaterfamilien.

Die Mehrheit der Mütter mit einem LAT-Partner fühlt sich durch ihren Partner in der Betreuung ihres Kindes entlastet, zudem bewerten ähnlich viele Mütter die Beziehung zwischen ihrem Partner und ihrem Kind als gut (Nave-Herz & Krüger 1992). Im Vergleich zu Alleinerziehenden haben Mütter mit einer LAT-Partnerschaft somit Unterstützung in der Kinderbetreuung. Im Vergleich zu Stiefvaterfamilien scheinen in LAT-Partnerschaften nicht so viele Probleme zwischen dem neuen Partner und den Kindern zu entstehen (ebd.; Hetherington 1993). Deshalb vermute ich:

Hypothese 5.2:

Mütter mit LAT-Partnerschaften fühlen sich weniger durch die alleinige Verantwortung für ihr Kind belastet als Alleinerziehende ohne Partner und Mütter in Stiefvaterfamilien.

Bei der Bewältigung des Alltags sind LAT-Partner seltener Ansprechpartner als Partner, mit denen man zusammenlebt (Keddi & Seidenspinner 1992; Diewald 1993). Deshalb dürften Mütter in LAT-Partnerschaften weniger praktische Unterstützung von ihrem Partner erhalten als Mütter in Stiefvaterfamilien. Im Vergleich zu Alleinerziehenden ohne Partner haben LAT-Mütter aber dennoch eine weitere wichtige Person, die ihnen in Notfällen ‚unter die Arme greifen' kann oder bei der sie ihre Alltagssorgen ‚abladen' können. Deshalb vermute ich folgendes:

Hypothese 5.3.1:

Alleinerziehende ohne Partner fühlen sich im Alltag stärker belastet als Mütter in Stiefvaterfamilien und Mütter mit LAT-Partnerschaften.

Hypothese 5.3.2:

Mütter mit LAT-Partnerschaften berichten über ein höheres alltägliches Belastungserleben als Mütter in Stiefvaterfamilien.

Die Studien von Nave-Herz & Krüger (1992) und von Schwarz & Gödde (1999) belegen, dass LAT-Partner wichtige Gesprächspartner sind, die den Müttern emotionale Geborgenheit vermitteln. Zwar spielen laut Diewald (1993) LAT-Partner eine weniger exklusive Rolle bezüglich emotionaler Unterstützungserwartungen wie Partner, die im selben Haushalt leben. Diewald (1993) weist aber andererseits darauf hin, dass Personen in einer LAT-Partnerschaft ihre geringeren Unterstützungserwartungen gegenüber dem Partner durch eine stärkere Verbundenheit mit ihrem Freundschaftsnetz kompensieren. Deshalb postuliere ich:

Hypothese 5.4:
Alleinerziehende ohne Partner sind stärker belastet durch einen Mangel an emotionaler Unterstützung als Mütter mit einer LAT-Partnerschaft und Mütter in Stiefvaterfamilien.

(8) Lässt sich die positive Wirkung einer Partnerschaft auf das psychische Wohlbefinden durch eine Verminderung des mütterlichen Stresserlebens erklären (Puffer-Modell)?

In Abschnitt (5) verweise ich auf das Haupteffekt- und Puffer-Modell zur Erklärung des positiven Zusammenhangs zwischen Partnerschaft und Wohlbefinden. Bei Zutreffen des Puffer-Modells müsste das bessere Befinden von Müttern, die einen Partner haben, (zumindest teilweise) dadurch zu erklären sein, dass durch die Unterstützung des Partners deren Stresserleben geringer ist und ein geringeres Stresserleben sich wiederum positiv auf das mütterliche Befinden auswirkt. Das Stresserleben der Mütter wäre somit ein Mediator zwischen dem Vorhandensein eines funktional unterstützenden Partners und dem psychischen Wohlbefinden der Mütter. Baron & Kenny (1986) bezeichnen eine Variable dann als einen Mediator, wenn folgende Voraussetzungen erfüllt sind (siehe Abbildung 5.8.1): (a) die unabhängige Variable sagt den Mediator vorher (Pfad a), (b) der Mediator sagt die abhängige Variable vorher (Pfad b), und (c) werden die Pfade a und b in die Analysen aufgenommen, so ist die vorher signifikante Beziehung zwischen unabhängiger und abhängiger Variable (Pfad c) nicht mehr signifikant bzw. wird signifikant reduziert.

Abbildung 5.8.1: Das Mediatormodell nach Baron & Kenny (1986)

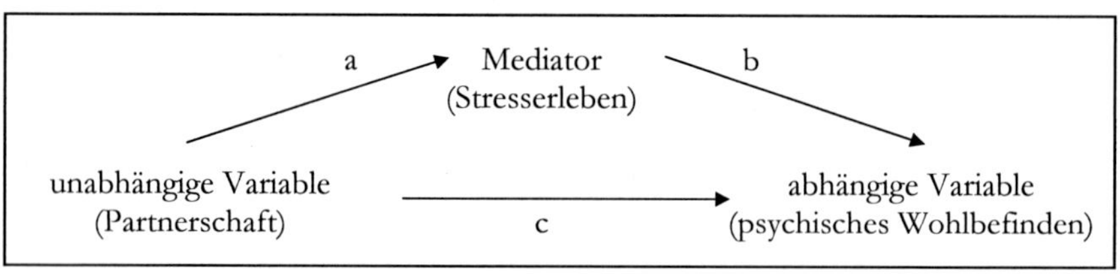

In den Abschnitten (5) und (7) habe ich schon meine Hypothesen zum Zusammenhang von Partnerschaft und psychischem Wohlbefinden (Pfad c), sowie dem

Zusammenhang zwischen Partnerschaft und Stresserleben (Pfad a) dargelegt. Gemäß des in Kapitel 2.2. vorgestellten Stressmodells nach Lazarus vermute ich zudem, dass ein hohes Maß an Stresserleben das psychische Wohlbefinden beeinträchtigt (Pfad b) und formuliere folgende Hypothese:

Hypothese 6.1:

Mütter, die sich in stärkerem Maße durch Belastungen beansprucht fühlen, berichten von einem geringeren psychischen Wohlbefinden. Dies gilt für Belastungen durch finanzielle Sorgen, durch die alleinige Verantwortung für ihr Kind, für alltägliche Probleme und für Belastungen durch den Mangel an emotionaler Unterstützung.

Vorausgesetzt, dass die oben formulierten Hypothesen bestätigt werden können, möchte ich nun Hypothesen zum Vorhandensein eines Mediatoreffekts aufstellen. Wie in Abschnitt (7) ausgeführt, dürfte das funktionale Unterstützungspotential einer LAT-Partnerschaft im Vergleich zu einer Partnerschaft im gleichen Haushalt bezüglich der vier untersuchten Belastungsaspekte variieren. Die dazu angestellten Überlegungen sollen in die folgenden Hypothesen mit einfließen.

In Abschnitt (7) nehme ich an, dass nur Mütter in Stieffamilien finanzielle Unterstützung durch ihren Partner erhalten. Deshalb postuliere ich:

Hypothese 6.2:

Mütter in Stieffamilien haben ein höheres Wohlbefinden als Alleinerziehende mit und ohne LAT-Partnerschaft (siehe Hypothesen 3.1 und 3.2). Der Zusammenhang zwischen dem Vorhandensein eines Partners im gleichen Haushalt und dem höheren psychischen Wohlbefinden lässt sich zumindest teilweise durch eine Verminderung der finanziellen Sorgen der Mütter in Stiefvaterfamilien erklären.

Bezüglich der Belastungen durch die alleinige Verantwortung für das Kind lässt sich keine Mediatorhypothese formulieren. Denn einerseits vermute ich, dass Mütter in Stieffamilien stärker durch ihr Kind belastet sind als Mütter in LAT-Partnerschaften[38]. Andererseits postuliere ich, dass Mütter in Stieffamilien ein höheres psychisches Wohlbefinden haben als Mütter mit LAT-Partnerschaften.

[38] Sowohl Mütter in LAT-Partnerschaften, wie auch Mütter in Stieffamilien dürften Unterstützung in der Betreuung ihrer Kinder durch den Partner erhalten. In Stieffamilien dürfte aber dieser Unterstützungsmoment oft durch zusätzliche Belastungen durch eine problematische Stiefvater-Kind-Beziehung aufgehoben werden.

Eine geringere Belastung durch kindliche Belange kann aber nicht ein geringeres Wohlbefinden erklären. Dies widerspricht dem zugrundeliegenden Stressmodell.

Sowohl für das psychische Wohlbefinden, wie auch für die alltäglichen Belastungen vermute ich, dass die Unterschiede zwischen Alleinerziehenden ohne Partner und Müttern in Stieffamilien am größten sind und Mütter mit LAT-Partnerschaften jeweils zwischen beiden Gruppen liegen. Deshalb postuliere ich zwei Hypothesen, die sich zum einen auf das Vorhandensein eines Partners und zum anderen auf das Zusammenleben mit einem Partner beziehen:

Hypothese 6.3.1:

Mütter in Stieffamilien und solche mit LAT-Partnerschaften haben ein höheres Wohlbefinden als Alleinerziehende ohne Partnerschaft (siehe Hypothese 3.1). Der Zusammenhang zwischen dem Vorhandensein eines Partners und dem höheren psychischen Wohlbefinden der Mütter lässt sich zumindest teilweise durch eine Verringerung der alltäglichen Belastungen erklären.

Hypothese 6.3.2:

Mütter in Stieffamilien haben ein höheres Wohlbefinden als Alleinerziehende mit und ohne LAT-Partnerschaft (siehe Hypothesen 3.1 und 3.2). Der Zusammenhang zwischen dem Vorhandensein eines Partners im selben Haushalt und dem höheren psychischen Wohlbefinden der Mütter lässt sich zumindest teilweise durch eine Verringerung der alltäglichen Belastungen erklären.

Da ich annehme, dass Alleinerziehende ohne Partner am stärksten unter einem Mangel an emotionaler Unterstützung und dadurch entstehenden Einsamkeitsgefühlen leiden, Mütter mit LAT-Partnerschaften und Mütter in Stieffamilien aber ähnlich viel emotionale Unterstützung erhalten, formuliere ich folgende Hypothese:

Hypothese 6.4:

Mütter in Stieffamilien und solche mit LAT-Partnerschaften haben ein höheres Wohlbefinden als Alleinerziehende ohne Partnerschaft (siehe Hypothese 3.1). Der Zusammenhang zwischen dem Vorhandensein eines Partners und dem höheren psychischen Wohlbefinden der Mütter lässt sich zumindest zum Teil durch eine Reduzierung der Einsamkeitsgefühle erklären.

Da eine Partnerschaft sich sowohl durch eine effektive funktionale Unterstützung in Belastungssituationen, wie auch durch Vermittlung von Geborgenheit und Bestätigung positiv auf das Befinden auswirken kann, schließen Haupteffekt- und Puffer-Modell der sozialen Unterstützung einander nicht aus. Von daher vermute ich, dass bei der Prüfung des Mediatormodells der positive Zusammenhang zwischen Partnerschaft und Wohlbefinden nicht gänzlich über eine Reduzierung des Stresserlebens erklärt werden kann, d.h. dass bei Einbeziehung der Pfade a und b, die für das Puffermodell stehen, der Pfad c, der dem Haupteffekt-Modell entspricht, weiterhin signifikant bleibt.

6. Methode

6.1 Vorgehensweise und Stichprobe

Die dieser Arbeit zugrunde liegenden Daten stammen aus einer Brandenburger Längsschnittstudie[39] mit drei Erhebungszeitpunkten im Abstand von jeweils 1½ Jahren (im Weiteren auch ‚Wellen' genannt). Alle teilnehmenden Mütter sollten berufstätig sein. Geplant war, zu etwa gleichen Anteilen Mütter, die mit dem Vater ihres Kindes zusammenlebten, und alleinerziehende Mütter, die nicht mit einem Partner im Haushalt lebten, in die Untersuchung einzubeziehen. Die teilnehmenden Kinder sollten zum Zeitpunkt der ersten Erhebung 10 Jahre alt sein. In beiden Familienformen sollten zu gleichen Anteilen Mädchen und Jungen mitmachen.

Die Stichprobe wurde zunächst über Anzeigen in den zwei gängigsten Tageszeitungen der Region Potsdam und einem dort verbreiteten Anzeigenblatt rekrutiert. Aufgrund des geringen Rücklaufs wurden dann 835 in Potsdam lebende Mütter mit 10-jährigen Kindern angeschrieben[40] und um ihre Teilnahme gebeten, wenn sie berufstätig waren und entweder mit dem Vater ihres Kindes oder ohne Partner lebten. Für die Teilnahme mit ihrem Kind wurde den Müttern eine Aufwandsentschädigung von 100 DM angeboten. Der Rücklauf lag zwischen zehn und fünfzehn Prozent[41].

---

[39] Die Daten wurden innerhalb des von der Deutschen Forschungsgemeinschaft geförderten Projektes ‚Aushandlungsprozesse zwischen Müttern und Kindern in Brandenburg: der Einfluss der Mutter-Kind-Bindung und der Erziehungseinstellungen von Alleinerziehenden und Nichtalleinerziehenden' gesammelt. Hans Oswald leitete die Arbeitsgruppe, der Beate Schuster und Brita Schmidt angehörten.

[40] Im Paragraph 28 des brandenburgischen Meldegesetzes ist die Möglichkeit vorgesehen, dass zu Forschungszwecken Adressen bestimmter Personengruppen an entsprechende Forschungseinrichtungen weitergegeben werden dürfen. Auf diesem Weg erhielten wir vom Landeseinwohneramt eine Liste der Adressen aller in Potsdam gemeldeten Frauen, die ein Kind hatten, das zwischen dem 1.8.1986 und dem 1.8.1987 geboren worden war, also zum Zeitpunkt unserer ersten Erhebung im elften Lebensjahr sein musste. Von diesen insgesamt 1670 Adressen wurde nach dem Zufallsprinzip beginnend (Münzwurf) jede zweite Adresse in einen ‚Adressenpool' aufgenommen. An die 835 Adressen in diesem Pool wurden zwischen September 1997 und Januar 1998 nach und nach (in ‚Portionen' von je ungefähr 100) Briefe versandt.

[41] Da die letzten 300 Briefe nur noch an berufstätige Alleinerziehende gerichtet waren – für die Teilstichprobe der Zusammenlebenden war der geplante Umfang schon erreicht – erfüllten nur wenige der zuletzt angeschriebenen Mütter die vorgegebenen Kriterien.

Die teilnehmenden Mütter und ihre Kinder suchten uns in einem Videolabor der Universität Potsdam auf. Zu Beginn der Erhebungssituation wurden Mutter und Kind bei einer Interaktionsaufgabe videografiert. Im Anschluss befragten zwei InterviewerInnen Mutter und Kind in getrennten Räumen anhand eines standardisierten Fragebogens. Dieses Gespräch dauerte etwa eine Stunde. In der ersten Welle endete damit die Erhebungssituation. Zum zweiten und dritten Erhebungszeitpunkt wurden Mutter und Kind abschließend bei einem Streitgespräch videografiert.

128 Mütter und ihre Kinder nahmen zu allen drei Erhebungszeitpunkten an unserer Untersuchung teil. Zum ersten Erhebungszeitpunkt 1997/98 lebten 65 Mütter (51%) mit dem Vater des Zielkindes zusammen in einer Kernfamilie. 50 Mütter (39%) waren alleinerziehend, d.h. sie lebten nicht mit einem neuen Partner in einem Haushalt. Während der Befragung zeigte sich, dass 13 Mütter (10%) schon mit ihrem neuen Partner zusammenlebten und somit eine Stiefvaterfamilie[42] bildeten.

6.1.1 Partnerschaftsverläufe der Mütter während des Erhebungszeitraums

Da für einige Aspekte der oben dargestellten Fragestellung Veränderungen und Konstanzen in der Partnersituation über die Erhebungszeitpunkte von Relevanz sind und dadurch die Anteile der unterschiedlichen Lebensformen an der Gesamtstichprobe in den folgenden Erhebungszeitpunkten bestimmt werden, möchte ich Alleinerziehende, Mütter in Kern- und Mütter in Stiefvaterfamilien bezüglich ihrer Partnerschaftssituation charakterisieren und ihre Partnerschaftsverläufe darlegen.

6.1.1.1 Partnerschaftsverläufe der Alleinerziehenden

Die 50 Alleinerziehenden hatten sich durchschnittlich 6 Jahren vor unserer ersten Befragung vom Vater des Zielkindes getrennt (Minimum: ½ Jahr; Maximum: 11 Jahre). Bei etwa einem Viertel dieser Frauen lag die Trennung maximal 3 Jahre

---

[42] Stieffamilie wird in dieser Arbeit verstanden als mit einem neuen Partner in einer gemeinsamen Wohnung lebend – unabhängig davon, ob die Partner verheiratet sind.

zurück, d.h. bei ihnen dürfte die Anpassungsphase nach der Trennung noch nicht ganz abgeschlossen sein. Bei einem weiteren Viertel lag die Trennung mindestens 10 Jahre zurück und fand somit um die Geburt des Zielkindes statt. Vor der Trennung hatten die Frauen durchschnittlich etwa 7 Jahre mit dem Vater ihres Kindes zusammengelebt (Median: 7,25 Jahre; Minimum: 0 Jahre; Maximum: 18 Jahre). Zwei Fünftel der Beziehungen bestanden maximal 4 Jahre, ebenfalls zwei Fünftel währten 10 Jahre und länger. Zwei Drittel der Frauen waren mit dem Vater ihres Kindes verheiratet (gewesen).

In Abbildung 6.1.1 werden die Partnerschaftsverläufe der Alleinerziehenden über alle drei Erhebungszeitpunkte dargestellt. In Welle A hatten etwa zwei Drittel der 50 Alleinerziehenden keinen neuen Partner, ein Drittel der Frauen hatten einen neuen Partner in getrennten Haushalten (LAT).

Abbildung 6.1.1: Partnerschaftsverläufe der Alleinerziehenden

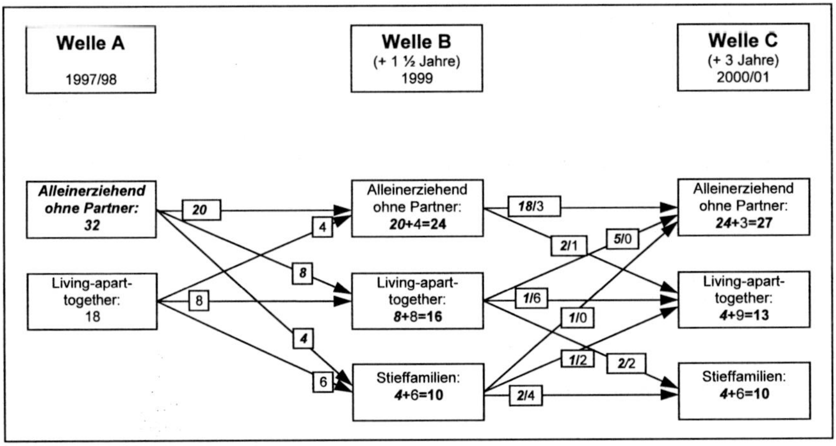

Betrachtet man nun den weiteren Verlauf bei den Alleinerziehenden, die in Welle A keinen Partner hatten, so sind mehr als die Hälfte dieser Frauen auch in den beiden darauf folgenden Wellen ohne Partner (N=18). Weitere sechs leben zwar in Welle B in einer Partnerschaft, sind aber in Welle C wieder ohne Partner, sodass drei Viertel der in Welle A partnerlosen Alleinerziehenden auch drei Jahre später ohne Partner leben (N=24). So zeigt sich insgesamt ein relativ hohes Maß an Kontinuität. Andererseits lebt in Welle B etwa ein Drittel dieser Alleinerziehenden in einer Partnerschaft (N=12), in Welle C sind dies ein Viertel (N=8). Jeweils vier Frauen leben in diesen beiden Wellen auch schon mit ihrem Partner in einem Haushalt zusammen und bilden somit junge Stieffamilien ohne Trauschein.

Auch bei den Frauen, die in Welle A einen Partner haben, überwiegt bezüglich des Vorhandenseins eines Partners die Kontinuität: Drei Viertel leben auch in den folgenden beiden Wellen in einer Partnerschaft (N=14). In Welle C leben 15 Frauen (83%) in einer Partnerschaft. Veränderung zeigt sich in der räumlichen Gestaltung der Beziehung: Nur sechs Frauen (1/3) bleiben über alle drei Wellen hinweg dem LAT-Arrangement treu. Stattdessen leben in Welle B und C jeweils 6 Frauen (1/3) mit ihrem neuen Partner zusammen. Zu einer Heirat konnte sich allerdings nur eine dieser Frauen in Welle C entschließen[43]. Den Übergang von einer Partnerschaft in die Partnerschaftslosigkeit machen nur etwa ein Fünftel bis ein Sechstel derjenigen Frauen, die in Welle A einen Partner hatten: in Welle B bzw. C sind vier bzw. drei dieser Frauen wieder ‚Single'.

Zusammenfassend ist in Welle B knapp die Hälfte aller Alleinerziehenden ohne neuen Partner, etwa ein Drittel praktiziert LAT und ein Fünftel lebt mit dem neuen Partner ohne Trauschein zusammen. In Welle C sind etwas mehr als die Hälfte der Frauen ohne Partner, etwa ein Viertel lebt mit dem neuen Partner ‚apart-together' und ein Fünftel lebt mit dem Partner in einer gemeinsamen Wohnung, davon aber nur eine Frau mit Trauschein.

6.1.1.2 Partnerschaftsverläufe der Mütter in Kernfamilien

In Abbildung 6.1.2 werden die Partnerschaftsverläufe der Frauen in Kernfamilien über die drei Erhebungszeitpunkte dargestellt.

Innerhalb des dreijährigen Untersuchungszeitraums trennten sich zwölf Frauen – d.h. fast ein Fünftel der 65 Frauen – von ihrem Partner (18%). Dorbritz & Gärtner (1998, Abbildung 13) berichten für ostdeutsche Ehen, die seit mindestens 11 Jah-

[43] Der Eheschließung gingen 9 ½ Jahre des LAT und zwei Monate des Zusammenlebens voraus.

ren bestehen[44], ein Scheidungsrisiko von maximal 1% pro Jahr. Im Vergleich dazu liegt die Trennungsquote in unserer Stichprobe somit mindestens fünfmal höher.

Die zwölf Frauen waren zum Zeitpunkt der Trennung im Durchschnitt 17 Jahre mit ihrem Partner zusammen gewesen (Minimum: 14; Maximum: 22 Jahre). Die frisch Getrennten waren in Welle B und C etwa zu gleichen Anteilen ohne Partner und in einer neuen Beziehung. Und ebenfalls zu etwa gleichen Anteilen lebten die Frauen mit ihrem neuen Partner in getrennten und gemeinsamen Haushalten.

Abbildung 6.1.2: Partnerschaftsverläufe der Mütter in Kernfamilien

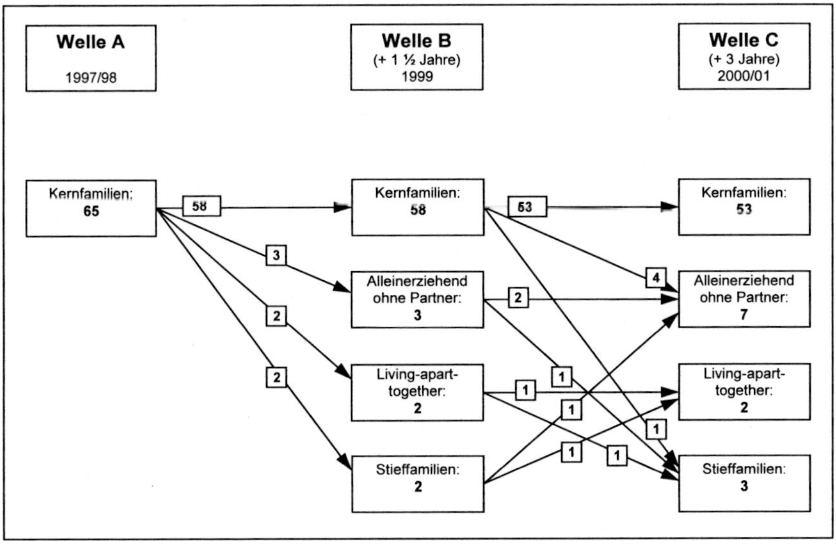

6.1.1.3 Partnerschaftsverläufe der Mütter in Stiefvaterfamilien

Dreizehn der Mütter lebten in Welle A mit einem ‚Stiefvater' zusammen (siehe Abbildung 6.1.3). Bei sechs dieser Frauen klärte sich erst in der dritten Welle auf, dass sie nicht mit dem leiblichen Vater ihres Kindes, sondern mit einem neuen

---

44 Die 65 Kernfamilien-Partnerschaften in Welle A bestanden alle mindestens seit 11 Jahren, da das gemeinsame Kind zu diesem Zeitpunkt 10 Jahre alt war.

Partner zusammenlebten. Durch diese falsche Einordnung fehlen wichtige Informationen zur Trennungsgeschichte und zum Stresserleben in den vorangegangenen Wellen. Deshalb wurden diese Frauen aus den Analysen ausgeschlossen.

Abbildung 6.1.3: Partnerschaftsverläufe der Mütter in Stiefvaterfamilien

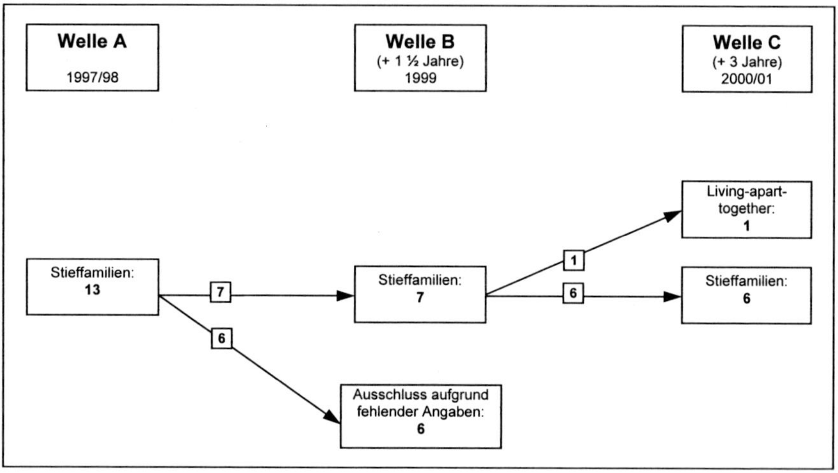

Die verbleibenden sieben Frauen lebten in Welle A durchschnittlich seit etwa 2½ Jahren mit ihrem Partner zusammen. Zwei dieser Frauen waren erst ein bzw. sechs Monate vor dem ersten Erhebungszeitpunkt mit ihrem Partner zusammengezogen. Die übrigen fünf Frauen lebten zwischen 2 und 4½ Jahren mit ihrem Partner zusammen. Die Trennung vom Vater ihres Kindes lag zum ersten Erhebungszeitpunkt durchschnittlich 4 Jahre zurück (Min.: 1 Jahr; Max.: 6 Jahre). Drei der sieben Frauen hatten sich vor maximal 3 Jahren getrennt. Die Frauen hatten zuvor durchschnittlich 10 Jahre mit dem Vater ihres Kindes zusammengelebt (Median: 7,5 Jahre; Min.: 7 Jahre; Max.: 20 Jahre) und waren alle mit diesem verheiratet gewesen. Im Vergleich zu den Alleinerziehenden der Welle A haben diese Frauen gemäß des Medians etwa gleich lang mit dem Vater ihres Kindes zusammengelebt, sich allerdings vor kürzerer Zeit von ihm getrennt.

Sechs der sieben Frauen leben in allen drei Wellen mit einem Partner in einer gemeinsamen Wohnung. Eine Frau löste zwischen Welle B und C die gemeinsame Wohnung auf und lebt in Welle C mit ihrem Partner ‚apart-together'.

6.1.1.4 Zusammenfassung der Partnerschaftsverläufe

In die weiteren Analysen werden 122 Mütter einbezogen (siehe Abbildung 6.1.4). Die Anzahl der Mütter, die in Kernfamilien leben, nimmt von 65 in Welle A über 58 in Welle B auf 53 Frauen in Welle C ab. Die Zahl der Alleinerziehende, die keinen Partner haben, nimmt von 32 Frauen in Welle A auf 27 in Welle B ab. In Welle C steigt die Zahl wiederum auf 34 Alleinerziehende ohne Partner an. 18 Alleinerziehende haben in Welle A und B einen LAT-Partner, in Welle C sind es 16 Frauen. In Welle A gibt es 7 Stieffamilien in Welle B und C sind es 19 Stieffamilien.

Abbildung 6.1.4: Partnerschaftsverläufe der Gesamtstichprobe

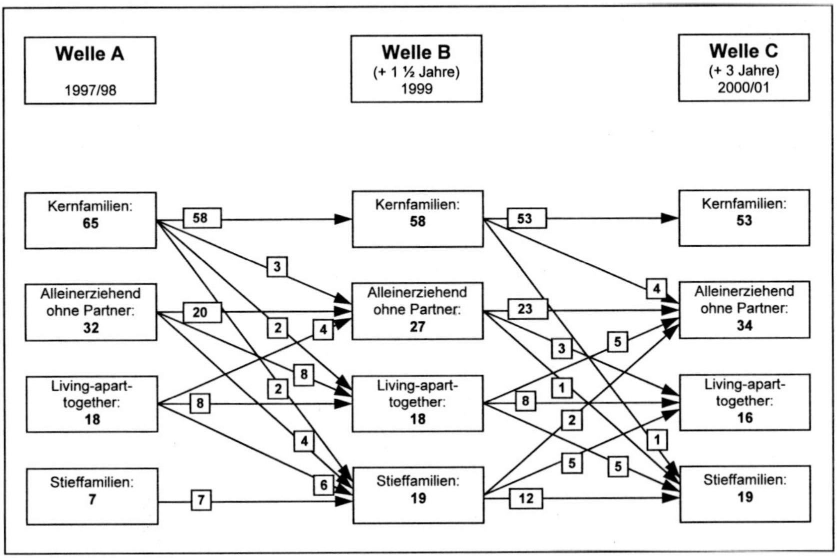

Die Stieffamilien sind überwiegend einfache Stiefvaterfamilien, d.h. neben den Kindern der Mutter leben keine Halb- oder Stiefgeschwister im Haushalt. In Welle

A bis C nimmt eine zusammengesetzte Stieffamilie[45] an der Untersuchung teil. Zudem gibt es in Welle A und B eine komplexe Stieffamilie, in Welle C erhöht sich die Zahl der komplexen Stieffamilien auf zwei[46]. Aufgrund des geringen Anteils an zusammengesetzten und komplexen Stieffamilien soll im Weiteren nicht nach diesem Kriterium unterschieden werden.

Da die Gruppe der Stieffamilien mit sieben Frauen in Welle A zu klein für quantitative Analysen ist, werden alle inferenzstatistischen Auswertungen, die Vergleiche mit Stieffamilien-Partnerschaften beinhalten, nur mit Daten der Wellen B und C vorgenommen.

6.1.2 Beschreibung der Stichprobe bezüglich soziodemographischer Merkmale

In einem nächsten Schritt sollen nun die Frauen, die in diesen verschiedenen Familienformen leben, bezüglich soziodemographischer und -ökonomischer Merkmale vergleichend beschrieben werden. Da fast ausschließlich Daten der Wellen B und C inferenzstatistisch ausgewertet werden, berichte ich zwar auch Ergebnisse für Welle A, gehe auf diese aber weniger ausführlich ein. Bei der Testung auf signifikante Unterschiede zwischen den Müttern unterschiedlicher Familienformen gehe ich progressiv vor, um vorhandene Heterogenität nicht vorschnell zu übergehen. Aufgrund der z. T. kleinen Gruppengrößen lege ich zudem das Signifikanzniveau auf 10% fest.

6.1.2.1 Alter der Mütter

Die Frauen sind zum Zeitpunkt der ersten Erhebung durchschnittlich etwa 36 Jahre alt (siehe Tabelle 6.1.1). Bei progressiver Testung sind Alleinerziehende ohne Partner in Welle B signifikant älter als Mütter in Kern- und Stieffamilien. In Welle

[45] Neben dem männlichen Zielkind lebt die etwa gleich alte Tochter des neuen Partners in der Familie.
[46] In beiden komplexen Stieffamilien lebt neben dem Zielkind nur ein gemeinsames Kind der Mutter und des Stiefvaters. Die gemeinsamen Kinder sind im Kleinkindalter.

C unterscheiden sich die Mütter der unterschiedlichen Familienformen nicht signifikant im Alter.

Tabelle 6.1.1: Alter der Mütter in Jahren[a]: Mittelwert (Standardabweichung)

	Welle A	**Welle B**	**Welle C**
Kernfamilien (KF)	36,1 (3,6)	37,7 (3,7)	39,3 (3,7)
Alleinerziehend ohne Partner (AOP)	37,3 (4,0)	39,3 (4,0)	40,3 (3,8)
LAT	36,0 (4,3)	37,9 (4,4)	39,3 (4,7)
Stieffamilien (SF)	34,7 (3,5)	36,2 (2,9)	38,0 (3,0)
Gesamtstichprobe	36,4 (3,8)	37,9 (3,8)	39,4 (3,8)
Varianzanalysen:	$F_{(3/118)}=1{,}279$ p=.285	$F_{(3/118)}=2{,}670$ +[b]	$F_{(3/118)}=1{,}571$ p=.200
Gruppenvergleiche (LSD):		AOP > SF** AOP > KF+	

**: p≤ .01; *: p≤ .05; +: p≤ .10.

[a]: Das Alter wurde nur in Welle A erfragt, in Welle B und C wurden entsprechend 1½ bzw. 3 Jahre hinzuaddiert.

[b]: Die Varianzen sind inhomogen, das signifikante Ergebnis wurde aber durch einen nonparametrischen Kruskal-Wallis-H-Test bestätigt (χ^2_3=9,714*) (vgl. Bortz et al. 1990).

Der Altersunterschied zwischen Alleinerziehenden Müttern ohne Partner und Müttern in Stieffamilien deckt sich mit Ergebnissen von Wallerstein (1986), wonach es vor allem jüngeren Frauen nach einer Trennung gelingt, eine neue Partnerschaft aufzubauen.

6.1.2.2 Schulbildung der Mütter

43% der Frauen haben Abitur (siehe Tabelle 6.1.2). Damit sind Mütter mit Abitur im Vergleich zur Grundgesamtheit der Mütter in Brandenburg deutlich überrepräsentiert: In den siebziger Jahren, in denen die meisten dieser Frauen ihre Schule beendeten, waren nur zwischen 9 und 15% der Schulabsolventen Abiturienten (Staatliche Zentralverwaltung für Statistik 1980). Frauen unterschiedlicher Familienformen unterscheiden sich zu keinem Erhebungszeitpunkt signifikant im Anteil an Abiturientinnen.

Tabelle 6.1.2: Schulbildung der Mütter: Anteil der Frauen mit Abitur (in %)

	Welle A	Welle B	Welle C
Kernfamilien	49	48	47
Alleinerziehend ohne Partner	34	41	47
LAT	39	39	31
Stieffamilien	43	37	37
Gesamtstichprobe	43	43	43
χ^2-Test:	χ^2_3=2,11 p=.550	χ^2_3=1,120 p=.772	χ^2_3=1,786 p=.618

6.1.2.3 Erwerbstätigkeit der Mütter

Entsprechend unserer Stichprobendefinition sind in Welle A alle Frauen in unserer Stichprobe berufstätig (siehe Tabelle 6.1.3). In Welle B sind zwei Frauen arbeitslos geworden: Eine ist alleinerziehend ohne Partner, die andere lebt in einer LAT-Partnerschaft. In Welle C sind fünf Frauen arbeitslos: Drei sind alleinerziehend ohne Partner, eine lebt LAT und eine weitere lebt in einer Stieffamilie. Die Mütter aus ‚alternativen' Familienformen sind somit etwa gleichermaßen von Arbeitslosigkeit betroffen. Die Mütter in Kernfamilien hingegen bleiben davon verschont. Aufgrund der kleinen Fallzahlen sind Signifikanztests unangebracht. Mit einer Arbeitslosenquote von maximal 4% liegt unsere Stichprobe auch in den Erhebungswellen B und C deutlich unter der Landes-Arbeitslosenquote, die in Brandenburg für Frauen in den Jahren 1997 bis 2001 zwischen 18,8 und 23,9% betrug (Landesbetrieb für Datenverarbeitung und Statistik Brandenburg 2002).

Tabelle 6.1.3: Prozentualer Anteil (und Anzahl) arbeitsloser Frauen

	Welle A	Welle B	Welle C
Kernfamilien	0	0	0
Alleinerziehend ohne Partner	0	4% (1)	9% (3)
LAT	0	6% (1)	6% (1)
Stieffamilien	0	0	5% (1)
Gesamtstichprobe	0%	2% (2)	4% (5)

Circa 71% aller erwerbstätigen Frauen arbeiten Vollzeit (siehe Tabelle 6.1.4). Dies entspricht etwa dem vom Deutschen Jugendinstitut (1998) referierten Anteil von 74% bzw. den von Teubner (2002d) geschätzten 75% Vollzeit erwerbstätigen

Müttern an allen ostdeutschen erwerbstätigen Müttern. Zwischen den Familienformen gibt es – auch entsprechend den Ergebnissen von Teubner (2002d) – keine signifikanten Unterschiede im Erwerbsverhalten.

Tabelle 6.1.4: Anteil Frauen mit Vollzeit-Erwerbstätigkeit (mindestens 37½ Stunden pro Woche), Angaben in %

	Welle A (N=122)	Welle B (N=120[a])	Welle C (N=117[a])
Kernfamilien	66	66	72
Alleinerziehend ohne Partner	72	73	61
LAT	78	71	80
Stieffamilien	86	79	78
Gesamtstichprobe	71	70	71
χ^2-Test:	p=.672[b]	χ^2_3=1,399 p=.706	χ^2_3=2,421 p=.490

[a]: Die arbeitslosen Frauen wurden ausgeklammert.
[b]: Da mehr als 20% der erwarteten Häufigkeiten unter 5 lagen, wurde ein Exakter Fisher-Test berechnet (vgl. Bortz 1985).

6.1.2.4 Anzahl, Alter und Geschlecht der Kinder

Üblicherweise wird, wenn Mütter bezüglich ihrer Kinder verglichen werden, die Anzahl der im Haushalt lebenden Kinder als Vergleichsmaßstab herangezogen. Aufgrund höherer Anschaulichkeit möchte ich stattdessen auf den Anteil von Einkindhaushalten in unserer Stichprobe eingehen (wer kann sich schon 1,7 Kinder vorstellen). Die berichteten Ergebnisse sind bei beiden Kriterien ähnlich, da Familien mit mehr als 2 Kindern in den verschiedenen Familienformen etwa gleich selten vertreten sind.

In Welle A hat ein Drittel der Frauen nur ein Kind, das im Haushalt lebt (siehe Tabelle 6.1.5). Der Anteil steigt innerhalb des dreijährigen Untersuchungszeitraums auf 43% – dies liegt daran, dass ältere Geschwister des Zielkindes ausziehen. In Welle A haben die Mütter mit LAT-Partner signifikant häufiger nur ein Kind. In Welle B lebt in Kernfamilien nur etwa halb so häufig nur ein Kind im Haushalt wie bei den alternativen Familienformen, dieser Unterschied verfehlt aber die Signifikanz. Auch in Welle C finden sich keine signifikanten Unterschiede zwischen den Familienformen, deskriptiv zeigt sich hier wiederum ein relativ hoher Anteil an

Einkindfamilien bei Müttern mit LAT-Partnerschaften und relativ wenig Kernfamilien mit nur einem Kind im Haushalt.

Tabelle 6.1.5: Anteil von Müttern mit nur einem Kind im Haushalt (in %)

	Welle A	**Welle B**	**Welle C**
Kernfamilien	23	28	36
Alleinerziehend ohne Partner	34	52	41
LAT	72[b]	50	63
Stieffamilien	57	42	53
Gesamtstichprobe	34	39	43
χ^2-Test:	**[a]	χ^2_3 =6,059 p=.109	χ^2_3=4,333 p=.228

**: p≤ .01; *: p≤ .05; +: p≤ .10.

[a]: Da mehr als 20% der erwarteten Häufigkeiten unter 5 lagen, wurde ein Exakter Fisher-Test berechnet (vgl. Bortz 1985).

[b]: Das standardisierte Residuum beträgt 2,6.

Die Zielkinder, mit denen die Mütter an unserer Untersuchung teilnahmen, waren zum ersten Erhebungszeitpunkt im 11. Lebensjahr. Etwas mehr als die Hälfte der Zielkinder sind Mädchen (siehe Tabelle 6.1.6). Dabei unterscheidet sich deren Anteil in den verschiedenen Familientypen nicht signifikant.

Tabelle 6.1.6: Anteil weiblicher Zielkinder (in %)

	Welle A	**Welle B**	**Welle C**
Kernfamilien	49	47	45
Alleinerziehend ohne Partner	59	56	62
LAT	44	61	38
Stieffamilien	57	53	63
Gesamtstichprobe	52	52	52
χ^2-Test:	p=.733[a]	χ^2_3=1,421 p=.701	χ^2_3=4,544 p=.208

[a]: Da mehr als 20% der erwarteten Häufigkeiten unter 5 lagen, wurde ein Exakter Fisher-Test berechnet (vgl. Bortz 1985).

Kleinkinder bedeuten für die Müttern einen besonders hohen Betreuungsaufwand und dürften deshalb erheblich zur Alltagsbelastung der Mütter beitragen. In unserer Stichprobe leben nur in einem geringen Anteil von Familien Kinder unter 6 Jahren (siehe Tabelle 6.1.7). In Welle A haben 9% der Familien kleine Kinder, dieser Anteil sinkt bis Welle C auf 5%. Aufgrund des geringen Anteils ist ein statistischer Vergleich der Familientypen nicht sinnvoll.

Tabelle 6.1.7: Prozentualer Anteil (und Anzahl) der Haushalte mit Kindern unter 6 Jahren

	Welle A	**Welle B**	**Welle C**
Kernfamilien	11% (7)	7% (4)	4% (2)
Alleinerziehend ohne Partner	6% (2)	11% (3)	6% (2)
LAT	6% (1)	0% (0)	0% (0)
Stieffamilien	14% (1)	5% (1)	11% (2)
Gesamtstichprobe	9% (11)	7% (8)	5% (6)

6.1.2.5 Haushalts- und Äquivalenzeinkommen der Mütter

Erwartungsgemäß ist das Haushaltseinkommen bei den Kernfamilien signifikant höher als bei den Alleinerziehenden mit und ohne Partner, aber erstaunlicherweise auch höher als das der Stieffamilien (siehe Tabelle 6.1.8). Da der Anteil an komplexen Stieffamilien in unserer Stichprobe sehr gering ist (in Welle A und B eine Familie, in Welle C zwei), dürfte eine fehlende Binnendifferenzierung der Stieffamilien nicht der Grund für diesen Unterschied sein (Teubner 2002b).

Die Stieffamilien haben in Welle B und C ein höheres Einkommen als die Alleinerziehenden ohne Partner und die LAT-Mütter. Alleinerziehende ohne Partner und LAT-Frauen unterscheiden sich nicht in ihrem Haushaltseinkommen.

Ein Vergleich der Haushaltseinkommen als Indikator der ökonomischen Lage einer Familie ist allerdings unangemessen, da den Haushalten unterschiedlich viele Personen angehören. Deshalb wurde ein Äquivalenzeinkommen berechnet, bei dem Anzahl und Alter der im Haushalt lebenden Personen berücksichtigt werden (näheres siehe Abschnitt 6.2.3.3).

Erstaunlicherweise verfügen in Welle A die 7 Stieffamilien über das geringste ‚Pro-Kopf'-Einkommen aller Familientypen, während es keine signifikanten Unterschiede zwischen den anderen drei Familienformen gibt[47] (siehe Tabelle 6.1.9). Dass Mütter mit LAT-Partnerschaften in Welle A deskriptiv das höchste Äquivalenzeinkommen haben, dürfte in erster Linie an dem sehr hohen Anteil von

[47] Da in den späteren inferenzstatistischen Auswertungen diese Gruppe nicht berücksichtigt wird, werde ich auf dieses Ergebnis nicht weiter eingehen.

72% Einkindfamilien liegen. In Welle B unterscheiden sich alle vier Familienformen nicht signifikant voneinander. In Welle C verfügen Kernfamilien über ein signifikant höheres Äquivalenzeinkommen als Alleinerziehende ohne Partner und Stieffamilien, nicht aber als Mütter in LAT-Partnerschaften (auch in Welle C ist der Anteil von Einkindfamilien in dieser Familienform relativ hoch). Zwischen Alleinerziehenden ohne Partner, LAT-Müttern und Stieffamilien besteht in Welle C kein signifikanter Unterschied.

Tabelle 6.1.8: Mittleres Haushaltseinkommen in DM: Median (durchschnittlicher Rang)[48]

	Welle A (N=121[a])	**Welle B** (N=122)	**Welle C** (N=122)
Kernfamilien	4001-5000 DM (80)	4001-5000 DM (83)	5001-6000 DM (86)
Alleinerziehend ohne Partner	3001-4000 DM (40)	2001-3000 DM (33)	3001-4000 DM (35)
LAT	2001-3000 DM (39)	3000 DM (34)	3001-4000 DM (37)
Stieffamilien	2001-3000 DM (37)	3001-4000 DM (63)	3001-4000 DM (61)
Gesamtstichprobe	3001-4000 DM (61)	3001-4000 DM (61.5)	4001-5000 DM (61.5)
Kruskal-Wallis-H-Test:	χ^2_3=44,016**	χ^2_3=52,073**	χ^2_3 =53,640**
Gruppenvergleiche (exakte U-Tests[49]):	KF>AOP**, KF>LAT**, KF>SF**	KF>AOP**; KF>LAT**, KF>SF*, SF>AOP**, SF>LAT **	KF>AOP**, KF>LAT**, KF>SF**, SF>AOP**, SF>LAT*

**: p≤ .01; *: p≤ .05; +: p≤ .10.
[a]: Die Angabe einer Alleinerziehenden ohne Partner fehlt.

[48] Die Frage nach dem Einkommen lautete: „Wie hoch ist das monatliche Einkommen, das Ihrem Haushalt insgesamt zur Verfügung steht?" Antwortkategorien waren in Welle A und B: (1) bis 1000 DM (2) 1001 bis 2000 DM ... (6) über 5000 DM. In Welle C wurden folgende Kategorien ergänzt: (6) 5001 bis 6000 DM ... (9) über 8000 DM. Da es sich hier um ordinalskalierte Daten handelt werden der Median und der durchschnittliche Rang angegeben (Zur Berechnung des durchschnittlichen Rangs werden für die Gesamtstichprobe aufsteigend Ränge vergeben und dann pro Familientyp der durchschnittliche Rang berechnet. Er zeigt an, ob in der Gruppe überwiegend kleine oder große Ränge vergeben wurden).

[49] Die Möglichkeit von Gruppenvergleichen im Rahmen des H-Test gibt es in SPSS nicht. Da der LSD-Test bei Varianzanalysen einzeln gerechneten t-Tests ohne α-Adjustierung entspricht, halte ich die Durchführung von exakten U-Tests für das Äquivalent zum LSD-Test.

Tabelle 6.1.9: Monatliches Äquivalenzeinkommen in DM: Mittelwert (Standardabweichung)

	Welle A (N=121[a])	Welle B (N=122)	Welle C (N=122)
Kernfamilien	1564 (525)	1693 (507)	1951 (561)
Alleinerziehend ohne Partner	1433 (398)	1478 (492)	1599 (469)
LAT	1617 (466)	1482 (555)	1747 (717)
Stieffamilien	1021 (496)	1502 (522)	1617 (612)
Gesamtstichprobe	1507 (496)	1584 (517)	1774 (584)
ANOVA:	$F_{(3/117)}$=3,209*[b]	$F_{(3/118)}$=1,653 p=.181	$F_{(3/118)}$=3,288*[b]
Gruppenvergleiche (LSD):	KF, LAT>SF** AOP>SF*	---	KF>AOP**,SF*

**: p≤ .01; *: p≤ .05; +: p≤ .10.

[a]: Die Angabe einer Alleinerziehenden ohne Partner fehlt.

[b]: Die Varianzen sind inhomogen (Levene-Test in A: $F_{(3/117)}$=2,055, p=.110; in C: $F_{(3/118)}$=1,666, p=.178), das signifikante Ergebnis der Varianzanalysen wurde aber durch Kruskal-Wallis-H-Tests bestätigt (H-Test in A: χ^2_3=8,478*; in C: χ^2_3=10,654*) (vgl. Bortz et al. 1990). Die Ergebnisse der LSD-Gruppenvergleiche wurden ebenfalls durch exakte U-Tests bestätigt.

6.1.2.6 Trennungsdauer vom Vater des Kindes

Wie in Kapitel 4.2.3.1 dargelegt, lassen sich die ersten drei Jahre nach der Trennung vom Vater des Kindes als Krisenzeit verstehen, die mit erhöhten Anforderungen an die Mütter einhergeht. In der ersten Welle A befindet sich mehr als ein Viertel der Mütter, die eine solche Trennung erlebt haben, noch in diesen ersten drei kritischen Jahren (siehe Tabelle 6.1.10). In Welle C ist nur noch jede Sechste relativ ‚frisch getrennt'. Zwischen den ‚alternativen' Familienformen gibt es keine signifikanten Unterschiede im Anteil ‚frischgetrennter' Mütter.

Tabelle 6.1.10: Prozentualer Anteil (und Anzahl) von Frauen, deren Trennung vom Vater des Zielkindes maximal 3 Jahren zurückliegt

	Welle A	Welle B	Welle C
Alleinerziehend ohne Partner	28% (9)	22% (6)	21% (7)
LAT	22% (4)	33% (6)	13% (2)
Stieffamilien	43% (3)	21% (4)	16% (3)
Gesamtstichprobe	28% (16)	25% (16)	17% (12)
χ^2-Test:	χ^2_2=1,063 p=.588	p=.710[a]	p=.917[a]

[a]: Da mehr als 20% der erwarteten Häufigkeiten unter 5 lagen, wurde ein exakter Fisher-Test berechnet (vgl. Bortz 1985).

6.1.2.7 Zusammenfassung der Charakterisierung der Stichprobe

Die in die folgenden Analysen einbezogenen 122 Brandenburger Mütter sind zum ersten Erhebungszeitpunkt durchschnittlich etwa 36 Jahre alt. 43% der Frauen haben Abitur. Zu Beginn der Untersuchung sind alle Frauen erwerbstätig, in der zweiten Welle sind zwei und in der dritten Welle fünf Frauen arbeitslos. Etwa 71% der erwerbstätigen Mütter arbeiten Vollzeit. Den untersuchten Familien steht in den Wellen A und B im Mittel ein monatliches Haushaltseinkommen von 3000-4000 DM zur Verfügung. In Welle C beträgt das mittlere Einkommen 4000-5000 DM.

52% der Mütter nehmen an der Untersuchung mit ihrer Tochter teil, 48% kommen mit ihrem Sohn. Die Zielkinder sind zu Beginn der Untersuchung in ihrem 11. Lebensjahr. Nur in 34% der Familien ist in Welle A das Zielkind das einzige Kind. Der Anteil der Einkindfamilien steigt in Welle C auf 43% aller Familien. Kinder unter 6 Jahren leben nur in einer Minderheit der Familien: In Welle A liegt der Anteil an Familien mit Kleinkindern bei 9%, in Welle C beträgt er nur noch 5%.

Von jenen Müttern, die nicht mehr mit dem Vater des Zielkindes zusammenleben, liegt bei etwa einem Viertel die Trennung von ihm maximal 3 Jahre zurück. Diese Frauen befinden sich somit vermutlich noch in einer Reorganisationsphase.

Mütter aus den vier verschiedenen Familienformen unterscheiden sich nicht bezüglich ihrer Schulbildung, dem Umfang ihrer Erwerbstätigkeit und dem prozentualen Anteil an teilnehmenden Töchtern. In den drei ‚alternativen' Familienformen gibt es zudem keinen Unterschied im relativen Anteil an ‚frischgetrennten' Müttern. Mütter aus Kernfamilien verfügen aber in allen drei Wellen über ein höheres Haushaltseinkommen als Mütter aus den anderen Familienformen. Mütter aus Stieffamilien haben zudem in Welle B und C ein höheres Haushaltseinkommen als Alleinerziehende ohne Partner und Mütter mit LAT-Partnerschaften. Während sich die vier Familientypen in Welle B nicht in ihrem Äquivalenzeinkommen unterscheiden, haben Kernfamilien in Welle C ein höheres Äquivalenzeinkommen zur Verfügung als Alleinerziehende ohne Partner und Stieffamilien. Jeweils nur in einer Welle finden sich folgende Unterschiede: Alleinerziehende ohne Partner sind in Welle B signifikant älter als Mütter in Kern- und Stieffamilien und in Familien mit

LAT-Partnerschaften lebt in Welle A signifikant häufiger als in den anderen Familientypen nur ein Kind im Haushalt. Zusammenfassend überwiegen die Gemeinsamkeiten zwischen den vier Familienformen.

Zu betonen bleibt, dass es sich bei den an unserer Untersuchung teilnehmenden Müttern nicht um eine für alle Brandenburger Mütter repräsentative Stichprobe handelt: In unserer Stichprobe sind die Mütter durchschnittlich besser gebildet, sind kaum von Arbeitslosigkeit betroffen und haben kaum Kinder unter 6 Jahren. Dadurch sind die Alleinerziehenden unserer Stichprobe im Vergleich zu den Alleinerziehenden anderer Studien (Großmann & Huth 1995; Schöningh et al. 1991, Napp-Peters 1987; Nave-Herz & Krüger 1992; Drauschke et al. 1993) ökonomisch besser gestellt und haben selbständigere Kinder.

6.2 Messinstrumente

6.2.1 Abhängige Variablen

6.2.1.1 Psychisches Wohlbefinden der Mütter

Wie in Kapitel 2.1 dargestellt, sind Lebenszufriedenheit und Selbstwertgefühl zentrale Aspekte des psychischen Wohlbefindens. Die Zufriedenheit mit dem eigenen Leben wurde mit der Skala ‚Lebenszufriedenheit‘ der revidierten Fassung des Freiburger Persönlichkeitsinventars (FPI-R) von Fahrenberg, Hampel und Selg (1989) erhoben. Diese Skala erfasst die allgemeine Zufriedenheit mit dem eigenen Leben sowie das Ausmaß an Selbstverwirklichung, Lebenszuversicht und Ausgeglichenheit. Ein Beispielitem dieser Skala ist: ‚Alles in allem bin ich ausgesprochen zufrieden mit meinem bisherigen Leben’ (die vollständige Itemliste dieser und aller weiteren Skalen siehe Anhang I). Die ursprüngliche Antwortformulierung von ‚stimmt’ (1) und ‚stimmt nicht’ (0) wurde zum Zwecke einer größeren Differenzierung in eine vierstufige Skalierung mit den Polen ‚trifft überhaupt nicht zu’ (1) und ‚trifft ganz genau zu’ (4) überführt. Das Item ‚Meine Paarbeziehung (Ehe) ist gut’ wurde aus der Skala herausgenommen, um eine klare operationale Abgrenzung zu den Skalen, welche die Partnerschaftsqualität erfassen, sicherzustellen. Auch das Item ‚Ich habe einen Beruf, der mich voll befriedigt’ wurde eliminiert, da weitere

Auswertungen zur beruflichen Situation geplant sind. Diese notwendigen Veränderungen führen dazu, dass unsere Stichprobe nicht mit den vorhandenen Normwerten des FPI-R verglichen werden kann. Die Skalenreliabilitäten der veränderten Skala sind in allen drei Wellen gut (siehe Tabelle 6.2.1). Das Ausmaß an Lebenszufriedenheit steigt in unserer Stichprobe von Welle A bis C kontinuierlich an, wobei die durchschnittliche Lebenszufriedenheit nur zwischen Welle A und C signifikant unterschiedlich ist[50].

Zur Erfassung des Selbstwertgefühls diente uns die Self-Esteem-Skala von Rosenberg (1965). Die Skala erfasst die allgemeine Wertschätzung und Selbstachtung, die eine Person von sich hat. Diese beruht auf einem allgemeinen Akzeptiertwerden seitens der Umwelt sowie dem Bewusstsein, kompetent und leistungsfähig zu sein. Ein Beispielitem dieser Skala lautet: ‚Ich kann Dinge genau so gut tun wie die meisten anderen Menschen'. In Tabelle 6.2.1 sind die Skalenkennwerte für unsere Stichprobe aufgeführt. Die interne Konsistenz der Skala ist zu allen drei Erhebungszeitpunkten gut. Das Maß an berichtetem Selbstwertgefühl nimmt in der Stichprobe von Welle A nach Welle B signifikant zu und bleibt in Welle C auf diesem erhöhten Niveau[51].

Tabelle 6.2.1: Deskriptive Kennwerte der Skalen Lebenszufriedenheit und Selbstwertgefühl: Itemzahl, Itemskalierung, Mittelwert (M), Standardabweichung (SD) und Reliabilitäten (Cronbachs Alpha) zu den drei Erhebungszeitpunkten

Skala	**Itemzahl**	**Item-skalierung**	**M**	**SD**	**Cronbachs Alpha**
Lebenszufriedenheit	10	1-4	A: 2,9	A: 0,46	A: .82
			B: 2,9	B: 0,47	B: .82
			C: 3,0	C: 0,45	C: .82
Selbstwert	10	1-7	A: 5,8	A: 0,78	A: .82
			B: 5,9	B: 0,72	B: .79
			C: 6,0	C: 0,78	C: .85

50 Lebenszufriedenheit – Varianzanalyse mit Messwiederholung: $F_{(2/120)}$= 4,845**, Mehrfachvergleiche Bonferroni: Welle A<C*.

51 Selbstwertgefühl – Varianzanalyse mit Messwiederholung: $F_{(2/120)}$= 12,893**, Mehrfachvergleiche Bonferroni: Welle A<B**.

6.2.1.2 Stresserleben der Mütter in alternativen Familienformen

Im Rahmen einer genaueren Exploration der besonderen Lebenssituation der Alleinerziehenden wurde in Anlehnung an den Kölner Scheidungsfragebogen von Schmidt-Denter & Beelmann (unveröffentlicht) das Stresserleben jener Mütter erfasst, die nicht mehr mit dem Vater ihres Kindes zusammenleben. Diese Informationen liegen somit nicht für Mütter in Kernfamilien, sondern nur für Mütter der drei ‚alternativen' Familienformen vor. Erfragt wurden vier zentrale Belastungsmomente, die ich in Kapitel 4 herausgearbeitet habe: Belastungen durch finanzielle Sorgen, durch das Kind, durch den Alltag und durch den Mangel an emotionaler Unterstützung (Einsamkeit). Diese Belastungsaspekte wurden jeweils mit einem Einzelitem erfasst:

- Finanzielle Sorgen (Itemformulierung: ‚Ich bin bedrückt, weil finanzielle Sorgen auf mir lasten').
- Überforderung durchs Kind (‚Ich fühle mich überfordert, weil alle Verantwortung für mein Kind auf mir lastet')
- Alltägliche Belastungen (‚Ich bin belastet durch die vielen alltäglichen Probleme, mit denen ich allein fertig werden muss')
- Mangelnde emotionale Unterstützung (‚Ich bin manchmal einsam, weil ich niemanden habe, mit dem ich über persönliche Probleme reden kann')

Tabelle 6.2.2: Deskriptive Kennwerte der Items zum Stresserleben: Itemskalierung, Mittelwert (M) und Standardabweichung (SD) zu den drei Erhebungszeitpunkten

Item	**Itemskalierung**	**M**	**SD**
Finanzielle Sorgen	1-7	A: 3,4 B: 3,0 C: 3,0	A: 2,2 B: 2,0 C: 2,0
Überforderung durchs Kind	1-7	A: 2,6 B: 2,6 C: 2,9	A: 1,7 B: 1,5 C: 1,8
Alltägliche Belastungen	1-7	A: 4,0 B: 3,3 C: 3,9	A: 1,8 B: 1,9 C: 1,9
Mangelnde emotionale Unterstützung	1-7	A: 3,0 B: 2,4 C: 2,5	A: 2,1 B: 1,8 C: 2,1

Tabelle 6.2.2 zeigt die deskriptiven Kennwerte dieser Items. Vergleicht man die durchschnittlichen Stresserlebens-Einschätzungen mit dem jeweiligen Skalenmittelpunkt von 4, so berichten die Mütter in allen drei Wellen von einem eher geringen Stresserleben bezüglich der Aspekte finanzielle Sorgen, Überforderung durchs Kind und mangelnder emotionaler Unterstützung. In Bezug auf alltägliche Belastungen erleben die Mütter in Welle A und C ein mittleres Maß an Stress, in Welle B ist es eher gering.

6.2.2 Unabhängige Variablen

6.2.2.1 Partnerschafts- bzw. Lebensform

Eine zentrale Variable dieser Untersuchung ist die Lebensform der Mütter. Dabei unterscheide ich – wie schon erwähnt – zwischen vier Lebensformen, die ich hier noch mal definieren möchte:

- Mütter in Kernfamilien (kurz: KF) leben mit ihren Kindern und dem leiblichen Vater des Zielkindes in einem Haushalt zusammenleben. Dabei ist es für die Zugehörigkeit zu dieser Gruppe unwichtig, ob es sich um eine eheliche oder nichteheliche Lebensgemeinschaft der Eltern handelt.
- Alleinerziehende ohne Partner (AOP) sind Mütter, die mit ihren Kindern allein im Haushalt leben und auch außerhalb des Haushalts keinen Partner haben.
- Mütter mit Living-apart-together-Partnerschaften (LAT) sind Alleinerziehende, die mit ihren Kindern allein im Haushalt leben, aber einen Partner haben, der in einem eigenen Haushalt lebt. Dieser ist nicht der Vater des Zielkindes. Unter diese Lebensform fallen in dieser Untersuchung somit keine Partnerschaften zwischen den leiblichen Eltern des Zielkindes wie z.B. ‚Pendler-Ehen'.
- Mütter in Stief(vater)familien (SF) leben mit ihren Kindern und einem neuen Partner, der nicht der Vater des Zielkindes ist, in einem Haushalt zusammen. Dabei ist es für die Zugehörigkeit zu dieser Gruppe unwichtig, ob die Partner verheiratet sind oder nicht. Zu dieser Gruppe gehören einfache, zusammengesetzte und komplexe Stieffamilien. Zwischen diesen Subtypen wird aufgrund der kleinen Fallzahlen nicht unterschieden.

6.2.2.2 Partnerschaftsverläufe von Alleinerziehenden ohne Partner: Wechslerinnen und stabil Partnerlose

Zur Überprüfung der in Kapitel 5(5) formulierten Stress- und Selektionshypothese ist es notwendig – basierend auf einer längsschnittlichen Betrachtung der Partnerschaftssituation der Alleinerziehenden ohne Partner – zwischen zwei Gruppen von Frauen zu differenzieren: Die Gruppe der ‚Wechslerinnen' besteht aus Alleinerziehenden, die zunächst ohne Partner leben, aber in der folgenden Erhebungswelle eine neue Partnerschaft eingegangen sind[52]. Die ‚stabil Partnerlosen' sind in zwei aufeinander folgenden Wellen alleinerziehend ohne Partner. Ich werde nun kurz auf die Bildung beider Gruppen eingehen.

Abbildung 6.2.1: Partnerschaftsverläufe von stabil Partnerlosen und Wechslerinnen

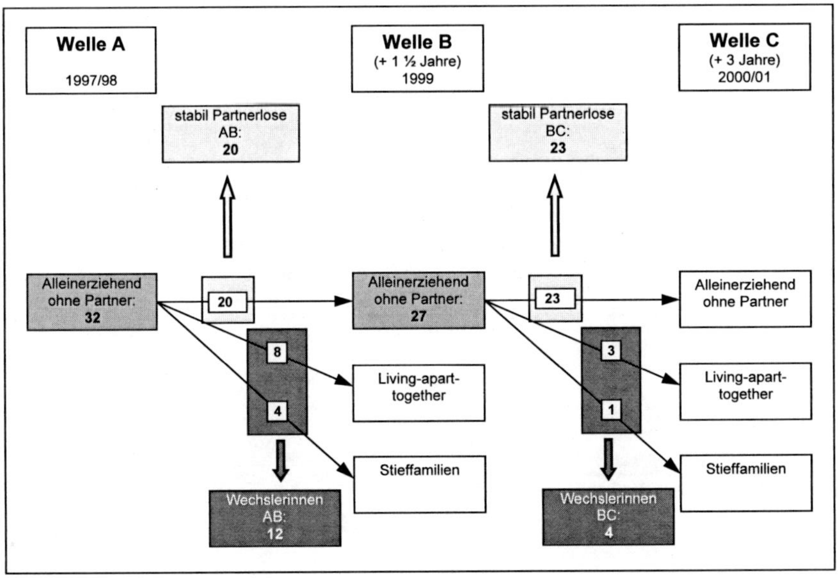

In Abbildung 6.2.1 ist der Partnerschaftsverlauf der partnerlosen Alleinerziehenden der Wellen A und B dargestellt. Von den 32 Alleinerziehenden ohne Partner in

52 Aufgrund der geringen Stichprobengröße wird hierbei nicht unterschieden, ob die Mutter mit ihrem neuen Partner LAT oder in einer gemeinsamen Wohnung lebt.

Welle A sind in Welle B 12 Frauen eine neue Partnerschaft eingegangen. Von den 27 Alleinerziehenden ohne Partner in Welle B haben vier Frauen in Welle C einen Partner. Die Zahl der Frauen, die stabil über zwei aufeinander folgende Wellen partnerlos blieben, beträgt von Welle A nach B 20 Frauen und von Welle B nach C 23 Frauen.

Da die Zahl der ‚Wechslerinnen' in den Wellen AB und vor allem in den Wellen BC so klein ist, ist eine nach Wellen getrennte Analyse nicht möglich. Ich habe deshalb die Stichproben aus den Wellen AB und BC zusammengefasst, sodass es insgesamt 16 ‚Wechslerinnen' und 43 ‚stabil Partnerlose' gibt[53].

Die Zusammenfassung der Stichproben macht eine Neudefinition der Messzeitpunkte (siehe Tabelle 6.2.3) notwendig. Der Zeitpunkt 1 wird für die Wechslerinnen als der Zeitpunkt definiert, zu dem sie noch alleinstehend sind. Der Zeitpunkt 2 ist der folgende Erhebungszeitpunkt, zu dem sie in einer Partnerschaft leben. Für die Wechslerinnen der Wellen AB ist somit der Zeitpunkt 1 die Welle A und der Zeitpunkt 2 die Welle B. Für Wechslerinnen der Wellen BC ist der Zeitpunkt 1 hingegen die Welle B und der Zeitpunkt 2 die Welle C. Den stabil Partnerlosen wurden dieselben Zeitpunkte zugeordnet wie den Wechslerinnen derselben Wellen.

Tabelle 6.2.3: Neudefinition der Zeitpunkte für Wechslerinnen und stabil Partnerlose

Neudefinition als:	**Stichprobe Welle AB** (N=32): 12 Wechslerinnen 20 stabil Partnerlose	**Stichprobe Welle BC** (N=27): 4 Wechslerinnen 23 stabil Partnerlose
Zeitpunkt 1 (alle ohne Partner)	Welle A	Welle B
Zeitpunkt 2 (Wechslerinnen mit Partner)	Welle B	Welle C

[53] Die Stichproben der ‚Wechslerinnen' AB und BC sind unabhängig voneinander. Die Stichproben der stabil Partnerlosen der Wellen AB und BC sind jedoch nicht unabhängig: 18 Frauen sind in allen drei Wellen ohne Partner und gehören somit zu den stabil Partnerlosen der Wellen AB und BC. Da diese Frauen aber mit Messwerten zu unterschiedlichen Zeitpunkten in die Analysen eingehen, sind die Messungen dennoch unabhängig und eine Zusammenfassung der beiden Stichproben ist möglich.

6.2.2.3 Partnerschaftsqualität

Drei Aspekte der Partnerschaftsqualität wurden mit dem Partnerschaftsfragebogen (PFB) von Hahlweg, Schindler & Revenstorf (1982) erfasst: In der Skala Gemeinsamkeit/Kommunikation (im weiteren partnerschaftliche Gemeinsamkeiten benannt) werden Aktivitäten beschrieben, die von beiden Partnern gemeinsam ausgeführt werden, außerdem werden Verhaltensweisen, welche die Verbundenheit und Kommunikation mit dem Partner ausdrücken, erfasst. Ein Beispielitem hierfür ist: ‚Wir planen gemeinsam, wie wir das Wochenende verbringen wollen'. Die Skalenreliabilitäten sind in allen drei Wellen gut (siehe Tabelle 6.2.4).

In der Skala Streitverhalten werden Verhaltensweisen beschrieben, die vom Partner während eines Konfliktes oder Streits gezeigt werden und die nicht einer Konfliktlösung dienen. Ein Beispielitem lautet: ‚Wenn wir uns streiten, können wir nie ein Ende finden'. Die interne Konsistenz der Skala ist in allen drei Wellen gut (siehe Tabelle 6.2.4).

Das augenblickliche partnerschaftliche Glück wird in einem Einzelitem erfragt: ‚Wie glücklich würden Sie Ihre Partnerschaft im Augenblick einschätzen?'. Die Antwortmöglichkeiten liegen zwischen ‚sehr unglücklich' (1) und ‚sehr glücklich' (6).

Tabelle 6.2.4: Deskriptive Kennwerte der Skalen partnerschaftliche Gemeinsamkeiten, Streitverhalten und des Items partnerschaftliches Glück: Itemzahl, Itemskalierung, Mittelwert (M), Standardabweichung (SD) und Reliabilitäten (Cronbachs Alpha) zu den drei Erhebungszeitpunkten

Skalen/Item	**Item-zahl**	**Item-skalierung**	**M**	**SD**	**Cronbachs Alpha**
Partnerschaftliche Gemeinsamkeiten	10	1-4[a]	A: 3,1 B: 3,1 C: 3,1	A: 0,50 B: 0,50 C: 0,50	A: .84 B: .82 C: .83
Streitverhalten	10	1-4[a]	A: 1,5 B: 1,5 C: 1,4	A: 0,46 B: 0,44 C: 0,45	A: .88 B: .85 C: .87
Partnerschaftliches Glück	1	1-6	A: 4,8 B: 4,9 C: 4,9	A: 1,01 B: 0,93 C: 0,84	---

[a]: bei Hahlweg et al. (1982) Itemskalierung 0-3

Obwohl zu den drei Erhebungszeitpunkten z. T. unterschiedliche Frauen über ebenfalls teilweise verschiedene Partnerschaften urteilen, sind die durchschnittlichen partnerschaftlichen Einschätzungen in allen drei Wellen fast identisch[54]. Vergleicht man diese Einschätzungen mit den für die Skalen vorhandenen Normwerte für glückliche und unglückliche Paare von Hahlweg et al. (1982) (siehe Tabelle 6.2.5), so gehört unsere Stichprobe in allen drei Wellen bezüglich beider Partnerschaftsindikatoren zur Gruppe der glücklichen Paare und berichtet in Welle C sogar von weniger negativem Streitverhalten als die Normgruppe[55]. Diese positive Beurteilung wird durch die durchschnittliche Einschätzung der Partnerschaften als ‚glücklich' (5) bestätigt.

Tabelle 6.2.5: Normwerte[a] glücklicher und unglücklicher Paare für die Skalen partnerschaftliche Gemeinsamkeiten und Streitverhalten: Mittelwert (Standardabweichung)

Skalen	**Normwerte glückliche Paare (N=360)**	**Normwerte unglückliche Paare (N=175)**
Partnerschaftliche Gemeinsamkeiten	3,11 (0,46)	2,28 (0,49)
Streitverhalten	1,57 (0,45)	2,37 (0,65)

[a]: Die Normwerte nach Hahlweg et al. (1982) wurden an unsere eigene Kodierung angepasst (eigene Skalierung von 1=nie/selten bis 4=sehr oft, statt 0 bis 3, und Skalendurchschnitts- statt -summenbildung).

In Welle B kam es in der Gruppe der Mütter mit LAT-Partnerschaften zu relativ vielen fehlenden Angaben zur Partnerschaftsqualität: Von 6 der 18 Frauen hatten wir keine Einschätzungen. Damit erschien mir der Anteil zu groß, um diese Frauen von den Analysen auszuschließen, aber auch ein Ersetzen der fehlenden Werte durch die Skalenmittelwerte der Gesamtgruppe war meines Erachtens nicht angemessen und hätte die Ergebnisse zu stark verzerrt. Bei drei der sechs Frauen bestanden die Partnerschaften auch in Welle A und/oder C – und für diese Zeitpunkte gab es Einschätzungen der Partnerschaft. Ich habe deshalb für diese drei

[54] Eine statistische Absicherung (Varianzanalyse mit Messwiederholung) ist hier nicht möglich, da jene Frauen mit einer Partnerschaft über die drei Wellen hinweg nicht identisch sind.

[55] Die durchschnittlichen Skalenwerte unserer Stichprobe weichen nur in Welle C bei der Skala Streitverhalten um mehr als 1,64 Standardfehler von den Normwerten ab. Der Standardfehler berechnet sich wie folgt: Populationsstreuung (hier Normwertestreuung) geteilt durch die Wurzel der Stichprobengröße und liegt hier zwischen 0,047 und 0,049. Es wird ein Stichprobenmittelwertes mit einem Populationsparameter (Normwert) verglichen, bei einer Abweichung des Stichprobenmittelwertes vom Normwert um mehr als 1,64 Standardfehler, liegt die Wahrscheinlichkeit, dass die Stichprobe zur Population (z.B. der glücklichen Paare) gehört, unter 10% (Bortz 1985).

Frauen - unter Annahme der Stabilität der Partnerschaftsqualität über mehrere Wellen hinweg - die Partnerschaftsqualität in Welle B aus den Einschätzungen der anderen Wellen geschätzt. Bei den anderen drei Frauen bestand die Partnerschaft nur in Welle B – da ich somit keinerlei Grundlage für eine Schätzung ihrer Partnerschaftsqualität habe, wurden diese von den entsprechenden Analysen ausgeschlossen (genauer siehe Anhang II).

6.2.3 Kontrollvariablen

6.2.3.1 Schulbildung

Nach Sander (1999) weisen Frauen mit höheren Bildungsabschlüssen eher individuelle Kompetenzen auf, sich in schwierigen Situationen zu helfen, und haben größere Chancen auf eine befriedigende berufliche Tätigkeit. Deshalb wird die mütterliche Schulbildung im Sinne einer internen Ressource als Kovariate in die folgenden Analysen aufgenommen. Sie wird als dichotome Variable zur Unterscheidung von Frauen mit Abitur (Kodierung=1) und ohne Abitur (Kodierung=0) operationalisiert. 43% aller Mütter haben Abitur.

6.2.3.2 Anzahl der im Haushalt lebenden Kinder

Die Belastung der Mütter im Alltag dürfte auch von der Anzahl der von ihnen zu versorgenden Kinder abhängen. Deshalb wurde die Anzahl der im Haushalt lebenden Kinder als Kovariate in die Analysen miteinbezogen. In den Haushalten leben zwischen einem und fünf Kindern. Die durchschnittliche Anzahl nimmt im Erhebungszeitraum kontinuierlich von anfangs 1,8 Kindern auf 1,7 Kinder ab[56]. Diese Abnahme erklärt sich dadurch, dass ältere Geschwister der Zielkinder während des Erhebungszeitraums von zuhause ausziehen, jüngere Geschwister aber kaum geboren werden.

[56] Anzahl Kinder im Haushalt – Varianzanalyse mit Messwiederholung: $F_{(2/120)}$= 6,451**, Mehrfachvergleiche Bonferroni: B>C+, A>C**.

Tabelle 6.2.6: Deskriptive Kennwerte der Anzahl der im Haushalt lebenden Kinder zu den drei Erhebungszeitpunkten: minimaler und maximaler Wert, Mittelwert (M) und Standardabweichung (SD)

	Minimum	Maximum	M	SD
Anzahl im Haushalt	A: 1	A: 5	A: 1,8	A: 0,76
lebender Kinder	B: 1	B: 4	B: 1,8	B: 0,73
	C: 1	C: 4	C: 1,7	C: 0,71

6.2.3.3 Äquivalenzeinkommen

Wie in Kapitel 4 dargelegt, gilt die ökonomische Situation als wichtiger Einflussfaktor auf das Befinden und das Stresserleben von Müttern. Um die untersuchten Familien, die sich in ihrer Haushaltsgröße unterscheiden, bezüglich ihrer ökonomischen Situation vergleichen zu können, wurde ein Äquivalenzeinkommen errechnet. Dazu wurde das Haushaltseinkommen[57] durch eine gewichtete Haushaltsgröße geteilt. Die Gewichtung erfolgte gemäß des BSHG (vgl. Teubner 2002b; Bundesministerium für FSFJ 1998): Der Haushaltsvorstand wurde mit dem Faktor 1 gewichtet. Den im Haushalt lebenden Kindern wurden je nach Alter der Faktor 0,5 bis 0,9 zugeordnet (siehe Tabelle 6.2.7). Personen über 19 Jahre (der Partner oder ältere Kinder) erhielten den Faktor 0,8. Die so ermittelten Faktoren wurden dann pro Haushalt zu einer gewichteten Haushaltsgröße aufsummiert.

Tabelle 6.2.7: Gewichtungsfaktoren der Haushaltsmitglieder (gemäß des BSHG)

Personengruppe:	Gewichtungsfaktor
Haushaltsvorstand	1,00
Personen unter 7 Jahre	0,50
Personen zwischen 7 und 13 Jahren	0,65
Personen zwischen 14 und 19 Jahren	0,90
Personen älter als 19 Jahre	0,80

Ein Blick auf die gewichteten Haushaltsgrößen (siehe Tabelle 6.2.8) bestätigt die Notwendigkeit einer Relativierung des Haushaltseinkommens an der Haushaltsgröße: In allen drei Wellen hat der kleinste Haushalt eine gewichtete Größe von

[57] Zur Umrechnung des ordinalskalierten Haushaltseinkommens in eine intervallskalierte Variable siehe Anhang III.

1,65 – dies entspricht einer Mutter mit dem 10- bis 13-jährigen Zielkind. Der größte Haushalt hat in Welle A eine gewichtete Größe von 5,40 und besteht aus Mutter, Vater, einem Kind unter 7 Jahren, zwei 7- bis 13-jährigen Kindern und zwei 14- bis 19-jährigen Kindern. Die maximale Haushaltsgröße sinkt in Welle C auf 4,65, ist aber dennoch fast dreimal so groß wie die minimale Haushaltsgröße. Die durchschnittliche gewichtete Haushaltsgröße beträgt in allen drei Wellen etwa 2,66.

Tabelle 6.2.8: Deskriptive Kennwerte der gewichteten Haushaltsgröße: minimaler und maximaler Wert, Mittelwert (M) und Standardabweichung (SD) zu den drei Erhebungszeitpunkten

	Minimum	**Maximum**	**M**	**SD**
Gewichtete	A: 1,65	A: 5,40	A: 2,67	A: 0,72
Haushaltsgröße	B: 1,65	B: 4,90	B: 2,69	B: 0,69
	C: 1,65	C: 4,65	C: 2,63	C: 0,66

Das durchschnittliche Äquivalenzeinkommen beträgt in der Welle A 1507 DM und steigt bis Welle C auf 1774 DM an (siehe Tabelle 6.2.9). Der Anstieg ist zwischen allen drei Wellen signifikant[58]. Allerdings gibt es ebenfalls in allen drei Wellen erhebliche Abweichungen vom Mittelwert – so beträgt das minimale Einkommen nur etwa ein Viertel bis ein Drittel des durchschnittlichen Einkommens. Das höchste Einkommen hingegen beläuft sich auf knapp das Doppelte des Durchschnitts.

Tabelle 6.2.9: Deskriptive Kennwerte des Äquivalenzeinkommens pro Monat in DM: minimaler und maximaler Wert, Mittelwert (M) und Standardabweichung (SD) zu den drei Erhebungszeitpunkten

	Minimum	**Maximum**	**M**	**SD**
Äquivalenzeinkommen	A: 408	A: 2618	A: 1507	A: 496
pro Monat	B: 417	B: 2727	B: 1584	B: 517
	C: 588	C: 3469	C: 1774	C: 584

Bei den längsschnittlichen Analysen des psychischen Wohlbefindens wurde die Differenz im Äquivalenzeinkommen zwischen zwei Wellen als Kovariate in die Analysen einbezogen, um Befindensveränderungen für Einkommensveränderungen zu kontrollieren.

58 Äquivalenzeinkommen – Varianzanalyse mit Messwiederholung: $F_{(2/119)}$= 21,994**, Mehrfachvergleiche Bonferroni: A<B*, B<C**, A<C**.

6.2.3.4 Dauer der Trennung vom Vater des Zielkindes

Betrachtet man die Veränderung des psychischen Wohlbefindens Alleinerziehender über die Zeit hinweg, so muss bedacht werden, dass Mütter kurz nach der Trennung vom Partner in der Regel in eine Krisenzeit geraten, die mit erheblichen Anforderungen, einem hohen Maß an Stress und Beeinträchtigungen des psychischen Wohlbefindens verbunden ist (vgl. Kapitel 4.2.3.1). Diese Krisenzeit währt etwa drei Jahre, in denen die Frauen zunehmend besser mit ihrer neuen Lebenssituation zurechtkommen, weniger Stress und ein höheres Wohlbefinden berichten. Es wurde deshalb eine dichotome Variable gebildet, die zwischen Müttern, die maximal seit drei Jahren getrennt vom Vater ihres Kindes leben und sich deshalb vermutlich noch in der Krisenzeit befinden (Kodierung=1), und jenen Müttern, die schon länger als 3 Jahre getrennt sind (Kodierung=0), unterscheidet. Da sich die drei alternativen Familientypen im Anteil an ‚frischgetrennten' Müttern nicht unterscheiden, muss bei einem querschnittlichen Vergleich dieser Gruppen nicht für die Trennungsdauer vom Vater des Zielkindes kontrolliert werden[59]. Bei einer längsschnittlichen Betrachtung des psychischen Wohlbefindens (Nebenhypothese 3.1.1) ist diese Kontrolle aber notwendig, um Befindensverbesserungen nicht fälschlicherweise als Partnerschaftseffekte zu interpretieren.

[59] Zumal eine Berücksichtigung der Trennungsdauer bei Analysen, in die Kernfamilien einbezogen sind, problematisch wäre, da es in dieser Gruppe keine Trennungsdauer gibt. (Möglich wäre eine Kodierung der Kernfamilien als nicht frisch getrennt im Sinne von nicht in einer Krisenzeit befindlich, dann würde diese Variable aber für die Untergruppe der Kernfamilien eine Konstante darstellen).

7. Ergebnisteil I: LAT – eine Charakterisierung

Die Ergebnisse gliedern sich in zwei Teile. Da kaum empirische Erkenntnisse zur Lebensform des LAT bei alleinerziehenden Müttern vorliegen, möchte ich im ersten Ergebnisteil diese Lebensform näher charakterisieren. Dabei gehe ich zunächst der Frage nach, ob es sich um eine alternative Beziehungsform handelt. Im nächsten Abschnitt analysiere ich die Dauer und Stabilität dieser Lebensform. Im Abschnitt 7.3 betrachte ich die Beziehungsqualität der LAT-Partnerschaften im Vergleich zu Normwerten und im Vergleich zu Partnerschaften in Stief- und Kernfamilien. Zum Abschluss dieses Kapitels widme ich mich der Kontakthäufigkeit zwischen den LAT-Partnern und den Kindern ihrer Partnerinnen.

7.1 LAT bei alleinerziehenden Müttern – eine alternative Beziehungsform?

LAT stellt eine alternative Beziehungsform dar, wenn zum einen diese Beziehungsform als attraktive, frei gewählte Alternative und nicht nur als Notlösung in einer nicht veränderbaren Situation erlebt wird. Zum anderen sollte sie nicht nur eine Übergangsphase zu einer anderen Beziehungsform – nämlich der Stieffamilie – darstellen, sondern auch längerfristig gelebt werden. Beides soll im Weiteren geprüft werden.

7.1.1 Beziehungswünsche alleinerziehender Mütter

Die Alleinerziehenden wurden in Welle A zu ihren Beziehungsvorstellungen befragt. In Tabelle 7.1.1 werden die Beziehungswünsche aller Alleinerziehender und getrennt nach ihrem Partnerstatus dargestellt.

Es zeigt sich erwartungsgemäß ein großer Wunsch nach einer neuen Partnerschaft: Nur eine Frau schließt für sich eine neue Beziehung aus und ebenfalls eine Frau ist sich über ihre Beziehungswünsche unklar. Dahingegen streben etwa drei Viertel der

Frauen eine neue Beziehung in einer gemeinsamen Wohnung an. Etwa ein Drittel der Alleinerziehenden möchte einen neuen Partner auch heiraten. Ein Fünftel möchte zwar eine feste Beziehung, aber mit dem neuen Partner nicht mehr zusammenleben. Damit ist LAT keineswegs die präferierte Beziehungsform. Vielmehr überwiegt eindeutig das Zusammenleben in einer gemeinsamen Wohnung.

Tabelle 7.1.1: Beziehungswünsche der Alleinerziehenden in Welle A

Welche Einstellung haben Sie heute zu Ehe und Zusammenleben? „Ich möchte…"	**Alleinerziehend ohne Partner (AOP)**		**in LAT-Partnerschaft (LAT)**		**alle Alleinerziehende**	
Zusammenleben mit Ehe	22% (7)	69% (22)	50% (9)	89% (16)	32% (16)	76% (38)
Zusammenleben ohne Ehe	47% (15)		39% (7)		44% (22)	
Feste Beziehung ohne Zusammenleben (LAT)	25% (8)		11% (2)		20% (10)	
Keine feste Beziehung	3% (1)		-		2% (1)	
Weiß nicht	3% (1)		-		2% (1)	
Σ % (N)	100% (32)		100% (18)		100% (50)	

Vergleicht man nun Frauen mit und ohne Partner in ihren Präferenzen, so liegt der Anteil der Befürworterinnen für LAT bei den Frauen, die in Welle A einen Partner haben und somit LAT selbst praktizieren, sogar etwas niedriger als bei den ‚partnerlosen' Alleinerziehenden – nur 2 der 18 Frauen (11%) bezeichnen ihre Beziehungsform als die wünschenswerteste im Vergleich zu einem Viertel der Alleinerziehenden ohne Partner. Die allermeisten LAT-Frauen wollen also eigentlich mit einem Partner zusammenleben (LAT: 89% vs. AOP: 69%[60]).

Dies spricht klar gegen die These, LAT würde eine attraktive Beziehungsform darstellen und steht in deutlichen Kontrast zu den Ergebnissen in anderen Alleinerziehenden-Studien (Napp-Peters 1987; Nave-Herz & Krüger 1992; Schöningh et al. 1991; Nestmann & Stiehler 1998). Erstaunlich ist zudem, dass besonders diejenigen Frauen, die LAT praktizieren, lieber mit einem Partner zusammenleben möchten. Vielleicht ist die geringere Attraktivität dieser Partnerschaftsform bei jenen Frauen, die sie tatsächlich in ihrem Alltag leben, dadurch zu erklären, dass sie

[60] Allerdings sind diese Unterschiede zwischen Müttern mit und ohne Partner nicht signifikant (exakter Fisher-Test: $p_{zweiseitig}$=.209; bei Zusammenfassung der Kategorien ‚Zusammenleben mit/ohne Ehe': $p_{zweiseitig}$=.347).

auch die zusätzlichen Anstrengungen, die mit einem solchen Arrangement verbunden sind, kennen. Es gibt weniger Selbstverständlichkeiten und mehr Aushandlungsbedarf, die gemeinsame Zeit muss mit dem Partner frühzeitig abgestimmt werden, einer von Beiden muss sich auf den Weg machen, um einander zu sehen. Diese Anstrengungen neben den ohnehin hohen Alltagsbelastungen und dem Mangel an persönlicher Zeit bei Alleinerziehender dürften für manche beschwerlich und umständlich sein und ein Zusammenleben als einfacher und spontaner erscheinen lassen. Die klare Präferenz eines Zusammenlebens mit einem neuen Partner gerade bei den Frauen mit Partner legt nahe, dass LAT für viele Frauen eine Übergangsphase hin zur Stieffamilie darstellt.

7.1.2 Der Übergang zur Stieffamilie

Im Zeitraum unserer Untersuchung sind insgesamt 20 Stieffamilien neu entstanden (siehe Abbildung 7.2.1): Zwischen Welle A und B sind 13 Frauen mit ihrem Partner zusammengezogen, zwischen Welle B und C haben sich 7 Stieffamilien neu gebildet. In Tabelle 7.1.2 habe ich die Übergangswahrscheinlichkeiten zur Stieffamilie für Frauen in unterschiedlichen Familienformen zusammengestellt.

Tabelle 7.1.2: Übergangswahrscheinlichkeiten zur Stieffamilie für Frauen in unterschiedlichen Lebensformen

Lebensform der Frauen in Welle A bzw. B	**Wahrscheinlichkeit** für Frauen in A, in der folgenden Welle B in einer neuen Stieffamilie zu leben	**Wahrscheinlichkeit** für Frauen in B, in der folgenden Welle C in einer neuen Stieffamilie zu leben	**Anzahl Frauen**, die während des Untersuchungszeitraums eine neue Stieffamilie gründeten
Kernfamilie	3% (2 von 65)	2% (1 von 58)	3
Alleinerziehend ohne Partner	13% (4 von 32)	4% (1 von 27)	5
LAT	33% (6 von 18)	28% (5 von 18)	11
Stieffamilie	14% (1 von 7)[a]	0% (0 von 19)	1
Σ % (N)	11% (13 von 122)	6% (7 von 122)	20

[a] Die Quote von 14% bei den Stieffamilien der Welle A sollte aufgrund der geringen Gruppengröße nicht interpretiert werden

Die Wahrscheinlichkeit, in der darauf folgenden Welle in einer neu formierten Stieffamilie zu leben, liegt für Frauen, die in Welle A bzw. B LAT lebten, bei etwa einem Drittel. Für Alleinerziehende ohne Partner in Welle A beträgt die Wahrscheinlichkeit ein Achtel, in Welle B allerdings nur noch 4%. Für Frauen in Kernfamilien und bestehenden Stieffamilien ist die Wahrscheinlichkeit noch geringer. Damit ist die Übergangswahrscheinlichkeit zur Stieffamilie für Frauen, die LAT leben, erwartungsgemäß deutlich höher als für Frauen aus anderen Familienformen. Allerdings möchte ich vorwegnehmen, dass nur 6 der 11 Frauen mit dem Partner zusammenzogen, mit dem sie in der vorangegangenen Welle LAT gelebt hatten[61] (siehe Abschnitt 7.2). Folglich sinkt die Wahrscheinlichkeit, mit demselben Partner, mit dem man in Welle A bzw. B LAT lebt, in der darauf folgenden Welle zusammenzuleben, auf jeweils ein Sechstel.

Für die Mehrheit der LAT-Frauen – nämlich zwei Drittel – findet dieser Übergang in den darauf folgenden 1½ Jahren nicht statt. Ein Grund könnte sein, dass es einer längeren ‚Probezeit' bedarf, um zu der Entscheidung zu kommen zusammenzuziehen. Betrachtet man die 20 Paare, die während der Erhebungszeit zusammenzogen, so zeigt sich aber, dass die Entscheidung zum Zusammenziehen in den meisten Partnerschaften sehr früh fällt: 15 der 20 Frauen (75%) waren mit ihrem Partner zuvor weniger als 1 Jahr befreundet. Bei einem Viertel (5 Frauen) fiel die Entscheidung fürs Zusammenziehen sogar innerhalb der ersten 2 Monate. Nur vier Frauen kannten ihren Partner länger als 1½ Jahre (2; 3½; 4; 9½ Jahre)[62].

Fassen wir zusammen: Living-apart-together ist für etwa ein Drittel der Frauen eine Übergangsphase hin zur Stieffamilie, allerdings nur die Hälfte dieser Frauen zieht mit dem Partner zusammen, mit dem sie in der vorangegangenen Welle (zum Teil schon sehr lange) LAT praktiziert hat. Diese Übergangsphase vor dem Zusammenziehen ist in der Regel relativ kurz – meist unter einem Jahr. Ein jahrelanges Austesten der Beziehung mit späterem Zusammenziehen ist somit in unserer Stichprobe die Ausnahme. Allerdings stellt LAT für zwei Drittel der LAT-Frauen –

[61] Die anderen fünf Frauen trennten sich zuvor von ihrem bisherigen Partner und entschieden sich dann relativ kurz nach dem Kennenlernen, mit dem neuen Partner zusammenzuziehen. Drei dieser Frauen waren mit dem vorangegangenen Partner bis zur Trennung deutlich länger zusammen (2; 7; 9 Jahre) als mit dem folgenden Partner zum Zeitpunkt des Zusammenziehens (8; 1; 3 Monate). Bei den anderen zwei Frauen waren beide Beziehungen bis zum Zeitpunkt der Trennung bzw. des Zusammenziehens ähnlich kurz (½ vs. ¾ Jahr; jeweils etwa 1½ Jahre).

[62] Dies erklärt, warum wir in unserer Untersuchung (mit Untersuchungsabständen von 1½ Jahren) so wenige Übergänge von LAT zur Stieffamilie mit demselben Partner beobachtet haben – diese Übergänge finden zwischen den Wellen statt.

und damit für die Mehrheit – keinen Übergang zur Stieffamilie im Erhebungszeitraum dar. Ist LAT somit für die meisten Frauen – wenn nicht geliebte – so doch dauerhaft gelebte Beziehungsform?

7.1.3 LAT- eine dauerhafte Beziehungsform?

Tatsächlich ist es für eine Frau, die in Welle A oder B LAT praktiziert, am wahrscheinlichsten, in den folgenden Wellen immer noch mit einem Partner in getrennten Wohnungen zu leben (siehe Tabelle 7.1.3).

Tabelle 7.1.3: Stabilität und Wechsel in der Lebensform bei den LAT- Frauen

Lebensform in darauf folgenden Wellen	**LAT in A** nach 1½ Jahren **in B**	 nach 3 Jahren **in C**	**LAT in B** nach 1½ Jahren **in C**
LAT	44% (8)	50% (9)	44% (8)
Stieffamilie	33% (6)	33% (6)	28% (5)
Alleinerziehend ohne Partner	22% (4)	17% (3)	28% (5)
Σ % (N)	100% (18)	100% (18)	100% (18)

8 Frauen, die in Welle A mit ihrem Partner in getrennten Haushalten leben, tun dies auch noch in Welle B. Ebenfalls 8 Frauen leben in Welle B und C ‚apart-together'. Damit liegt die Wahrscheinlichkeit, dass eine Frau, die LAT mit einem Partner praktiziert, dies auch 1½ Jahre später tut, bei 44%. So ist LAT in unserer Stichprobe häufiger eine über längere Zeit gelebte Beziehungsform als eine Übergangsphase hin zu einem Zusammenleben. Dies steht in deutlichem Kontrast zu den in Welle A geäußerten Wünschen der Alleinerziehenden nach einer Beziehung in einer gemeinsamen Wohnung. Eine direkte Gegenüberstellung der in A geäußerten Beziehungswünsche mit der 1½ und 3 Jahre später gelebten Partnerschaftsrealität verdeutlicht diese Diskrepanz.

7.1.4 Beziehungswunsch und spätere -wirklichkeit

Tabellen 7.1.4 und 7.1.5 stellen die in der Welle A geäußerten Beziehungswünsche der Alleinerziehenden der Partnersituation in Welle B und C gegenüber.

Wie in Kapitel 6.1.1 erwähnt, ist nur eine Frau während des dreijährigen Untersuchungszeitraums eine Ehe eingegangen, obwohl 16 Frauen diese in Welle A als die für sie wünschenswerteste Beziehungsform einstuften. Der Bereitschaft zu einer Ehe steht somit eine erhebliche Zurückhaltung in der Realisierung gegenüber. Im Weiteren soll nun nicht mehr nach ehelichem und nichtehelichem Zusammenleben unterschieden werden. Da die wesentlichen Aussagen für beide Messzeitpunkte zutreffen, möchte ich die Ergebnisse beider Tabellen gleichzeitig abhandeln.

Von den Frauen, die sich in Welle A eine Partnerschaft wünschten (N=48), sind in Welle B und C etwa die Hälfte ohne feste Beziehung, d.h. ihr Wunsch nach einer engen Bezugsperson hat sich nicht erfüllt.

Tabelle 7.1.4: Beziehungswünsche in Welle A und Partnersituation in Welle B

	Partnersituation in B:			
Beziehungswünsche in A:	Zusammenleben	LAT	Keine feste Beziehung	Σ N
Zusammenleben	9	12	17	38
LAT	1	3	6	10
Keine feste Beziehung	0	1	0	1
Weiß nicht	0	0	1	1
Σ N	10	16	24	50

Tabelle 7.1.5: Beziehungswünsche in Welle A und Partnersituation in Welle C

	Partnersituation in C:			
Beziehungswünsche in A:	Zusammenleben	LAT	Keine feste Beziehung	Σ N
Zusammenleben	10	9	19	38
LAT	0	4	6	10
Keine feste Beziehung	0	0	1	1
Weiß nicht	0	0	1	1
Σ N	10	13	27	50

Von jenen Frauen, die sich in Welle A ein Zusammenleben mit einem neuen Partner wünschten und die in Welle B bzw. C einen Partner haben, lebt in beiden Wellen nur etwa die Hälfte mit ihrem Partner zusammen. Warum sind die anderen Frauen nicht – ihren Wünschen gemäß – mit dem Partner zusammengezogen? Zum einen ist denkbar, dass die Frauen ‚Geschmack' an diesem Lebensstil gefunden haben, wenn er auch zunächst nicht ihrem Ideal entsprach. Gegen diese Annahme spricht jedoch, dass die Mehrheit der Frauen auch schon zum Zeitpunkt A länger mit ihrem Partner in getrennten Haushalten lebten und schon genug Erfahrungen mit dieser Lebensform gemacht hatten, um sie zu beurteilen (siehe Kapitel 7.2). Von daher ist es wahrscheinlicher, dass es für diese Frauen massive Schwierigkeiten gibt, ihre Beziehungswünsche mit ihrer konkreten Lebenssituation zu vereinbaren. Für sie stellt LAT wohl einen pragmatischen Kompromiss zwischen eigenen Bedürfnissen, den Bedürfnissen des Partners und der Kinder und räumlich-materiellen Gegebenheiten dar.

7.1.5 Fazit: LAT – eine alternative Beziehungsform?

Ist nun LAT eine alternative Beziehungsform? Das Kriterium der bewusst gewählten und gewünschten Alternative erfüllt LAT nur bei wenigen Frauen. Der Wunsch nach einer Beziehung in einer gemeinsamen Wohnung überwiegt bei den Alleinerziehenden. Dennoch ist LAT nur für ein Drittel eine Übergangsphase zur Stieffamilie – meist auch eine sehr kurze. Häufiger wird LAT längerfristig praktiziert. LAT ist somit in dem Sinne eine alternative Beziehungsform, dass sich diese Beziehungsform nicht auf eine ‚Vorstufe' zum Zusammenleben reduzieren lässt und Beziehungen auch längerfristig in getrennten Wohnungen gelebt werden. Sie ist aber keine alternative Beziehungsform im Sinne einer präferierten Option. Wenn sich auch LAT im Alltag als Lebensform bewährt, so bleibt ‚im Herzen' der meisten Frauen der Wunsch nach der Haushaltsgemeinschaft bestehen.

7.2 Die Stabilität von LAT-Partnerschaften

Während ich mich im ersten Abschnitt mit der (Dis-)Kontinuität der Beziehungsform LAT beschäftigt habe, möchte ich in diesem Abschnitt der (Dis-)Kontinuität konkreter LAT-Partnerschaften nachgehen. So ist es denkbar, dass eine Mutter über viele Jahre kontinuierlich in der Beziehungsform LAT lebt – dies aber mit wechselnden Partnern. Um die Dauer und Stabilität der LAT-Partnerschaften soll es im Weiteren gehen.

7.2.1 Die Dauer

Die durchschnittliche Dauer der LAT-Partnerschaften in unserer Stichprobe beträgt zu allen drei Erhebungszeitpunkten circa 3,3 Jahre (siehe Tabelle 7.2.1). Damit liegt sie etwas über der von Schlemmer (1995) ermittelten durchschnittlichen Dauer von 2,7 Jahren für LAT-Partnerschaften. Dies dürfte dadurch zu erklären sein, dass sich die Partnerschaftsdauer mit zunehmendem Alter verlängert und unsere Stichprobe tendenziell einer mittleren Altersgruppe zuzuordnen ist.

Tabelle 7.2.1: Dauer der LAT -Partnerschaften in den Wellen A bis C

LAT-Partnerschaften mit folgender Dauer:	**Welle A**	**Welle B**	**Welle C**
max. 1½ Jahre	39% (7)	39% (7)	43% (7)
über 1½ bis max. 3 Jahre	17% (3)	28% (5)	19% (3)
über 3 Jahre	44% (8)	33% (6)	38% (6)
davon über 5 Jahre	22% (4)	33% (6)	25% (4)
Σ % (N)	100% (18)	100% (18)	100% (16)
Durchschnittliche Dauer der LAT-Partnerschaften	3,3 Jahre	3,3 Jahre	3,4 Jahre

Betrachtet man die prozentualen Anteile von Beziehungen unterschiedlicher Dauer, so zeigt sich für alle drei Wellen, dass circa 40% der LAT-Beziehungen maximal seit 1½ Jahren bestehen und damit relativ jung sind. Der Anteil der ‚älteren Beziehungen' mit über drei Jahren liegt bei einem Drittel bis gut zwei Fünfteln. Dies zeigt, dass die LAT-Beziehungen bezüglich ihrer Dauer in den drei Wellen vergleichbar sind: Wir betrachten somit bei einer querschnittlichen Analyse stets Stichproben mit einer durchschnittlichen Beziehungsdauer von etwa 3,3 Jahren und etwa denselben Anteilen von zwei Fünftel sehr jungen und ungefähr zwei Fünfteln etablierten LAT-Beziehungen.

Zum Vergleich möchte ich nun kurz auf die Dauer der Stieffamilien-Partnerschaften eingehen, wobei die Gesamtdauer der Partnerschaften einschließlich der Zeit vor dem Zusammenziehen berücksichtigt werden soll (siehe Tabelle 7.2.2).

Tabelle 7.2.2: Dauer der Stieffamilien-Partnerschaften (inklusive der Zeit vor dem Zusammenziehen) in den Wellen B und C[63]

Stieffamilien-Partnerschaften mit folgender Dauer:	**Welle B**	**Welle C**
max. 1½ Jahre	52% (10)	21% (4)
über 1½ bis max. 3 Jahre	16% (3)	37% (7)
über 3 Jahre	32% (6)	42% (8)
davon über 5 Jahre	16% (3)	21% (4)
Σ % (N)	100% (19)	100% (19)
Durchschnittliche Dauer der Stieffamilien-Partnerschaften	2,7 Jahre	3,8 Jahre

Wäre LAT in erster Linie eine Übergangsform hin zur Stieffamilie, so müsste man vermuten, dass Stieffamilien-Partnerschaften im Durchschnitt älter sind als LAT-Partnerschaften. Da sich aber die meisten Stieffamilien (aufgrund unserer ursprünglichen Stichprobenvorgabe) erst während des Untersuchungszeitraums gebildet haben und sich zudem die meisten Paare nach relativ kurzer Zeit zum Zusammenziehen entschlossen, sind die Partnerschaften in der Welle B mit 2,7 Jahren durchschnittlich jünger als die LAT-Partnerschaften. Zu diesem Zeitpunkt waren mehr als die Hälfte der Partnerschaften maximal 1½ Jahre alt. Immerhin ein Drittel der Paare kannten sich schon mehr als 3 Jahre. In Welle C nahm der Anteil junger Partnerschaften auf etwa ein Fünftel ab. Dafür stiegen der Anteil der mittleren Beziehungen zwischen 1½ und 3 Jahren (von 16% auf 37%) und der Anteil an älteren Beziehungen (von 32% auf 42%), sowie die durchschnittliche Dauer der Stieffamilien-Partnerschaften (von 2,7 auf 3,8 Jahre). Dies liegt daran, dass ein erheblicher Anteil der in Welle B frisch zusammengezogenen Paare (7/13=54%),

[63] Da in Welle A die Anzahl der Stieffamilien mit 7 zu gering ist, werden Ergebnisse für diese Welle nicht berichtet.

aber vor allem die schon länger bestehenden Stieffamilien (5/6=83%) auch über die nächsten 1½ Jahre zusammenleben (siehe unten). Querschnittlich betrachtet unterscheiden sich somit die Stieffamilien der Welle B und C deutlich in der Dauer ihrer Beziehung – die Stichprobe der Stieffamilien ist ganz im Kontrast zu den Stichproben der LAT-Partnerschaften in Welle C ‚gealtert'.

7.2.2 Das Trennungsrisiko

Der gleich bleibende Anteil von relativ jungen LAT-Partnerschaften über alle drei Erhebungszeiträume hinweg deutet schon eine hohe Fluktuation in dieser Gruppe an. Wie hoch ist nun der Anteil der Partnerschaften, die innerhalb des dreijährigen Untersuchungszeitraums ‚scheitern'? Abbildung 7.2.1 zeigt Partnerwechsel und Partnerstabilität zwischen den drei Erhebungszeitpunkten für LAT-Partnerschaften und Stieffamilien-Partnerschaften.

Abbildung 7.2.1: Partnerstabilität und -wechsel bei LAT und in Stieffamilien

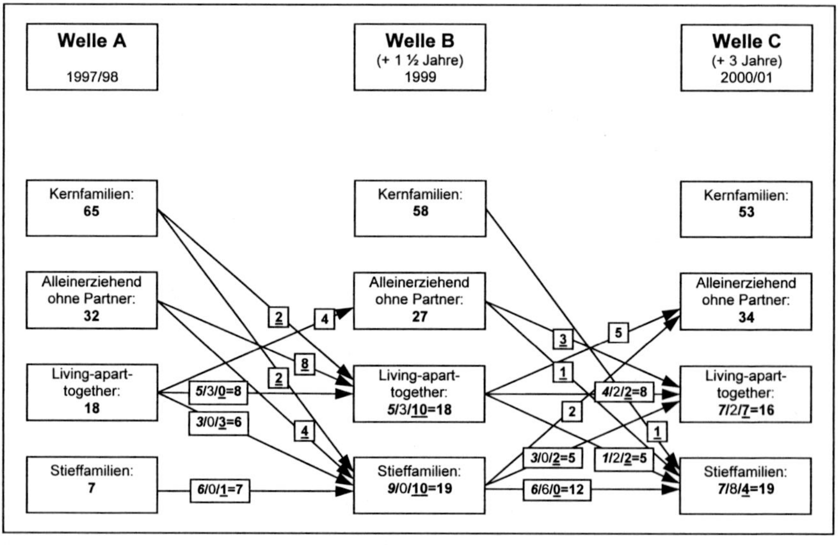

Anzahl Frauen mit: ***demselben Partner ABC/*** demselben Partner AB bzw. BC/ **neuem Partner in B bzw. C**

Von den 18 LAT-Partnerschaften der Welle A haben sich in den darauf folgenden 1½ Jahren bis Welle B 7 Paare getrennt, dies entspricht einer Trennungsrate von 39%. Von den 18 LAT-Partnerschaften der Welle B bestanden 9 Partnerschaften - d.h. die Hälfte - 1½ Jahre später nicht mehr. So zeigt sich LAT erwartungsgemäß als instabilere Beziehungsform als die Stieffamilien der Welle B: Bei jenen liegt die Trennungswahrscheinlichkeit in den folgenden 1½ Jahren bei einem Fünftel (4/19).

Welche ‚Risikofaktoren' erhöhen die Trennungswahrscheinlichkeit? Laut Ergebnissen der Scheidungsforschung (vgl. Dorbritz & Gärtner 1998) sind besonders junge Beziehungen von einer Trennung bedroht. Gilt dies auch für die LAT-Partnerschaften alleinerziehender Mütter?

Tabelle 7.2.3: Trennungsrisiko der LAT- und Stieffamilien-Partnerschaften in den Wellen A und B für die folgenden 1½ Jahre, nach Partnerschaftsdauer differenziert

Dauer der Partner-schaften	**LAT-** Partnerschaften **in A**[64]	**LAT-** Partnerschaften **in B**	**LAT-** Partnerschaften **in A und B**[a]	**Stieffamilien-** Partnerschaften **in B**
max. 1½ Jahre	43% (3 von 7)	71% (5 von 7)	57% (8 von 14)	40% (4 von 10)
über 1½ bis max. 3 Jahre	100% (3 von 3)	40% (2 von 5)	63% (5 von 8)	0% (0 von 3)
über 3 Jahre	13% (1 von 8)	33% (2 von 6)	21% (3 von 14)	0% (0 von 6)
Σ % (N)	39% (7 von 18)	50% (9 von 18)	44% (16 von 36)	21% (4 von 19)

a: Da die LAT-Partnerschaften einer bestimmten Dauer (z.B. max. 1½ Jahre) in Welle A und B nicht identisch sein können (eine max. 1½-jährige Partnerschaft in A muss in B über 1½ Jahre alt sein und fällt somit in eine andere ‚Alters'-Kategorie), können die Stichproben der Welle A und B – getrennt nach Dauer – zusammengefasst werden.

Es bestätigt sich, dass das Trennungsrisiko für LAT-Partnerschaften in A und B, die länger als 3 Jahre bestehen, deutlich geringer ist – ‚nur' ein Fünftel dieser Beziehungen scheitert in den darauf folgenden 1½ Jahren (siehe Tabelle 7.2.3)[65]. Bei den jungen und mittleren Partnerschaften bis 3 Jahre liegt hingegen das Trennungs-

[64] Das Trennungsrisiko für die LAT-Partnerschaften der Welle A in den folgenden 3 Jahren liegt bei 56% (10 von 18). Für junge Partnerschaften bis 1½ Jahre betrug es 57% (4 von 7), für mittlere Partnerschaften bis 3 Jahre 100% (3 von 3), und für ältere Partnerschaften über 3 Jahre 38% (3 von 8).

[65] Allerdings sind es fast zwei Fünftel in den darauf folgenden 3 Jahren.

risiko mit etwa 60% dreimal so hoch. Berücksichtigt man bei den Stieffamilien die Dauer der Partnerschaft (inklusive der Zeit vor dem Zusammenziehen), so zeigen sich auch hier die sehr jungen Beziehungen als besonders instabil. Allerdings liegt das Trennungsrisiko mit 40% etwas niedriger als das der jungen und mittleren LAT-Beziehungen. Die mittleren und älteren Stieffamilien-Partnerschaften der Welle B bestanden alle noch 1½ Jahre später. Somit sind tatsächlich die jungen Beziehungen die instabileren und die älteren Beziehungen die stabileren Partnerschaften – und das unabhängig von der Wohnform. Ein ‚Abfall' des Trennungsrisikos findet sich in unserer Stichprobe bei den Stieffamilien-Partnerschaften schon nach den ersten 1½ Jahren, bei den LAT-Partnerschaften hingegen erst nach 3 Jahren.

7.2.3 Stabilität und Wechsel – der Versuch einer Klassifizierung von LAT-Partnerschaften

Abschließend möchte ich die LAT-Partnerschaften unserer Stichprobe nach ihrer Stabilität und ihrem Übergangscharakter klassifizieren. Dazu habe ich in Tabelle 7.2.4 die Entwicklung der LAT-Partnerschaften der Welle A und B während des Erhebungszeitraums zusammengefasst.

Tabelle 7.2.4: Stabilität und Wechsel in den LAT-Partnerschaften

Partnerschaftsform nach 1½ bzw. 3 Jahren	**LAT in A** nach 1½ Jahren **in Welle B**	nach 3 Jahren **in Welle C**	**LAT in B** nach 1½ Jahren **in Welle C**
LAT mit demselben Partner	44% (8)	33% (6)	33% (6)
Stieffamilie mit demselben Partner	17% (3)	11% (2)	17% (3)
Trennung vom Partner	39% (7)	56% (10)	50% (9)
Σ % (N)	100% (18)	100% (18)	100% (18)

Den größten Anteil der untersuchten LAT-Partnerschaften machen instabile Beziehungen aus, die zum folgenden Erhebungszeitpunkt nicht mehr bestehen. Zu dieser Gruppe gehören zwei Fünftel bis zur Hälfte aller LAT-Partnerschaften. Wie oben festgestellt, sind gerade die jungen und mittleren LAT-Partnerschaften besonders ‚trennungsanfällig'.

Die nächstgrößere Gruppe sind stabile LAT-Partnerschaften: Ein Drittel bis gut zwei Fünftel der LAT-Partnerschaften sind mindestens über zwei aufeinander folgende Wellen stabil und werden dauerhaft in zwei getrennten Haushalten gelebt.

Nur ein Sechstel der beobachteten LAT-Partnerschaften gehen in den folgenden 1½ Jahren in Stieffamilien über. Dass dieser Anteil so gering ist, liegt an dem zeitlichen Abstand von 1½ Jahren zwischen den Erhebungszeitpunkten. Wie schon ausgeführt, ist ein längeres ‚Austesten' der Beziehung (mindestens ein Jahr) vor dem Zusammenziehen eher selten. Von 5 Partnerschaften mit einem solchen Übergang in unserer Stichprobe haben wir 4 vor und nach dem Zusammenziehen beobachtet. Die weitaus häufigere Variante des Übergangs in eine Stieffamilie nach weniger als einem Jahr LAT ist in unserer Stichprobe fast unsichtbar: nur 2 der 15 ‚schnell gegründeten' Stieffamilien haben wir in der vorangegangenen Welle als LAT-Partnerschaft erfasst. Insgesamt haben wir somit von den 20 im Erhebungszeitraum gegründeten Stieffamilien nur 6 zuvor als LAT-Partnerschaft befragt.

Da die Gruppe der instabilen LAT-Partnerschaften am größten ist, bleibt zu fragen, in welcher Partnerschaftssituation sich die betroffenen Frauen nach einer Trennung befinden (siehe Tabelle 7.2.5).

Tabelle 7.2.5: Partnerschaftssituation von LAT- Frauen nach einer Trennung

Partnerschafts-situation in den auf die Trennung folgenden Wellen	**LAT-Frauen der Welle A**		**LAT-Frauen der Welle B**
	Trennung vor B, Partnerschafts-situation **in Welle B**	Trennung vor C, Partnerschafts-situation **in Welle C**	Trennung vor C, Partnerschafts-situation **in Welle C**
Alleinerziehend ohne Partner	57% (4)	30% (3)	56% (5)
LAT mit neuem Partner	0% (0)	30% (3)	22% (2)
Stieffamilie mit neuem Partner	43% (3)	40% (4)	22% (2)
Σ % (N)	100% (7)	100% (10)	100% (9)

Die Trennung vom Partner führt bei den LAT-Frauen nur in etwas mehr als der Hälfte der Fälle zu einem längeren Alleinsein (nach maximal drei Jahren sind sogar nur 30% dieser Frauen ohne Partner). Die andere Hälfte hat in der darauf folgenden Welle einen neuen Partner, mit dem die Frauen häufig auch zusammenleben.

7.3 Die Partnerschaftsqualität von LAT-Partnerschaften

Bisher habe ich mich nur mit den ‚Randfakten' einer Partnerschaft beschäftigt – nämlich der Frage ihres (Fort-)Bestehens oder Scheiterns. In diesem Abschnitt geht es nun um die Qualität der bestehenden Partnerschaften. Diese wurde anhand von drei Indikatoren erfasst: der Skalen partnerschaftliche Gemeinsamkeiten und Streitverhalten, sowie einem Einzelitem, in dem die Mütter ihr partnerschaftliches Glück einschätzen. Für die beiden Skalen existieren Normwerte glücklicher und unglücklicher zusammenlebende Paare (Hahlweg et al. 1982). In einem ersten Schritt möchte ich die LAT-Partnerschaften im Vergleich zu diesen Normgruppen charakterisieren. In einem zweiten Abschnitt soll dann die Partnerschaftsqualität der LAT-Partnerschaften mit der von Partnerschaften in Kern- und Stieffamilien verglichen werden.

7.3.1 Die Partnerschaftsqualität von LAT-Partnerschaften im Vergleich zu Normgruppen glücklicher und unglücklicher Paare

Vergleicht man die durchschnittlich in den LAT-Partnerschaften erlebten Gemeinsamkeiten mit den von Hahlweg et al. (1982) berichteten Normwerten, so gehört unsere Stichprobe in Welle A und B zur Gruppe der glücklichen Paare, da die Stichprobenmittelwerte maximal einen Standardfehler vom Normmittelwert abweichen[66] (siehe Tabelle 7.3.1). In Welle C beträgt die Abweichung vom Normwert der glücklichen Paare zwei Standardfehler, die Stichprobe ist somit mit hoher Wahrscheinlichkeit nicht der Gruppe der glücklichen Paare zuzuordnen. Allerdings liegt der Stichprobenmittelwert vier Standardfehler über dem Normwert der

[66] Der Standardfehler berechnet sich wie folgt: Populationsstreuung (hier Normwertestreuung) geteilt durch die Wurzel der Stichprobengröße. Es wird hier ein Stichprobenmittelwertes mit einem Populationsparameter (Normwert) verglichen, bei einer Abweichung des Stichprobenmittelwertes vom Normwert um mehr als 1,64 Standardfehler, liegt die Wahrscheinlichkeit, dass die Stichprobe zur Population (z.B. der glücklichen Paare) gehört, unter 10% (Bortz 1985). Die Standardfehler für die Normgruppe der glücklichen Paare bezüglich partnerschaftlicher Gemeinsamkeiten betragen in Welle A: 0,11, in Welle B und C 0,12; für die Normgruppe der unglücklichen Paare betragen sie in Welle A und C: 0,12, in Welle B: 0,13.

unglücklichen Paare, die Stichprobe gehört somit noch weniger der Gruppe der unglücklichen Paare an, sondern nimmt eine Mittelstellung ein.

Tabelle 7.3.1: Partnerschaftliche Gemeinsamkeiten in den LAT- Beziehungen im Vergleich zu den Normwerten glücklicher und unglücklicher Paare

	Normwerte[a]		LAT-Partnerschaften		
	glückliche Paare (N=360)	unglückliche Paare (N=175)	Welle A (N= 17)	Welle B (N= 15)	Welle C (N=16)
Mittelwert	3,11	2,28	3,06	3,16	2,87
(Streuung)	(0,46)	(0,49)	(0,50)	(0,44)	(0,44)

[a]: Normwerte nach Hahlweg et al. (1982), allerdings an eigene Kodierung angepasst (eigene Skalierung von 1=nie/selten bis 4=sehr oft, statt 0 bis 3, und Skalendurchschnitts- statt -summenbildung).

Bezüglich des Streitverhaltens gehören die LAT- Partnerschaften klar zur Gruppe der glücklichen Paare (siehe Tabelle 7.3.2). In Welle A und B liegt die Stichprobe im Normbereich, in Welle C unterschreitet sie diesen Normbereich sogar um mehr als zwei Standardfehler[67] – d.h. die Frauen berichten durchschnittlich von weniger negativem Streitverhalten als die Normgruppe der glücklichen Paare. Dies passt zur Vermutung, dass nicht zusammenlebende Paare weniger oft destruktiv streiten.

Tabelle 7.3.2: Streitverhalten in den LAT-Beziehungen im Vergleich zu den Normwerten glücklicher und unglücklicher Paare

	Normwerte[a]		LAT-Partnerschaften		
	glückliche Paare (N=360)	unglückliche Paare (N=175)	Welle A (N= 17)	Welle B (N= 15)	Welle C (N=16)
Mittelwert	1,57	2,37	1,39	1,55	1,28
(Streuung)	(0,45)	(0,65)	(0,36)	(0,52)	(0,35)

[a]: Normwerte nach Hahlweg et al. (1982), allerdings an eigene Kodierung angepasst (eigene Skalierung von 1=nie/selten bis 4=sehr oft, statt 0 bis 3, und Skalendurchschnitts- statt -summenbildung).

Zusammenfassend entsprechen die LAT-Partnerschaften der Wellen A und B in der berichteten Partnerschaftsqualität klar der Gruppe der glücklichen zusammenlebenden Paare. In Welle C liegen die LAT-Partnerschaften bezüglich ihrer Gemeinsamkeiten zwischen glücklichen und unglücklichen Paaren, streiten aber sogar

[67] Die Standardfehler für die Normgruppe der glücklichen Paare bezüglich ihres Streitverhaltens betragen in Welle A und C: 0,11, in Welle B 0,12.

weniger destruktiv als glückliche Paare dies angeben. Damit kommen die LAT-Partnerschaften der Welle C meiner Vorstellung von den weniger engen, aber auch weniger konflikthaften Partnerschaften nahe. Wie glücklich sind nun die Frauen mit ihren Partnerschaften?

Tabelle 7.3.3: Einschätzung des augenblicklichen Glücks der LAT-Partnerschaften

Wie glücklich würden Sie Ihre Partnerschaft im Augenblick einschätzen?	**Welle A**	**Welle B**	**Welle C**
unglücklich - eher unglücklich (2-3)[a]	24% (4)	7% (1)	7% (1)
eher glücklich (4)	6% (1)	40% (6)	47% (7)
glücklich – sehr glücklich (5-6)	71% (12)	53% (8)	47% (7)
N % (N)	100% (17)	100% (15)	100% (15)
Mittelwert (Streuung)	4,6 (1,2)	4,7 (1,0)	4,5 (0,9)

[a]: Die Kategorie ‚sehr unglücklich' (1) wurde von keiner Frau gewählt.

Nur eine Minderheit der Frauen bewertet die Partnerschaft als eher unglücklich (maximal ein Viertel, siehe Tabelle 7.3.3). Die Mehrheit der Frauen schätzt ihre Partnerschaft als glücklich oder sehr glücklich ein, allerdings sinkt dieser Anteil im Erhebungszeitraum von fast drei Viertel in Welle A auf knapp die Hälfte in Welle C. Dahingegen steigt der Anteil der Frauen, die ihre Partnerschaft als ‚eher glücklich' beurteilen, im selben Zeitraum von unter 10% auf knapp die Hälfte. Da eine mittlere Kategorie fehlt und ein Eingestehen einer unglücklichen Beziehung vermutlich als unangenehm empfunden wird, dürfte diese Kategorie für ein mittleres Maß an partnerschaftlichem Glück stehen. Diese insgesamt positive Einschätzung der Partnerschaft passt zu dem hohen Maß an Gemeinsamkeiten und dem wenig destruktiven Streitverhalten der Paare. LAT-Partnerschaften der Welle C unterscheiden sich zudem, obwohl sie weniger Gemeinsamkeiten und weniger negatives Streitverhalten berichten, in der Einschätzung des Glücks nicht von den LAT-Partnerschaften der Welle B – die etwas distanzierteren Partnerschaften der Welle C sind nicht weniger glücklich. Angesichts der Tatsache, dass knapp 40% der Partnerschaften der Welle A und gar die Hälfte der Partnerschaften der Welle B 1½ Jahre später nicht mehr bestehen, überrascht die positive Einschätzung der Partnerschaften allerdings schon.[68]

[68] Später getrennte LAT-Partnerschaften der Welle A unterscheiden sich von den auch in Welle B weiter bestehenden Partnerschaften in ihrer Bewertung nicht. LAT-Partnerschaften der Welle B hingegen, die in Welle C nicht mehr bestanden, wurden bzgl. aller drei Partnerschaftsindikatoren signifikant schlechter eingestuft als die stabilen Partnerschaften.

7.3.2 Die Partnerschaftsqualität in LAT-Partnerschaften im Vergleich zu Partnerschaften in Stief- und Kernfamilien

Zur Überprüfung der Hypothese 1.1 bis 1.3 wurden Varianzanalysen berechnet. Die folgenden Analysen werden nur für die Wellen B und C durchgeführt, da die Vergleichsgruppe der Stieffamilien in Welle A mit N=7 zu klein ist. Das Signifikanzniveau wird für alle folgenden Analysen auf 10% festgesetzt, um das Risiko eines β-Fehlers aufgrund der kleinen Stichprobengrößen zu senken.

Die Hypothese 1.1 besagt, dass Mütter in LAT-Partnerschaften von weniger partnerschaftlichen Gemeinsamkeiten berichten als Mütter in Stief- und Kernfamilien. In Welle B finden sich keine signifikanten Unterschiede zwischen den drei Partnerschaftstypen (siehe Abbildung 7.3.1). In Welle C berichten hingegen Mütter in Stieffamilien über mehr Gemeinsamkeiten als die Frauen in LAT-Partnerschaften und Kernfamilien. Damit unterscheiden sich Mütter in LAT-Partnerschaften entgegen meiner Hypothese nicht von Müttern in Kernfamilien. Ein geringeres Maß an Gemeinsamkeiten im Vergleich zu Müttern in Stieffamilien findet sich nur in Welle C, nicht aber in B –die Hypothese 1.1 kann somit aufgrund der inkonsistenten Ergebnisse nur mit Vorbehalt für den Vergleich zwischen LAT- und Stieffamilien-Müttern bestätigt werden.

Abbildung 7.3.1: Partnerschaftliche Gemeinsamkeiten in LAT-, Stieffamilien- und Kernfamilien-Partnerschaften, Mittelwerte

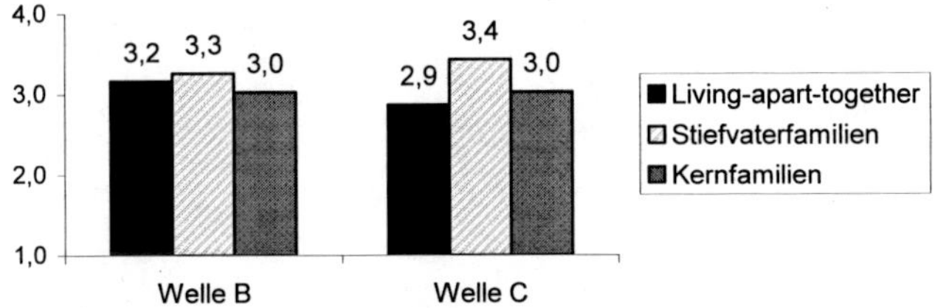

Varianzanalysen:	Welle B	Welle C
F-Wert$_{(df)}$ (p)	$F_{(2/89)}$=1,675 (p=.193)	$F_{(2/85)}$=7,256**
Gruppenvergleiche (Scheffe)	---	SF > LAT** SF > KF**

**: p≤ .01; *: p≤ .05; +: p≤ .10.

Abbildung 7.3.2: Streitverhalten in LAT-, Stieffamilien- und Kernfamilien-Partnerschaften, Mittelwerte

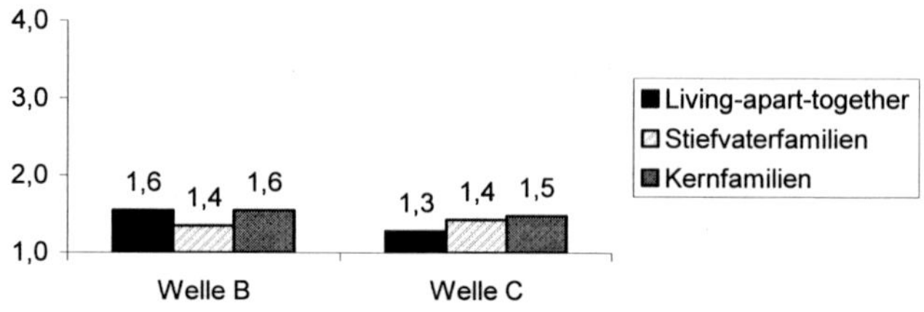

Varianzanalysen:	Welle B	Welle C
F-Wert(df) (p)	$F_{(2/89)}$=1,547 (p=.219) [a]	$F_{(2/85)}$=1,173 (p=.314)

[a]: Die Varianzen sind inhomogen, deshalb wurde zusätzlich ein nonparametrischer H-Test durchgeführt. Dessen Ergebnis bestätigt das Ergebnis der Varianzanalyse (H-Test: χ^2_2=3,633, p=.163).

Ein Vergleich der drei Partnerschaftstypen bezüglich ihres Streitverhaltens (siehe Abbildung 7.3.2) bringt in beiden Wellen keinerlei signifikanten Unterschiede. Die Hypothese 1.2 kann somit klar widerlegt werden – in LAT-Partnerschaften wird nicht weniger auf destruktive Weise gestritten als bei Paaren, die zusammenleben.

Abbildung 7.3.3: Partnerschaftliches Glück in LAT-, Stieffamilien- und Kernfamilien-Partnerschaften, Mittelwerte

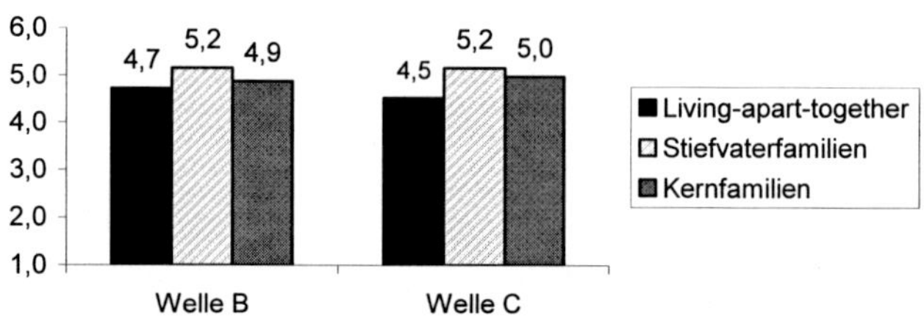

Varianzanalysen:	Welle B	Welle C
F-Wert(df) (p)	$F_{(2/89)}$=0,944 (p=.393)	$F_{(2/85)}$=2,547+
Gruppenvergleiche (Scheffe)	---	SF > LAT+

**: p≤ .01; *: p≤ .05; +: p≤ .10.

Bei der Frage nach dem partnerschaftlichen Glück zeigen sich in Welle B wiederum keine Unterschiede zwischen den Partnerschaftstypen (siehe Abbildung 7.3.3). In Welle C sind Mütter in Stieffamilien tendenziell glücklicher als Mütter mit LAT-

Partnerschaften. Die Hypothese 1.3 kann aufgrund der Inkonsistenzen somit nur eingeschränkt für den Vergleich von LAT- und Stieffamilien-Müttern bestätigt werden, in Bezug auf den Vergleich von LAT- und Kernfamilien-Müttern ist sie hingegen widerlegt.

Zusammenfassend zeigen sich somit keine Unterschiede in der Bewertung ihrer Partnerschaften zwischen Müttern in LAT-Partnerschaften und Kernfamilien-Müttern. Beim Vergleich von LAT-Partnerschaften und Partnerschaften in Stieffamilien finden sich in Welle B ebenfalls keine Unterschiede. In Welle C hingegen berichten Mütter in Stieffamilien erwartungsgemäß von mehr Gemeinsamkeiten und mehr Glück als LAT-Mütter. Dass LAT-Partnerschaften durch weniger destruktives Streitverhalten gekennzeichnet werden als die Partnerschaften zusammenlebender Paare, kann nicht belegt werden.

7.4 Die Kontakthäufigkeit zwischen LAT-Partner und Kindern

Partnerschaften in getrennten Wohnungen können sehr unterschiedlich ausgestaltet werden. Der Partner kann in erster Linie der ‚Freund' der Mutter sein, mit dem sie ausgeht oder ihn in seiner Wohnung trifft, der aber wenig Kontakt zu den Kindern hat. Er kann aber auch als häufiger Gast am Familienleben teilnehmen. Betrachtet man die Kontakthäufigkeit zwischen Partner und Kindern (siehe Tabelle 7.4.1), so haben die Hälfte bis etwa zwei Drittel der neuen Partner eher häufig Kontakt zu dem Kind ihrer Partnerin. Eine mittlere Kontaktfrequenz hat etwa ein Fünftel bis ein Drittel der Partner. Eher seltenen Kontakt hat hingegen nur jeder Vierte bis Sechste. Völlig ausgeklammert bleiben die Kinder in keiner Partnerschaft – keine Mutter gab an, dass ihr Partner ihr Kind nie sehen würde. Dies bestätigt Ergebnisse von Nave-Herz & Krüger (1992), bei denen ebenfalls die meisten Partner regelmäßigen Kontakt zu den Kindern ihrer Partnerinnen haben. Dass ein häufiger Kontakt zwischen Partner und Kind überwiegt, dürfte auch daran liegen, dass die meist vollberufstätigen Mütter nur über wenig Freizeit verfügen, die sie nicht auch noch auf Partner und Kinder aufteilen können.

Tabelle 7.4.1: Kontakthäufigkeit zwischen neuem Partner und Kind

Kontakthäufigkeit zwischen Partner und Kind	**Welle A**	**Welle B**	**Welle C**
eher selten (Skalenwert 2 - 3)[a]	25% (4)	17% (3)	19% (3)
mittel (Skalenwert 4)	25% (4)	33% (6)	19% (3)
eher häufig (Skalenwert 5-7)	50% (8)	50% (9)	63% (10)
% (N)	100% (16[b])	100% (18)	100% (16)

(nie=1; häufig=7)

[a]: kein Partner hat nie Kontakt zu den Kindern

[b]: bei 2 Müttern fehlt diese Angabe

Inwieweit unterscheiden sich nun Partnerschaften, in denen der Partner relativ stark ins Familienleben eingebunden ist, von jenen, in denen die Kinder eher ausgeklammert bleiben?

Tabelle 7.4.2: Dauer der Beziehung (in Jahren) von LAT-Partnerschaften, differenziert nach Kontakthäufigkeit zwischen Partner und Kind: Mittelwert (Standardabweichung)

Kontaktfrequenz von Partner und Kind	**Welle A**	**Welle B**	**Welle C**
geringe und mittlere Kontaktfrequenz (Skalenwert 1-4)	2,9 (2,1)	2,6 (2,7)	2,2 (2,1)
hohe Kontaktfrequenz (Skalenwert 5-7)	4,8 (3,6)	3,8 (3,4)	3,9 (3,3)
Whitney U-Test:	p =.195	p =.113	p =.112

Die Partnerschaften mit häufigem Kontakt zwischen Partner und Kind sind durchschnittlich ein bis zwei Jahre älter als jene Partnerschaften mit seltenem bis mittelhäufigem Kontakt (siehe Tabelle 7.4.2), allerdings verpasst dieser Unterschied knapp die Signifikanz auf dem 10%-Niveau, die Hypothese 2.1 kann somit nicht bestätigt werden.

Tabelle 7.4.3: Trennungswahrscheinlichkeit in den folgenden 1½ Jahren für LAT-Partnerschaften, differenziert nach Kontakthäufigkeit zwischen Partner und Kind

Kontaktfrequenz von Partner und Kind	**Welle A**	**Welle B**
geringe und mittlere Kontaktfrequenz	50% (4 von 8)	67% (6 von 9)
hohe Kontaktfrequenz	25% (2 von 8)	33% (3 von 9)
Exakter Fisher-Test:	p =.304	p =.173

Das Trennungsrisiko ist für Partnerschaften mit geringem Kontakt zwischen Partner und Kind zwar doppelt so hoch wie in Partnerschaften mit häufigem Kontakt, allerdings sind die Unterschiede nicht signifikant (siehe Tabelle 7.4.3) – auch die Hypothese 2.2 wird somit widerlegt.

Tabelle 7.4.4: Partnerschaftliche Gemeinsamkeiten in LAT-Partnerschaften, differenziert nach Kontakthäufigkeit zwischen Partner und Kind: Mittelwert (Standardabweichung)

Kontaktfrequenz von Partner und Kind	Welle A	Welle B	Welle C
geringe und mittlere Kontaktfrequenz	3,0 (0,5)	3,0 (0,4)	2,5 (0,2)
hohe Kontaktfrequenz	3,1 (0,6)	3,3 (0,4)	3,1 (0,4)
Whitney U-Test:	p =.369	+	**

**: p≤ .01; *: p≤ .05; +: p≤ .10.

Erwartungsgemäß sehen die Frauen, deren Partner häufig Kontakt mit ihrem Kind hat, mehr Gemeinsamkeiten mit ihrem Partner in Welle B und C, nicht aber in A (siehe Tabelle 7.4.4). Sie berichten auch von mehr negativem Streitverhalten seitens des Partners in Welle A und C, nicht aber in B (siehe Tabelle 7.4.5). Die Hypothesen 2.3 und 2.4 können somit weitgehend bestätigt werden.

Tabelle 7.4.5: Streitverhalten in LAT-Partnerschaften, differenziert nach Kontakthäufigkeit zwischen Partner und Kind: Mittelwert (Standardabweichung)

Kontaktfrequenz von Partner und Kind	Welle A	Welle B	Welle C
geringe und mittlere Kontaktfrequenz	1,2 (0,3)	1,6 (0,5)	1,1 (0,2)
hohe Kontaktfrequenz	1,5 (0,4)	1,5 (0,6)	1,4 (0,4)
Whitney U-Test:	*	p =.491	+

**: p≤ .01; *: p≤ .05; +: p≤ .10.

In der Bewertung des augenblicklichen Glücks in ihrer Beziehung unterscheiden sich Mütter in Partnerschaften mit häufigen Kontakten zwischen Partner und Kind nicht von jenen mit wenig Kontakt (siehe Tabelle 7.4.6). Hypothese 2.5 ist somit widerlegt.

Tabelle 7.4.6: Partnerschaftliches Glück in LAT-Partnerschaften, differenziert nach Kontakthäufigkeit zwischen Partner und Kind: Mittelwert (Standardabweichung)

Kontaktfrequenz von Partner und Kind	**Welle A**	**Welle B**	**Welle C**
geringe und mittlere Kontaktfrequenz	4,5 (1,4)	4,5 (1,1)	4,3 (0,8)
hohe Kontaktfrequenz	4,6 (1,1)	4,9 (0,9)	4,7 (0,9)
Whitney U-Test:	p =.500	p =.313	p =.336

Fassen wir zusammen: Die Mehrheit der LAT-Partner hat eher häufig Kontakt zu den Kindern ihrer Partnerin. Nur maximal jeder Vierte sieht die Kinder eher selten. Möchte man die Partnerschaften mit eher häufigem Kontakt im Kontrast zu jenen Partnerschaften mit geringer oder mittlerer Kontakthäufigkeit charakterisieren, so finden sich folgende signifikante Unterschiede: Zu jeweils zwei von drei Erhebungszeitpunkte berichten Mütter, deren Partner viel Kontakt zu ihrem Kind hat, von mehr Gemeinsamkeiten, aber auch mehr negativem Streitverhalten in ihrer Partnerschaft. Vermutlich bietet eine stärkere Einbindung des Partners in die Familie mehr Konfliktpotential. In der Einschätzung des partnerschaftlichen Glücks unterscheiden sich beide Gruppen nicht voneinander – diejenigen Mütter, deren Partner häufiger mit ihren Kindern zusammen ist, sind also nicht glücklicher.

Zwei weitere Annahmen konnten inferenzstatistisch nicht bestätigt werden, weisen aber deskriptiv in die postulierte Richtung: Partnerschaften mit häufigen Partner-Kind-Kontakten sind ein bis zwei Jahre älter und haben nur ein halb so großes Trennungsrisiko in den folgenden 1½ Jahren als solche Partnerschaften mit einer geringen bis mittleren Kontaktfrequenz. Da es sich um eine sehr kleine Stichprobe handelt, wäre eine Überprüfung der postulierten Unterschiede an einer größeren Stichprobe sinnvoll und angesichts der deskriptiven Ergebnisse Erfolg versprechend. So könnte geprüft werden, ob ein möglicherweise größeres Trennungsrisiko von Partnerschaften mit geringerem Partner-Kind-Kontakt teilweise oder gänzlich auf die geringere Partnerschaftsdauer zurückzuführen ist oder ob die vermutlich geringere Verbindlichkeit eine Rolle spielt.

8. Ergebnisteil II: Die Bedeutung der Lebensform für Wohlbefinden und Stresserleben

Während ich mich im ersten Teil der Ergebnisdarstellung um eine nähere Beschreibung der Partnerschaftsform Living-apart-together bei alleinerziehenden Müttern bemüht habe, möchte ich nun in den folgenden Abschnitten die Bedeutung des LAT als alternative Partnerschaftsform im Vergleich zu anderen mütterlichen Lebensformen herausarbeiten. Dabei werden Mütter in Kernfamilien, Mütter in Stiefvaterfamilien und alleinerziehende Mütter ohne Partner als Vergleichsgruppen herangezogen. In (fast) allen weiteren Auswertungen werden die Hypothesen für die beiden Erhebungszeitpunkte B und C getrennt getestet[69]. Dieses Vorgehen ermöglicht eine strengere Prüfung der Hypothesen als die Beschränkung auf einen Erhebungszeitpunkt. Bei allen Analysen wurde das Signifikanzniveau auf 10% festgelegt (siehe oben).

8.1 Die Bedeutung eines Partners für das psychische Wohlbefinden von Müttern

Im Folgenden werde ich mich mit der Bedeutung des Vorhandenseins einer Partnerschaft für das psychische Wohlbefinden von Müttern beschäftigen. Die in den Hypothesen 3.1 und 3.2 postulierten Unterschiede zwischen den Müttern der vier verschiedenen Lebensformen wurden mittels Varianzanalysen überprüft. Es wurden zwei Aspekte des psychischen Wohlbefindens der Mütter erfasst - ihre Lebenszufriedenheit und ihr Selbstwertgefühl. Ich möchte zunächst auf die Ergebnisse zur Lebenszufriedenheit eingehen.

[69] Daten der Welle A werden in den weiteren Analysen nicht berücksichtigt, da die Gruppe der Mütter in Stiefvaterfamilien zu diesem Zeitpunkt zu klein ist. Auswertungsverfahren, die die Wellen B und C gleichzeitig berücksichtigen, wie z.B. Varianzanalysen mit Messwiederholung, sind nicht möglich, da die unabhängige Variable Lebensform über die Erhebungszeitpunkte nicht konstant ist – Frauen wechseln während des Erhebungszeitraums von einer Lebensform zur anderen.

8.1.1 Die Bedeutung eines Partners für die Lebenszufriedenheit der Mütter

Alleinerziehende ohne Partner haben, wie in Hypothese 3.1 erwartet, eine geringere Lebenszufriedenheit als Mütter, die einen Partner haben - unabhängig von der Partnerschaftsform (siehe Abbildung 8.1.1). Zwischen Müttern mit einer LAT-Partnerschaft und jenen Müttern, die mit ihrem Partner zusammenleben, gibt es entgegen der Hypothese 3.2 keinerlei Unterschiede.

Abbildung 8.1.1: Lebenszufriedenheit der Mütter in den vier Lebensformen, geschätzte Randmittel, kontrolliert für Schulbildung der Mutter, Anzahl der Kinder im Haushalt und Äquivalenzeinkommen

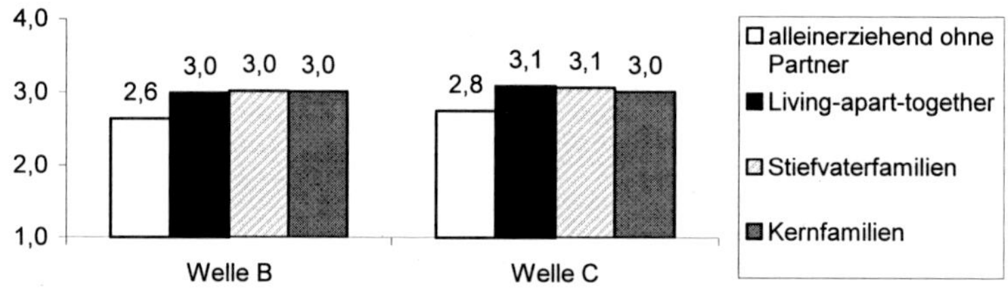

Varianzanalysen mit Kovariaten:	Welle B	Welle C
Korrigiertes Modell:	$F_{(6/115)}$=3, 079**	$F_{(6/115)}$=3,349**
Schulbildung	F=3,775+	F=0,916
Anzahl Kinder im Haushalt	F=0,060	F=0,195
Äquivalenzeinkommen	F=3,415+	F=4,585*
Lebensform	F=4,822**	F=3,704*
Gruppenvergleiche (Bonferroni):	AOP < LAT+ AOP < SF * AOP < KF **	AOP < LAT+ AOP < SF+ AOP < KF+

**: p≤ .01; *: p≤ .05; +: p≤ .10.

Der bestehende Unterschied in der Lebenszufriedenheit von Frauen mit und ohne Partner kann durch die Stress- und die Selektionshypothese erklärt werden. Zur Prüfung der Stresshypothese (Nebenhypothese 3.1.1) bedarf es einer längsschnittlichen Analyse derjenigen Frauen, die zunächst ohne Partner sind, aber im Erhebungszeitraum einen neuen Partner finden (die ‚Wechslerinnen'[70]). Bei Zutreffen der Stresshypothese müsste der Übergang zur Partnerschaft mit einem Anstieg der

[70] Zur Gruppenbildung und Definition der Zeitpunkte siehe Kapitel 6.2.2.2.

Lebenszufriedenheit bei den Wechslerinnen einhergehen. Zur Prüfung der Selektionshypothese (Nebenhypothese 3.1.2) müssen diesen Wechslerinnen Frauen gegenübergestellt werden, die auch zu einem späteren Erhebungszeitpunkt partnerlos bleiben (die ‚stabil Partnerlosen'). Die Selektionshypothese wird dann bestätigt, wenn die Wechslerinnen schon vor Beginn ihrer neuen Partnerschaft über eine höhere Lebenszufriedenheit berichten als die stabil Partnerlosen.

Abbildung 8.1.2: Lebenszufriedenheit der Wechslerinnen und stabil Partnerlosen, geschätzte Randmittel, z-standardisiert, kontrolliert für Trennungsdauer und Veränderungen im Äquivalenzeinkommen

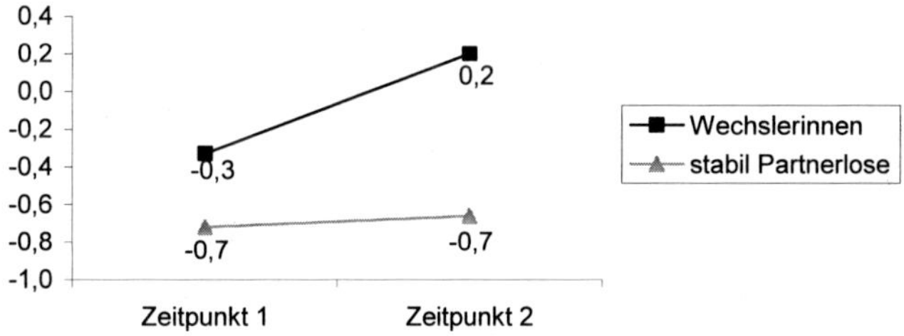

Varianzanalyse mit Messwiederholung mit Kovariaten:	
Zeitpunkt	F=0,501
Trennungsdauer vom Vater des Zielkindes (1= bis 3 Jahre; 0=über 3 Jahre)	F=0,496
Veränderung im Äquivalenzeinkommen (Differenz Äquivalenzeinkommen Zeitpunkt 2 - 1 in DM)	F=4,045*
Partnerschaft (Wechslerinnen vs. stabil Partnerlose)	F=6,252*
Zeitpunkt x Trennungsdauer	F=4,174*
Zeitpunkt x Veränderung im Äquivalenzeinkommen	F=4,997*
Zeitpunkt x Partnerschaft	F=4,743*

**: p≤ .01; *: p≤ .05; +: p≤ .10.

Zur Überprüfung beider Hypothesen wurde eine Varianzanalyse mit Messwiederholung berechnet. Da die durchschnittliche Lebenszufriedenheit in unserer Gesamtstichprobe über die Wellen hinweg ansteigt (siehe Kapitel 6.2.1.1), wurde diese Variable für jede Welle z-standardisiert. Als Kontrollvariablen wurde die Trennungsdauer vom Vater zum Zeitpunkt 1, sowie die Differenz im Äquivalenzeinkommen zwischen Zeitpunkt 1 und 2 in die Analysen einbezogen[71].

[71] Auf die Kontrollvariablen Schulbildung und Anzahl der im Haushalt lebenden Kinder wurde verzichtet, da diese (fast) konstanten Variablen zur Erklärung einer Veränderung des Wohlbefindens nicht beitragen. Da für eine ‚Wechslerin' die Angaben zum Einkommen fehlen, vermindert sich durch den Einbezug des Äquivalenzeinkommens die Zahl der Wechslerinnen auf N=15.

Die Ergebnisse bestätigen beide Hypothesen (siehe Abbildung 8.1.2): So berichten die Wechslerinnen schon zum Zeitpunkt 1, als sie noch alleinstehend sind, über eine signifikant höhere Lebenszufriedenheit wie die stabil Partnerlosen – ein Beleg für die Selektionshypothese[72]. Zum anderen zeigt sich nur bei den Wechslerinnen ein signifikanter Anstieg der Lebenszufriedenheit zwischen den Messzeitpunkten. Dies spricht für die Stresshypothese. Alleinerziehende, die später eine neue Partnerschaft eingehen, sind somit schon vor Beginn dieser Partnerschaft zufriedener als dauerhafte Singles. Durch die neue Partnerschaft steigert sich ihre Lebenszufriedenheit aber noch zusätzlich – es kommt zu einem Schereneffekt.

Vergleicht man Frauen, deren Trennung vom Vater ihres Kindes maximal 3 Jahre zurückliegt, mit länger Getrennten, so zeigt sich nur bei den Frischgetrennten ein Zugewinn an Lebenszufriedenheit zwischen den Erhebungszeitpunkten[73].

8.1.2 Die Bedeutung eines Partners für das Selbstwertgefühl der Mütter

Bezüglich ihres Selbstwertgefühls unterscheiden sich Mütter der vier Lebensformen nicht signifikant voneinander (siehe Abbildung 8.1.3). Eine bestehende Partnerschaft geht nicht einher mit einem erhöhten Selbstwertgefühl. Die Hypothesen 3.1 und 3.2 werden somit für den Befindens-Indikator Selbstwertgefühl widerlegt.

Ein längsschnittlicher Vergleich des Selbstwertgefühls von Wechslerinnen und stabil Partnerlosen belegt ebenfalls, dass eine Partnerschaft keinen positiven Effekt auf das Selbstwertgefühl der Mütter hat (siehe Abbildung 8.1.4): Der Beginn einer neue Partnerschaft bei Alleinerziehenden geht nicht mit einem Zuwachs an Selbstwertgefühl einher (Widerlegung der Stresshypothese 3.1.1). Allerdings berichten die Wechslerinnen generell von einem höheren Selbstwertgefühl als jene Frauen, die dauerhaft ohne Partner bleiben. So scheinen ungebundene Frauen mit einem höhe-

---

[72] T-Test im Vergleich der Wechslerinnen und stabil Partnerlosen zum Zeitpunkt 1: t(37,602)=1,773*.

[73] Durchschnittliche Lebenszufriedenheit der Mütter, z-standardisiert, nach Trennungsdauer vom Vater des Zielkindes:

Trennungsdauer	Lebenszufriedenheit Zeitpunkt 1	Lebenszufriedenheit Zeitpunkt 2
bis 3 Jahre	-.96	-.53
mehr als 3 Jahre	-.52	-.42

ren Selbstwertgefühl bessere Chancen bei der Partnersuche zu haben – ein Beleg für die Selektionshypothese 3.1.2.

Abbildung 8.1.3: Selbstwertgefühl der Mütter in den vier Lebensformen, geschätzte Randmittel, kontrolliert für Schulbildung, Anzahl der Kinder im Haushalt und Äquivalenzeinkommen

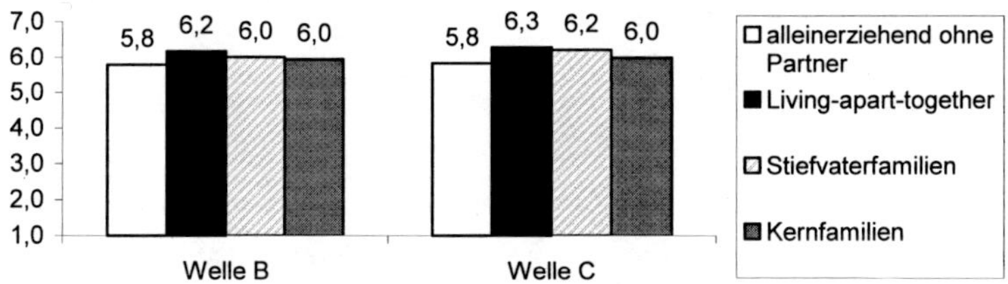

Varianzanalysen mit Kovariaten:	Welle B	Welle C
Korrigiertes Modell:	$F_{(6/115)}$=1,167 (p=.329)	$F_{(6/115)}$=1,809 (p=.103)
Schulbildung	F=0,093	F=0,004
Anzahl Kinder im Haushalt	F=0,058	F=0,481
Äquivalenzeinkommen	F=2,950+	F=4,884*
Lebensform	F=1,093 (p=.355)	F=1,717 (p=.167)

Abbildung 8.1.4: Selbstwert der Wechslerinnen und stabil Partnerlosen, geschätzte Randmittel, z-standardisiert, kontrolliert für Trennungsdauer und Veränderung im Äquivalenzeinkommen

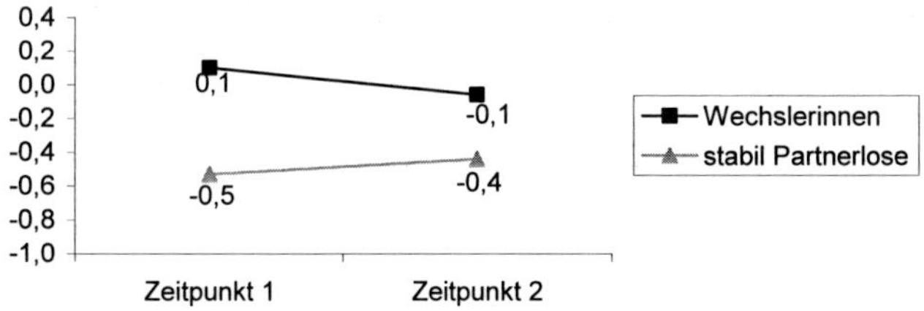

Varianzanalyse mit Messwiederholung mit Kovariaten:	
Zeitpunkt	F=0,032
Trennungsdauer vom Vater des Zielkindes (1= bis 3 Jahre; 0=über 3 Jahre)	F=0,313
Veränderung im Äquivalenzeinkommen (Differenz Äquivalenzeinkommen Zeitpunkt 2-1 in DM)	F=0,278
Partnerschaft (Wechslerinnen vs. stabil Partnerlose)	F=3,094+
Zeitpunkt x Trennungsdauer	F=0,630
Zeitpunkt x Veränderung im Äquivalenzeinkommen	F=1,750
Zeitpunkt x Partnerschaft	F=1,076 (p=.304)

**: p≤ .01; *: p≤ .05; +: p≤ .10.

8.2 Die Bedeutung der Partnerschaftsqualität für das Wohlbefinden in unterschiedlichen Lebensformen

Wurde in Kapitel 8.1 nur die Bedeutung des Vorhandenseins eines Partners für das mütterliche Wohlbefinden betrachtet, so möchte ich nun auf die Bedeutung der Qualität der Paarbeziehung eingehen. Dabei werden zwei Beziehungsaspekte berücksichtigt: das Ausmaß an negativem Streitverhalten in einer Beziehung und die partnerschaftlichen Gemeinsamkeiten. Zur Überprüfung der Zusammenhänge zwischen der Qualität der Partnerschaft und dem psychischen Wohlbefinden der Mütter wurden Partialkorrelationen nach Lebensform getrennt berechnet[74]. Die postulierten Moderatoreffekte – der Zusammenhang zwischen der Partnerschaftsqualität und dem mütterlichen Wohlbefinden in LAT-Partnerschaften sei weniger eng als bei zusammenlebenden Paaren – wurden mittels multipler Regressionsanalysen mit dem Kriterium des mütterlichen Wohlbefindens geprüft. In diese wurden als Prädiktoren neben den Kontrollvariablen die Partnerschaftsqualität, die Wohnform der Paare (eine Dummy-Variable, die zwischen zusammenlebenden und LAT-Paaren unterscheidet) und ein Interaktionsterm einbezogen, der durch die Multiplikation von Partnerschaftsqualität und Wohnform gebildet wird (zum Vorgehen vgl. Uhlendorff 1995). Auch in diesem Abschnitt möchte ich zunächst auf die Zusammenhänge zwischen der Partnerschaftsqualität und der mütterlichen Lebenszufriedenheit eingehen und anschließend die Ergebnisse bezüglich des Selbstwertgefühls darstellen.

8.2.1 Partnerschaftsqualität und Lebenszufriedenheit

8.2.1.1 Streitverhalten und Lebenszufriedenheit

Wie in Hypothese 4.1 postuliert, steht ein hohes Maß an negativem Streitverhalten in Kern- und Stieffamilien konsistent in Zusammenhang mit einer geringeren mütterlichen Lebenszufriedenheit (siehe Tabelle 8.2.1). Auch in LAT-Partnerschaften besteht ein negativer Zusammenhang, dieser lässt sich aber nur zu

[74] Bei den folgenden Analysen werden die Alleinerziehenden ohne Partner nicht berücksichtigt.

einem Erhebungszeitpunkt statistisch absichern – für LAT-Partnerschaften ist die Hypothese 4.1 somit nur eingeschränkt zu bestätigen.

Tabelle 8.2.1: Partialkorrelationen zwischen Streitverhalten und Lebenszufriedenheit, getrennt nach Lebensform, kontrolliert für mütterliche Schulbildung, Anzahl der im Haushalt lebenden Kinder und Äquivalenzeinkommen

	Welle B	**Welle C**
LAT	-.31 (p=.162)	-.48*
Stieffamilien	-.51*	-.35+
Kernfamilien	-.42 **	-.45**

**: p≤ .01; *: p≤ .05; +: p≤ .10.

Um den Moderatoreffekt zu prüfen, dass der Zusammenhang zwischen dem partnerschaftlichen Streitverhalten und der mütterlichen Lebenszufriedenheit in LAT-Partnerschaften weniger eng ist als bei zusammenlebenden Paaren (Nebenhypothese 4.1.1), wurden multiple Regressionsanalysen mit einem Interaktionsterm Streitverhalten x Wohnform berechnet. (Ergebnisse siehe Anhang Tabelle IV.1). Zu beiden Erhebungszeitpunkten ist der Interaktionsterm nicht signifikant. Die Moderatorhypothese ist somit widerlegt, d.h. der Zusammenhang zwischen negativem Streitverhalten und mütterlicher Lebenszufriedenheit ist in LAT-Partnerschaften genauso eng wie bei zusammenlebenden Paaren.

8.2.1.2 Partnerschaftliche Gemeinsamkeiten und Lebenszufriedenheit

Erwartungsgemäß geht ein hohes Maß an partnerschaftlichen Gemeinsamkeiten in Kernfamilien konsistent mit einer höheren Lebenszufriedenheit der Mütter einher (siehe Tabelle 8.2.2). Ebenso konsistent und erwartungskonform besteht in LAT-Partnerschaften keinerlei Zusammenhang zwischen dem Ausmaß an partnerschaftlichen Gemeinsamkeiten und der mütterlichen Lebenszufriedenheit. Für Mütter in Stieffamilien besteht der erwartete positive Zusammenhang zwischen partnerschaftlichen Gemeinsamkeiten und mütterlicher Lebenszufriedenheit nur in Welle C, nicht aber in Welle B. Die Hypothese 4.2 kann somit für Partnerschaften in Kernfamilien und LAT-Partnerschaften bestätigt werden, für Partnerschaften in Stieffamilien zeigt sich hingegen ein widersprüchliches Bild. Wie lässt sich diese Inkonsistenz erklären? Die Stieffamilien der Wellen B und C unterscheiden sich deutlich in der Dauer ihres Zusammenlebens (siehe Kapitel 7.2.1). In Welle B sind fast alle Stieffamilien neu entstanden, in Welle C leben hingegen die meisten Paare schon länger zusammen. Möglich wäre, dass sich die Bedeutung von partnerschaftlichen Gemeinsamkeiten für die mütterliche Lebenszufriedenheit erst langsam mit dem gemeinsamen Zusammenleben entwickelt. Für frisch zusammengezogene Paare wären dann viele Gemeinsamkeiten zunächst – wie bei LAT-Partnerschaften – von geringerer Bedeutung für ihre Zufriedenheit.

Tabelle 8.2.2: Partialkorrelationen zwischen partnerschaftlichen Gemeinsamkeiten und Lebenszufriedenheit, getrennt nach Lebensform, kontrolliert für mütterliche Schulbildung, Anzahl der im Haushalt lebenden Kinder und Äquivalenzeinkommen

	Welle B	**Welle C**
LAT	.18 (p=.287)	.03 (p=.464)
Stieffamilien	-.23 (p=.198)	.48*
Kernfamilien	.51**	.55**

**: p≤ .01; *: p≤ .05; +: p≤ .10.

Die Moderatorhypothese 4.2.1, die besagt, dass der Zusammenhang zwischen partnerschaftlicher Gemeinsamkeit und mütterlicher Lebenszufriedenheit für zusammenlebende Paare signifikant positiver ist als für LAT-Partnerschaften, kann nur für Welle C, nicht aber für Welle B bestätigt werden (siehe Anhang Tabelle IV.2). In Welle B zeigt sich hingegen, dass die Bedeutung von partnerschaftlichen Gemeinsamkeiten für die mütterliche Lebenszufriedenheit in LAT-Partnerschaften und jungen Stieffamilien signifikant geringer ist als in Kernfamilien (siehe Anhang Tabelle IV.3).

8.2.2 Partnerschaftsqualität und Selbstwertgefühl

8.2.2.1 Streitverhalten und Selbstwertgefühl

Betrachten wir nun den Zusammenhang zwischen dem Ausmaß an negativem Streitverhalten in einer Partnerschaft und dem mütterlichen Selbstwertgefühl (siehe Tabelle 8.2.3), so zeigt sich für Kernfamilien wieder konsistent ein Zusammenhang zwischen einem hohen Maß an destruktivem Streitverhalten und einem geminderten Selbstwertgefühl. In Stieffamilien findet sich dieser Zusammenhang nur in Welle B, in Welle C fehlt er gänzlich. Dass diese Inkonsistenz mit dem längeren Bestehen der Stieffamilien in Welle C zusammenhängt, scheint nicht schlüssig – da hier die ‚älteren Stieffamilien' den Kernfamilien unähnlicher sind als die ‚jungen' Stieffamilien. In LAT-Partnerschaften zeigt sich zu beiden Erhebungszeitpunkten kein Zusammenhang zwischen beiden Merkmalen. Damit kann die Hypothese 4.1 nur für Partnerschaften in Kernfamilien konsistent für beide Wellen bestätigt werden, für Mütter in Stieffamilien gilt sie nur zu einem Erhebungszeitpunkt.

Tabelle 8.2.3: Partialkorrelationen zwischen Streitverhalten und Selbstwertgefühl, getrennt nach Lebensform, kontrolliert für mütterliche Schulbildung, Anzahl der im Haushalt lebenden Kinder und Äquivalenzeinkommen

	Welle B	**Welle C**
LAT	.02 (p=.478)	-.26 (p=.197)
Stieffamilien	-.58**	.03 (p=.451)
Kernfamilien	-.19+	-.40**

**: p≤ .01; *: p≤ .05; +: p≤ .10.

Die Moderatorhypothese 4.1.1., dass ein negatives Streitverhalten für das Selbstwertgefühl von Müttern in LAT-Partnerschaften von signifikant geringerer Bedeutung ist als für Mütter, die mit ihrem Partner zusammenleben, lässt sich dennoch nicht bestätigen (Ergebnisse der multiplen Regressionen siehe Anhang Tabelle V.1).

8.2.2.2 Partnerschaftliche Gemeinsamkeiten und Selbstwertgefühl

Bezüglich des Zusammenhangs zwischen partnerschaftlichen Gemeinsamkeiten und mütterlichem Selbstwertgefühl ergibt sich ein sehr inkonsistentes Bild (siehe Tabelle 8.2.4). In Kernfamilien besteht ein signifikanter Zusammenhang zwischen vielen Gemeinsamkeiten und einem hohen Selbstwertgefühl in Welle C, nicht aber in B. In Stieffamilien fehlt jeglicher Zusammenhang zwischen beiden Merkmalen. Bei LAT-Partnerschaften gibt es einen relativ hohen negativen Zusammenhang in Welle B, der aber die Signifikanz knapp verfehlt – in Welle C findet sich kein Zusammenhang. Die Hypothese 4.2 – ein positiver Zusammenhang zwischen partnerschaftlichen Gemeinsamkeiten und mütterlichem Selbstwert finde sich nur für zusammenlebende Paare, nicht aber für LAT-Partnerschaften – lässt sich somit nur für die LAT-Partnerschaften konsistent belegen, für Partnerschaften in Kernfamilien gilt dies auf einen Erhebungszeitpunkt eingeschränkt. Signifikante Unterschiede in der Bedeutung von partnerschaftlichen Gemeinsamkeiten für das mütterliche Selbstwertgefühl bei zusammenlebenden und nicht zusammenlebenden Paaren gibt es entsprechend der sehr inkonsistenten Zusammenhänge nicht – die Moderatorhypothese 4.2.1 wird somit widerlegt (Ergebnisse der multiplen Regressionen siehe Anhang Tabelle V.2).

Tabelle 8.2.4: Partialkorrelationen zwischen partnerschaftlichen Gemeinsamkeiten und Selbstwertgefühl, getrennt nach Lebensform, kontrolliert für mütterliche Schulbildung, Anzahl der im Haushalt lebenden Kinder und Äquivalenzeinkommen

	Welle B	**Welle C**
LAT	-.36 (p=.122)	.14 (p=.320)
Stieffamilien	-.23 (p=.198)	.01 (p=.487)
Kernfamilien	.15 (p=.130)	.39**

**: p≤ .01; *: p≤ .05; +: p≤ .10.

8.3 Die Bedeutung eines Partners für das Stresserleben von Müttern

In einem nächsten Schritt soll die Bedeutung eines Partners für das Stresserleben der Mütter betrachtet werden. Dabei werden vier Belastungsaspekte beleuchtet: finanzielle Sorgen, Belastungen durch die alleinige Verantwortung für das Kind, alltägliche Belastungen und mangelnde emotionale Unterstützung. Zur Überprüfung der postulierten Unterschiede wurden Varianzanalysen berechnet. Da es sich zum Teil um trennungsspezifische Belastungen handelt, werden in den folgenden Abschnitten nur Mütter in alternativen Lebensformen berücksichtigt.

8.3.1 Finanzielle Sorgen

Entgegen der Hypothese 5.1 fühlen sich Mütter in Stieffamilien nicht weniger von finanziellen Sorgen belastet als Alleinerziehende ohne Partner und Mütter mit LAT-Partnerschaften (siehe Abbildung 8.3.1).

Abbildung 8.3.1: Finanzielle Sorgen der Mütter in den drei Lebensformen, geschätzte Randmittel, kontrolliert für Schulbildung, Anzahl der Kinder im Haushalt und Äquivalenzeinkommen

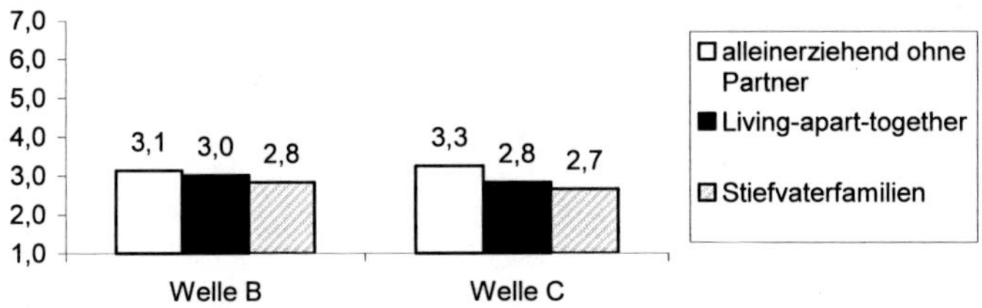

Varianzanalysen mit Kovariaten:	Welle B	Welle C
Korrigiertes Modell:	$F_{(5/57)}$=1,643 (p=.166)	$F_{(5/60)}$=3,887**
Schulbildung	F=0,468	F=1,051
Anzahl Kinder im Haushalt	F=0,204	F=1,492
Äquivalenzeinkommen	F=5,205*	F=8,060**
Lebensform	F=0,120 (p=.887)	F=0,631 (p=.536)

**: p≤ .01; *: p≤ .05; +: p≤ .10.

Dies lässt sich dadurch erklären, dass in unserer Stichprobe die Mütter in Stieffamilien kein höheres Äquivalenzeinkommen zur Verfügung haben als die alleinlebenden Mütter – eine Haushaltsgemeinschaft mit dem neuen Partner führt somit nicht zu einer Verbesserung ihrer finanziellen Lage[75].

8.3.2 Belastungen durch die alleinige Verantwortung für das Kind

Die Hypothese 5.2 – Mütter mit LAT-Partnerschaften fühlen sich am wenigsten von der Verantwortung für ihr Kind belastet – kann ebenfalls nicht bestätigt werden (siehe Abbildung 8.3.2). Die Mütter aus den unterschiedlichen Lebensformen unterscheiden sich nicht signifikant in ihrer Belastung durch ihr Kind. In Welle C, als die meisten Kinder sich in der Pubertät befinden und die vermuteten Unterschiede besonders deutlich hervortreten sollten, gehen die Ergebnisse deskriptiv aber in die postulierte Richtung.

75 Da sich die Mütter in den drei Lebensformen in ihrem Äquivalenzeinkommen nicht unterscheiden, bestehen auch dann keine Unterschiede im finanziellen Stresserleben, wenn das Äquivalenzeinkommen als Kovariate von den Analysen ausgeschlossen wird.

Abbildung 8.3.2: Belastungen durchs Kind der Mütter in den drei Lebensformen, geschätzte Randmittel, kontrolliert für Schulbildung, Anzahl der Kinder im Haushalt und Äquivalenzeinkommen

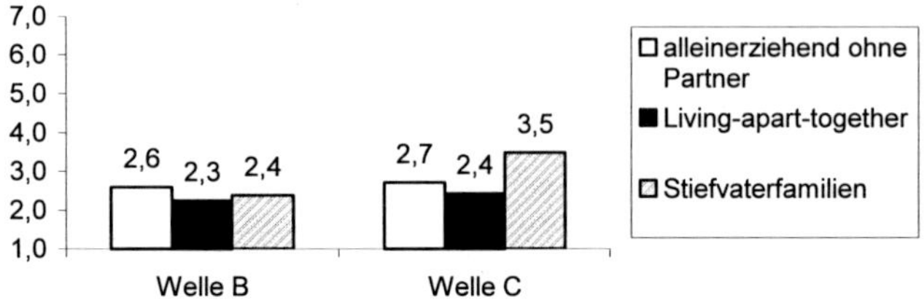

Varianzanalysen mit Kovariaten:	Welle B	Welle C
Korrigiertes Modell:	$F_{(5/57)}$=1,665 (p=.158)	$F_{(5/60)}$=1,832 (p=.120)
Schulbildung	F=0,695	F=0,010
Anzahl Kinder im Haushalt	F=4,352*	F=1,510
Äquivalenzeinkommen	F=3,024+	F=1,266
Lebensform	F=1,479 (p=.237)	F=1,742 (p=.184)

**: p≤ .01; *: p≤ .05; +: p≤ .10.

8.3.3 Alltägliche Belastungen

Unterschiede im alltäglichen Belastungserleben zwischen Müttern mit und ohne Partner verfehlen in Welle B knapp die Signifikanzgrenze, in Welle C fühlen sich Mütter mit LAT-Partnerschaften und jene in Stieffamilien signifikant weniger belastet als Mütter ohne Partner (siehe Abbildung 8.3.3). Meines Erachtens kann die Hypothese 5.3.1 aufgrund dieser Ergebnisse mit einem kleinen Vorbehalt bestätigt werden. Ob Paare zusammenleben oder nicht, spielt für das alltägliche Belastungserleben der Mütter – entgegen der Hypothese 5.3.2 – keine Rolle: Zu beiden Messzeitpunkten unterscheiden sich Mütter mit LAT-Partnerschaften und Mütter in Stieffamilien nicht.

Abbildung 8.3.3: Alltägliche Belastungen der Mütter in den drei Lebensformen, geschätzte Randmittel, kontrolliert für Schulbildung, Anzahl Kinder im Haushalt und Äquivalenzeinkommen

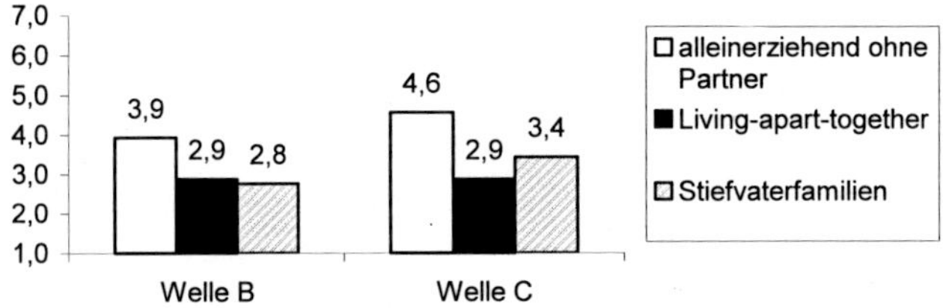

Varianzanalysen mit Kovariaten:	Welle B	Welle C
Korrigiertes Modell:	$F_{(5/57)}$=1,892 (p=.110)	$F_{(5/60)}$=5,374 **
Schulbildung	F=1,776	F=2,453
Anzahl Kinder im Haushalt	F=0,001	F=5,296*
Äquivalenzeinkommen	F=1,762	F=0,022
Lebensform	F=2,884+	F=5,888**
Gruppenvergleiche (Bonferroni):	AOP>LAT (p=.194) AOP>SF (p=.110)	AOP>LAT** AOP>SF+

**: p≤ .01; *: p≤ .05; +: p≤ .10.

8.3.4 Mangelnde emotionale Unterstützung

Mütter ohne Partner empfinden, wie erwartet, zu beiden Erhebungszeitpunkten einen größeren Mangel an emotionaler Unterstützung als Mütter in Stieffamilien (siehe Abbildung 8.3.4). Ein Vergleich der Mütter ohne Partner mit den Müttern mit einer LAT-Partnerschaft zeigt einen signifikanten Unterschied nur für Welle C. LAT-Mütter unterscheiden sich erwartungsgemäß in ihrem Einsamkeitserleben nicht von den Stieffamilien-Müttern. Die Hypothese 5.4 kann somit konsistent in Bezug auf den Unterschied zwischen Alleinerziehenden ohne Partner und Müttern in Stieffamilien bestätigt werden. Bezüglich des ebenfalls postulierten Unterschieds zwischen Alleinerziehenden ohne Partner und Müttern mit LAT-Partnerschaften kann die Hypothese nur für Welle C, nicht aber für Welle B belegt werden.

Abbildung 8.3.4: Mangelnde emotionale Unterstützung der Mütter in den drei Lebensformen, geschätzte Randmittel, kontrolliert für Schulbildung, Anzahl Kinder im Haushalt und Äquivalenzeinkommen

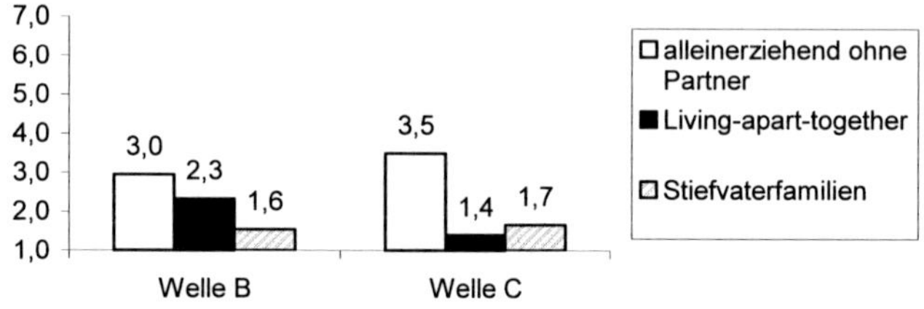

Varianzanalysen mit Kovariaten:	Welle B	Welle C
Korrigiertes Modell:	$F_{(5/57)}$=1,908 (p=.107)	$F_{(5/60)}$=3,495**
Schulbildung	F=0,518	F=1,151
Anzahl Kinder im Haushalt	F=0,960	F=,024
Äquivalenzeinkommen	F=1,770	F=,130
Lebensform	F=3,530*	F=8,200**
Gruppenvergleiche (Bonferroni):	AOP>LAT (p=.750) AOP>SF *	AOP>LAT** AOP>SF **

**: p≤ .01; *: p≤ .05; +: p≤ .10.

8.4 Partnerschaft, Stresserleben und psychisches Wohlbefinden

8.4.1 Partnerschaft, Stresserleben und Lebenszufriedenheit

Im Abschnitt 8.1. konnte ich belegen, dass Mütter, die einen Partner haben, über eine höhere Lebenszufriedenheit berichten als Mütter ohne Partner. Genauso konnte im Abschnitt 8.3 (mit gewissen Einschränkungen) belegt werden, dass Mütter mit einem Partner sich durch alltägliche Sorgen und durch Einsamkeit weniger beansprucht fühlen als die partnerlosen Mütter. Das Vorhandensein eines Partners hat somit sowohl auf bestimmte Aspekte des mütterlichen Stresserlebens, wie auch auf die Lebenszufriedenheit einen positiven Effekt.

In dem folgenden Abschnitt möchte ich nun der Frage nachgehen, ob sich der positive Effekt einer Partnerschaft auf die Lebenszufriedenheit zumindest zum Teil durch eine Reduktion des mütterlichen Stresserlebens erklären lässt. Notwendige Voraussetzung für die Prüfung eines solchen Mediatoreffektes sind signifikante

Beziehungen zwischen den drei Variablen Partnerschaft, Stresserleben und mütterlicher Lebenszufriedenheit (vgl. Baron & Kenny 1986). Deshalb möchte ich zunächst überprüfen, ob ein erhöhtes Stresserleben mit einer Einschränkung der Lebenszufriedenheit einhergeht. Dazu wurden Partialkorrelationen berechnet.

Tabelle 8.4.1: Partialkorrelationen zwischen Stresserleben und Lebenszufriedenheit, kontrolliert für Schulbildung, Anzahl der Kinder im Haushalt und Äquivalenzeinkommen

	Finanzielle Sorgen	**Belastungen durchs Kind**	**Alltägliche Belastungen**	**Mangelnde emotionale Unterstützung**
in Welle B	-.21*	-.42**	-.50**	-.23*
in Welle C	-.46**	-.42**	-.57**	-.14

**: $p \leq .01$; *: $p \leq .05$; +: $p \leq .10$.

Es zeigen sich für drei der vier untersuchten Belastungsaspekte konsistent die in Hypothese 6.1 postulierten signifikanten Zusammenhänge (siehe Tabelle 8.4.1). Alltägliche Belastungen stehen im engsten Zusammenhang mit der mütterlichen Lebenszufriedenheit, d.h. Mütter, die sich in hohem Maße von alltäglichen Sorgen belastet fühlen, sind besonders stark in ihrer Lebenszufriedenheit beeinträchtigt. Für den vierten Belastungsaspekt, den Mangel an emotionaler Unterstützung, lässt sich nur zu einem Erhebungszeitpunkt statistisch absichern, dass ein hohes Maß an erlebter Einsamkeit mit einer verminderten Lebenszufriedenheit einhergeht – hier kann somit nur mit einem gewissen Vorbehalt von einem bestehenden Zusammenhang ausgegangen werden.

In Kapitel 5(8) habe ich Mediatoreffekte für drei Belastungsaspekte postuliert. Für einen dieser Aspekte, der Belastung durch finanzielle Sorgen, kann nicht bestätigt werden, dass das Vorhandensein eines Partners im selben Haushalt mit einer geringeren mütterlichen Belastung in Beziehung steht (siehe Kapitel 8.3.1). Damit kann ein Mediatoreffekt durch diesen Belastungstyp ausgeschlossen werden – Hypothese 6.2 ist widerlegt. Für die beiden anderen Belastungsaspekte – alltägliche Belastungen und mangelnde emotionale Unterstützung – möchte ich im Folgenden das Mediatormodell testen.

8.4.1.1 Partnerschaft, alltägliche Belastungen und Lebenszufriedenheit

In den Hypothesen 3.1 und 3.2, sowie in 5.3.1 und 5.3.2 postuliere ich, dass sich Mütter mit LAT-Partnerschaften in ihrer Lebenszufriedenheit und in ihrem Erleben alltäglicher Belastungen sowohl von den Alleinerziehenden ohne Partner wie auch von den Müttern in Stieffamilien unterscheiden. Während die Unterschiede zwischen Alleinerziehenden ohne Partner und Müttern in LAT-Partnerschaften weitgehend bestätigt werden konnten, fanden sich zwischen Müttern mit LAT-Partnerschaften und jenen in Stieffamilien keinerlei signifikanten Unterschiede. Hypothese 6.3.2 kann durch diese nicht bestätigten Unterschiede als widerlegt gelten. Der positive Zusammenhang zwischen einer Partnerschaft und der mütterlichen Lebenszufriedenheit besteht somit unabhängig davon, ob die Partner zusammenleben. Deshalb soll im Weiteren nur geprüft werden, ob die Existenz eines Partners sich (auch) indirekt über eine Reduktion der alltäglichen Belastungen positiv auf die mütterliche Lebenszufriedenheit auswirkt (Hypothese 6.3.1). Zur Überprüfung der notwendigen signifikanten Zusammenhänge zwischen den drei Variablen wurden zunächst Partialkorrelationen berechnet (siehe Abbildungen 8.4.1. für Welle B und 8.4.2 für Welle C).

Abbildung 8.4.1: Partialkorrelationen (r_p) zwischen Partnerstatus, alltäglichen Belastungen und Lebenszufriedenheit und Beta-Gewichte (β)[a], kontrolliert für Schulbildung, Anzahl Kinder und Äquivalenzeinkommen, *Welle B*

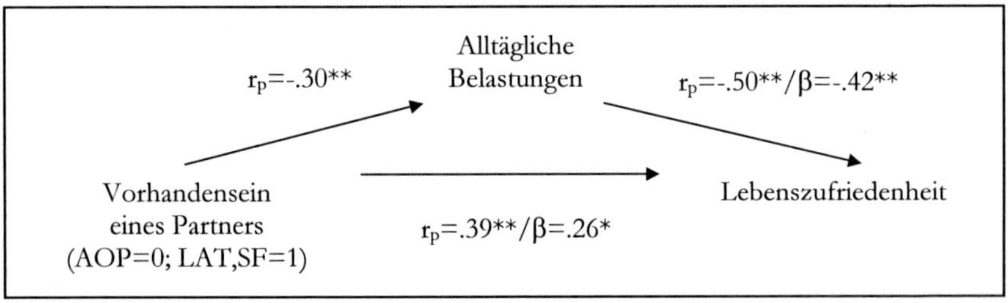

**: $p \leq .01$; *: $p \leq .05$; +: $p \leq .10$.

[a]: Multiple Regression mit Kriterium Lebenszufriedenheit und Prädiktoren Vorhandensein eines Partners und alltägliche Belastungen, sowie Kontrollvariablen: $F_{(5/57)}=6{,}009^{**}$, $R^2=.35$

Diese bestätigen die obigen Ergebnisse: Das Vorhandensein eines Partners geht zu beiden Erhebungszeitpunkten einher mit einer geringeren Alltagsbelastung[76] und einer höheren Lebenszufriedenheit. Zudem berichten Mütter, die sich stärker im Alltag belastet fühlen von einer geringeren Lebenszufriedenheit.

Abbildung 8.4.2: Partialkorrelationen (r_p) zwischen Partnerstatus, alltäglichen Belastungen und Lebenszufriedenheit und Beta-Gewichte (β)ᵃ, kontrolliert für Schulbildung, Anzahl Kinder und Äquivalenzeinkommen, *Welle C*

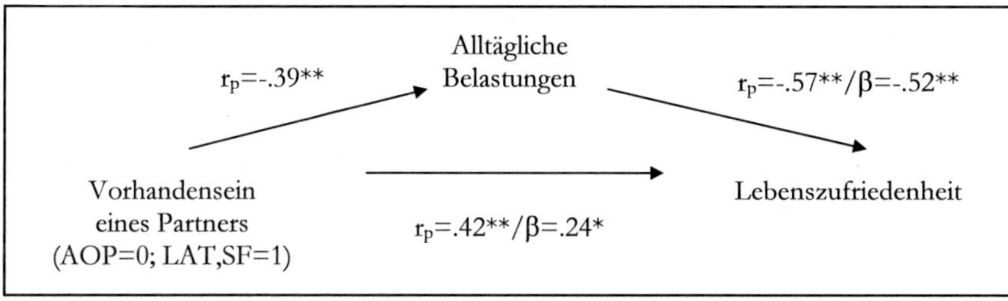

**: p≤ .01; *: p≤ .05; +: p≤ .10.
ᵃ: Multiple Regression mit Kriterium Lebenszufriedenheit und Prädiktoren Vorhandensein eines Partners und alltägliche Belastungen, sowie Kontrollvariablen: $F_{(5/60)}=7{,}773$**, $R^2=.39$

Ein Mediatoreffekt kann dann belegt werden, wenn der Zusammenhang zwischen dem Vorhandensein einer Partnerschaft und der mütterlichen Lebenszufriedenheit bei Einbezug der alltäglichen Belastungen deutlich abnimmt (vgl. Baron & Kenny 1986). Die in multiplen Regressionen mit allen drei Variablen ermittelte Beta-Gewichte sind ebenfalls in den Abbildungen 8.4.1 und 8.4.2 dargestellt (ausführliche Ergebnisse der multiplen Regressionen siehe Anhang Tabelle VI.1). Ein Vergleich der Partialkorrelationen zwischen dem Vorhandensein eines Partners und der mütterlichen Lebenszufriedenheit mit den Beta-Gewichten der multiplen Regressionen zeigt in den beiden Erhebungswellen eine deutliche Abnahme der Beziehung um .13 bzw. .18. Zu beiden Erhebungszeitpunkten bleibt diese Beziehung aber weiterhin signifikant. Damit zeigt sich, dass ein Teil der positiven Beziehung zwischen Partnerschaft und Lebenszufriedenheit darüber erklärt werden kann, dass ein Partner einer Mutter in ihren alltäglichen Sorgen zur Seite steht. Die Mediatorhypothese 6.3.1 wird durch diese Ergebnisse konsistent bestätigt. Der

[76] Bei den vorangegangenen Varianzanalysen verfehlten die Unterschiede in der alltäglichen Belastung zwischen Müttern mit und ohne Partner in Welle B knapp die Signifikanz. Die Korrelation zwischen Vorhandensein einer Partnerschaft und alltäglichen Belastungen ist hingegen signifikant, da hier nicht mehr zwischen zusammenlebenden und LAT-Paaren unterschieden wird.

positive Effekt einer Partnerschaft reicht aber über diesen stressreduzierenden Effekt hinaus.

8.4.1.2 Partnerschaft, mangelnde emotionale Unterstützung und Lebenszufriedenheit

Hypothese 6.4 postuliert, dass sich die Existenz einer Partnerschaft auch über eine Reduktion der erlebten Einsamkeit positiv auf die mütterliche Lebenszufriedenheit auswirkt. In Welle C gibt es keine Bestätigung dafür, dass Mütter, die sich einsamer fühlen, eine geringere Lebenszufriedenheit haben – damit ist ein Mediatoreffekt für diesen Erhebungszeitpunkt ausgeschlossen. Die Mediatorhypothese kann also nur für den Erhebungszeitpunkt B überprüft werden. Problematisch an dieser Prüfung ist, dass sich in Welle B Mütter ohne Partner nur im Vergleich zu Müttern in Stieffamilien einsamer fühlen, nicht aber im Vergleich zu Müttern mit LAT-Partnerschaften. Ich werde die folgenden Berechnungen deshalb getrennt für die Mütter der Stieffamilien und die Mütter mit LAT-Partnerschaften durchführen (dieselben Berechnungen für alle drei Gruppen gemeinsam siehe Anhang Abbildung VII.1).

Abbildung 8.4.3: Partialkorrelationen (r_p) zwischen Partnerstatus *(Vergleich nur Alleinerziehenden ohne Partner mit Müttern in Stieffamilien)*, mangelnder emotionalen Unterstützung und Lebenszufriedenheit und Beta-Gewichte (β)[a], kontrolliert für Schulbildung, Anzahl Kinder und Äquivalenzeinkommen, Welle B

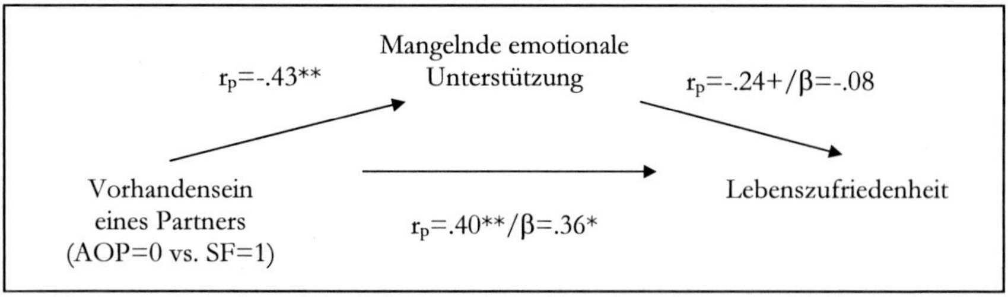

**: p≤ .01; *: p≤ .05; +: p≤ .10.

[a]: Multiple Regression mit Kriterium Lebenszufriedenheit und Prädiktoren Vorhandensein eines Partners und mangelnde emotionale Unterstützung, sowie Kontrollvariablen: $F_{(5/39)}$=1,737 (p=.149), R^2=.18 (da die Kontrollvariablen keinen Erklärungswert haben, ist die multiple Regression ohne Kontrollvariablen signifikant: $F_{(2/42)}$=4,085*, R^2=.16 und die Beta-Gewichte bleiben unverändert)

In Abbildung 8.4.3 sind die Partialkorrelationen zwischen dem Partnerstatus der Mütter, ihrem erlebten Mangel an emotionaler Unterstützung und ihrer Lebenszufriedenheit für die Welle B dargestellt. Dabei werden in der Variable Partnerstatus die Alleinerziehenden ohne Partner nur den Müttern in Stieffamilien gegenübergestellt. Es zeigen sich die erwarteten Zusammenhänge: Mütter in Stieffamilien fühlen sich weniger einsam und sind mit ihrem Leben zufriedener. Ein stärkeres Einsamkeitserleben geht zudem mit einer geringeren Lebenszufriedenheit einher.

Vergleicht man die Höhe der Partialkorrelation zwischen dem Vorhandensein eines Partners und der Lebenszufriedenheit mit dem entsprechenden Beta-Gewicht der multiplen Regression (ausführliche Darstellung siehe Anhang Tabelle VII.1), so zeigt sich durch den Einbezug der Belastung durch mangelnde emotionale Unterstützung nur eine minimale Reduktion des Zusammenhangs zwischen unabhängiger und abhängiger Variable um .04. Dies spräche für einen minimalen Mediatoreffekt. Jedoch senkt sich erstaunlicherweise der Zusammenhang zwischen dem Einsamkeitserleben und der mütterlichen Lebenszufriedenheit um .16 und ist bei gleichzeitiger Berücksichtigung des Einflusses der Partnerschaft nicht mehr signifikant. Dies spricht dafür, dass Partnerschaft und Einsamkeitserleben gleiche Varianzanteile der Lebenszufriedenheit erklären. Da der Zusammenhang zwischen unabhängiger und abhängiger Variable deutlich enger ist als zwischen dem potentiellem Mediator und der abhängigen Variable, wird die gemeinsame Varianz zwischen Mediator und unabhängiger Variable in der Regressionsanalyse der unabhängigen Variable ‚zugeschlagen'. Ich interpretiere dieses Ergebnis so, dass sich für die Welle B ein leichter Mediatoreffekt durch das mütterliche Einsamkeitserlebens feststellen lässt, d.h. ein Teil des positiven Effekts einer Partnerschaft im gemeinsamen Haushalt auf die mütterliche Lebenszufriedenheit lässt sich auf eine Verminderung der Einsamkeitsgefühle zurückführen.

Betrachtet man nun dieselben Berechnungen für einen Kontrast zwischen Alleinerziehenden ohne Partner und Müttern in einer LAT-Partnerschaft (Abbildung 8.4.4 und ausführliche Darstellung der multiplen Regression siehe Anhang Tabelle VII.1), so bestätigt sich nochmals, dass in Welle B eine LAT-Partnerschaft im Vergleich zu einem ‚Singledasein' keine Reduktion von erlebter Einsamkeit mit sich bringt. Zudem spielt das Erleben eines Mangels an emotionaler Unterstützung keine Rolle für die Lebenszufriedenheit von Alleinerziehenden ohne Partner und Müttern mit einer LAT-Partnerschaft.

Abbildung 8.4.4: Partialkorrelationen (r_p) zwischen Partnerstatus *(Vergleich nur Alleinerziehenden ohne Partner mit Müttern mit LAT-Partner)*, mangelnder emotionalen Unterstützung und Lebenszufriedenheit und Beta-Gewichte (β)[a], kontrolliert für Schulbildung, Anzahl Kinder und Äquivalenzeinkommen, Welle B

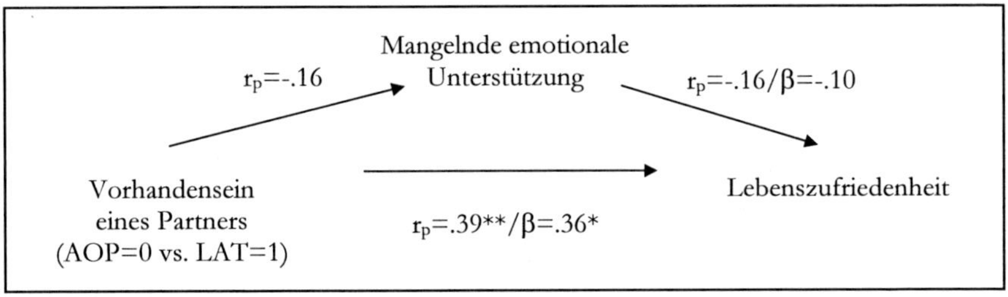

**: p≤ .01; *: p≤ .05; +: p≤ .10.
[a]: Multiple Regression mit Kriterium Lebenszufriedenheit und Prädiktoren Vorhandensein eines Partners und mangelnde emotionale Unterstützung, sowie Kontrollvariablen: $F_{(5/38)}$=2,147+, R^2=.22

Bestätigung für die Mediatorhypothese 6.4 lässt sich somit nur beim Vergleich der Alleinerziehenden ohne Partner mit den Müttern in Stieffamilien finden, und dies nur zu einem Erhebungszeitpunkt – zwei deutliche Einschränkungen. Nochmals zu betonen ist, dass mangelnde emotionale Unterstützung nur eine untergeordnete Bedeutung für die Lebenszufriedenheit von Müttern in alternativen Lebensformen hat.

8.4.2 Partnerschaft, Stresserleben und Selbstwertgefühl

Auch in Bezug auf das mütterliche Selbstwertgefühl nehme ich an, dass es durch eine Partnerschaft indirekt – über eine Reduktion des mütterlichen Stresserlebens – positiv beeinflusst wird (Hypothesen 6.2 bis 6.4). Voraussetzung für eine sinnvolle Prüfung dieses Mediatormodells ist nach Baron & Kenny (1986) neben signifikanten Beziehungen zwischen unabhängiger, Mediator- und abhängiger Variable auch das Vorhandensein plausibler Gründe für die postulierten Wirkrichtungen. Bei der näheren Analyse der Beziehung zwischen Partnerschaft und Selbstwertgefühl zeigen sich jedoch keine signifikanten Unterschiede im Selbstwertgefühl von

Müttern in unterschiedlicher Partnerschaftssituation. Desweiteren legt ein längsschnittlicher Vergleich von dauerhaft partnerlosen Alleinerziehenden mit ‚Wechslerinnen' nahe, dass nicht das Eingehen einer neuen Partnerschaft das mütterliche Selbstwertgefühl fördert, sondern dass vielmehr selbstbewusstere Frauen mit höherer Wahrscheinlichkeit eine neue Partnerschaft eingehen. Der einzige Hinweis für einen Unterschied im Selbstwertgefühl zwischen Müttern mit und ohne Partnerschaft deutet somit an, dass die Partnerschaft die abhängige und nicht – wie postuliert – die unabhängige Variable darstellt. Dies ist eine massive Verletzung der oben genannten Voraussetzungen. Deshalb kann das Mediatormodell für den Indikator Selbstwertgefühl ohne weitere Prüfung als widerlegt gelten.

Tabelle 8.4.2: Partialkorrelationen zwischen Stresserleben und Selbstwertgefühl, kontrolliert für Schulbildung, Anzahl der Kinder im Haushalt und Äquivalenzeinkommen

	Finanzielle Sorgen	**Belastungen durchs Kind**	**Alltägliche Belastungen**	**Mangelnde emotionale Unterstützung**
in Welle B	-.26*	-.51**	-.36**	-.17+
in Welle C	-.25**	-.40**	-.34**	-.19+

**: p≤ .01; *: p≤ .05; +: p≤ .10.

Abschließend möchte ich dennoch auf die Beziehung zwischen dem mütterlichen Stresserleben und dem mütterlichen Selbstwertgefühl eingehen. Hier zeigen sich konsistent die erwarteten Zusammenhänge für alle vier Belastungsbereichen (siehe Tabelle 8.4.2): Mütter, die sich durch finanzielle Sorgen, ihr Kind, den Alltag oder durch einen Mangel an emotionaler Unterstützung stärker belastet fühlen, berichten von einem geringeren Selbstwertgefühl – die Hypothese 6.1 kann also für den Indikator Selbstwertgefühl bestätigt werden. Besonders eng ist dieser Zusammenhang bei den Belastungen durch ihr Kind. Vielleicht wird eine Überforderung in der Rolle als Mutter als Bedrohung eines zentralen Teils des Selbstbilds empfunden. Mangelnde emotionale Unterstützung spielt hingegen für das Selbstwertgefühl eine eher untergeordnete Rolle. Letztlich stellt sich die Frage nach der Kausalität. Denkbar sind beide Wirkrichtungen – Frauen mit höherem Selbstwertgefühl fühlen sich vermutlich eher an sie gestellten Anforderungen gewachsen und geraten deshalb nicht so schnell ‚in Stress'. Andererseits dürfte die Wahrnehmung, über längere Zeit den täglichen Anforderungen nicht zu genügen, sich negativ auf das eigene Selbstwertgefühl auswirken.

9. Zusammenfassung und Diskussion

Mütter leben heute mit ihren Kindern in unterschiedlichen Familienformen: Neben der herkömmlichen Kernfamilie, in der die leiblichen Eltern mit ihren Kindern zusammenleben, sind einige Mütter ohne Partner und alleinerziehend. Andere haben einen neuen Partner gefunden, mit dem sie zusammenleben und eine Stieffamilie bilden. Eine Lebensform, der bisher wenig Beachtung entgegengebracht wurde, ist jene, in der Mütter zwar eine neue Partnerschaft eingegangen sind, mit dem Partner aber in getrennten Haushalten leben – diese Lebensform wird als Living-apart-together (LAT) bezeichnet und steht im Zentrum dieser Arbeit. Aufgrund des geringen Kenntnisstandes über diese Lebensform, besteht ein erstes Ziel dieser Arbeit, LAT bei alleinerziehenden Müttern bezüglich ihrer Häufigkeit, ihrer Attraktivität als Partnerschaftskonzept, ihrer Stabilität, ihrer Partnerschaftsqualität und der Rolle des Partners in der Familie zu beschreiben. Das zweite Ziel ist, das Unterstützungspotential dieser Partnerschaftsform im Vergleich zu anderen herauszuarbeiten.

Die Daten dieser Arbeit wurden in einer Längsschnittstudie mit drei Erhebungszeitpunkten im Abstand von jeweils 1½ Jahren gesammelt. Die Stichprobe besteht aus 122 Brandenburger Müttern, die zum ersten Erhebungszeitpunkt alle 10-jährige Kinder hatten und berufstätig waren. Diese Mütter leben in Kern- und Stieffamilien, sind alleinerziehend und ohne Partner oder leben in einer LAT-Partnerschaft. Da das Erwerbsverhalten der Mütter in den unterschiedlichen Lebensformen – für ostdeutsche Frauen typischerweise – sehr ähnlich ist, und sich die vier Gruppen in wesentlichen sozioökonomischen Merkmalen nur wenig unterscheiden[77], scheint mir diese Stichprobe besonders gut geeignet, Effekte der unterschiedlichen Partnersituation der Mütter zu untersuchen.

[77] Für Schulbildung, die Anzahl der Kinder im Haushalt und die ökonomische Situation wurden die Analysen zusätzlich kontrolliert.

9.1 LAT bei alleinerziehenden Müttern – eine wenig beachtete Lebensform

Living-apart-together erweist sich als eine relativ häufige Lebensform unter Alleinerziehenden: Der Anteil von Müttern mit LAT-Partnerschaften an allen Alleinerziehenden beträgt in unserer Stichprobe zu den drei Erhebungszeitpunkten zwischen 32 und 40%. Dies entspricht den in anderen Alleinerziehenden-Studien ermittelten Anteilen von 24 bis 40% (Schwarz & Gödde 1999; Schöningh et al. 1991; Nestmann & Stiehler 1998; Napp-Peters 1987; Nave-Herz & Krüger 1992). Damit zeigt sich in den Alleinerziehenden-Studien konsistent ein deutlich höherer Anteil an Müttern mit LAT-Partnerschaften als die von Teubner (2002a) aus den Daten des Familiensurveys geschätzte Quote von 17% aller Alleinerziehenden. Diese Diskrepanz könnte zum einen darauf hinweisen, dass Alleinerziehende mit einer LAT-Partnerschaft eine größere Bereitschaft haben, an bestimmten sozialwissenschaftlichen Studien teilzunehmen, und deshalb in solchen Studien konsistent überrepräsentiert sind. Zum anderen könnte diese Familienform im Familiensurvey aufgrund bestimmter Stichproben- oder Fragestrategien unterrepräsentiert sein. Weitere Untersuchungen sollten hier eine Klärung bringen.

Viele Studien belegen die hohe Attraktivität des LAT als Partnerschaftsform bei alleinerziehenden Müttern (Nave-Herz & Krüger 1992; Schöningh et al. 1991; Napp-Peters 1987; Nestmann & Stiehler 1998). In unserer Stichprobe stellt Living-apart-together nur für ein Fünftel der Alleinerziehenden die ideale Partnerschaftsform dar, drei Viertel der Frauen wollen hingegen mit einem neuen Partner zusammenleben. Ein Grund für diese Diskrepanz könnte darin liegen, dass in fast allen genannten Studien westdeutsche Alleinerziehende befragt wurden, es sich in unserer Stichprobe aber um ostdeutsche Frauen handelt. In Westdeutschland wird diese Lebensform fast doppelt so häufig praktiziert und ist somit stärker in der Beziehungskultur verankert (Schlemmer 1995). Westdeutsche Alleinerziehende begründeten ihre Präferenz unter anderem mit der Angst, bei einer Partnerschaft unter einem Dach ihre neu gewonnene Selbständigkeit aufs Spiel zu setzen und in der Gefahr zu stehen, in alte Rollenmuster zurückzufallen. Für ostdeutsche Mütter dürfte diese Gefahr weniger bedrohlich sein, da sie durch ihre Berufstätigkeit und ein anderes Selbstverständnis weniger auf die traditionelle Frauenrolle festgelegt sind. Durch den in der DDR seltener geführten Diskurs über Frauenbenachteiligungen dürften ostdeutsche Frauen auch weniger für Geschlechtsrollenmuster sensibilisiert sein. Zudem zeigten ostdeutsche Mütter (zumindest in der DDR) eine deutlich größere Bereitschaft, unbefriedigende Partnerschaften zu lösen und neue Beziehungen einzugehen (Stegmann 1997). Dies alles legt nahe, dass LAT als präferiertem Lebenskonzept unter ostdeutschen Müttern weniger Bedeutung zukommt. In unserer Stichprobe deutet sich zudem an, dass gerade diejenigen Mütter, die diese Lebensform momentan praktizieren, LAT seltener als Ideal benennen als Mütter, die momentan ohne Partner sind. Dies könnte daran liegen, dass erstere die mit dieser Lebensform verbundenen ‚Kosten' und Anstrengungen besonders gut kennen.

Angesichts des starken Wunsches nach dem Zusammenleben mit einem neuen Partner könnte man vermuten, dass LAT für ostdeutsche Mütter in erster Linie eine Phase des ‚Austestens' der Beziehung darstellt, die dann zum gemeinsamen Haushalt oder aber der Trennung führt. Tatsächlich handelt es sich bei LAT um eine relativ instabile Partnerschaftsform: 39 bis 50% der beobachteten LAT-Partnerschaften bestehen 1½ Jahre später nicht mehr. Dies ist erwartungsgemäß (vgl. Diewald 1993; Schlemmer 1995) eine deutlich höhere Trennungsquote als bei den jungen Stieffamilien unserer Stichprobe: Von diesen trennen sich ‚nur' 20% der Paare in den folgenden 1½ Jahren. Auch bestätigen diese hohen Trennungsquoten die Selbsteinschätzungen der Mütter in der Studie von Nave-Herz & Krüger (1992): Ein Drittel der ledigen und knapp die Hälfte der geschiedenen Mütter mit einem neuen Partner hegen Zweifel an der Beständigkeit ihrer Beziehung.

Der Übergang zur Stieffamilie wird angesichts der hohen Attraktivität eines Zusammenlebens relativ selten vollzogen: Nur ein Sechstel der untersuchten LAT-Paare ziehen in den folgenden 1½ Jahren zusammen. Mehr als doppelt so wahrscheinlich ist es hingegen für ein LAT-Paar, auch 1½ Jahre später in getrennten Wohnungen zusammen zu sein: 33 bis 44% der untersuchten LAT-Partnerschaften bleiben mindestens über zwei aufeinander folgende Erhebungszeitpunkte stabil in dieser Partnerschaftsform.

Wie lässt sich nun der Widerspruch auflösen, dass die Mehrheit der Frauen eigentlich ein Zusammenleben mit einem neuen Partner präferiert, aber die Wahrscheinlichkeit für eine bestehende LAT-Partnerschaft größer ist, in getrennten

Wohnungen zu verbleiben? Die Entscheidung zum Zusammenziehen scheint in einer Partnerschaft relativ schnell zu fallen – drei Viertel der Paare, die während des dreijährigen Erhebungszeitraums zusammengezogen sind, kannten sich zuvor weniger als 1 Jahr. Bei diesen Paaren zeigt sich im schnellen Tempo die hohe Attraktivität einer gemeinsamen Wohnung – sobald ein Zusammenleben praktikabel erscheint, wird es umgesetzt. Aufgrund des zeitlichen Abstandes von 1½ Jahren zwischen den Erhebungszeitpunkten haben wir allerdings nur wenige dieser ‚kurzentschlossenen' Paare vor dem Zusammenziehen befragt. Bei Paaren, die länger LAT leben – und zu den verschiedenen Erhebungszeitpunkten sind zwischen 33 und 44% der LAT-Partnerschaften älter als 3 Jahre – dürfte es gute Gründe geben, nicht zusammenzuziehen – Konflikte zwischen Partner und Kindern, unterschiedliche Arbeitsorte, wohnliche Einschränkungen, Zweifel an der Beständigkeit der Partnerschaft und ähnliches mehr. Viele dieser Hinderungsgründe dürften über eine längere Zeit bestehen bleiben und somit ein Verbleiben in getrennten Wohnungen begünstigen. Für die Vermutung, dass es bei vielen Paaren eine frühe sensible Phase des Zusammenziehens gibt, bei deren Verstreichen die Wahrscheinlichkeit eines späteren Zusammenziehens deutlich abnimmt, spricht auch, dass sich einige Frauen von langjährigen LAT-Partner getrennt haben, um dann sehr schnell mit einem neuen Partner zusammenzuziehen. LAT scheint somit in unserer Stichprobe sehr häufig eine Kompromisslösung zwischen eigenen Partnerschaftsvorstellungen und den vorhandenen Gegebenheiten darzustellen.

Ergebnisse von Diewald (1993) und Schlemmer (1995) legen nahe, dass LAT-Partnerschaften weniger eng und exklusiv sind als Partnerschaften in einem gemeinsamen Haushalt. In der Studie von Schwarz & Gödde (1999) berichteten Mütter mit LAT-Partnerschaften hingegen von mindestens genauso viel partnerschaftlichen Gemeinsamkeiten wie Mütter in Kern- und Stieffamilien. Dies widersprüchliche Bild wird auch durch unsere Studie nicht aufgelöst. Nur zu einem von zwei Erhebungszeitpunkten[78] sehen die Mütter in Stieffamilien, wie erwartet, mehr partnerschaftliche Gemeinsamkeiten als die Mütter mit LAT-Partnerschaften. Mütter in Kernfamilien und solche mit LAT-Partnerschaften unterscheiden sich nicht in ihrer Einschätzung.

---

[78] Alle Analysen, die als Vergleichsgruppe die Mütter in Stieffamilien einschließen, wurden nur mit den Daten der Wellen B und C durchgeführt, da die Gruppe der Stieffamilien in Welle A mit N=7 zu klein ist.

Ähnliches gilt für die allgemeine Bewertung der Partnerschaft: Die Mehrheit der Frauen mit einer LAT-Partnerschaft schätzt ihre Partnerschaft als glücklich oder sehr glücklich ein. In dieser Einschätzung unterscheiden sie sich ebenfalls nicht von Müttern in Kernfamilien, Mütter in Stieffamilien kommen hingegen zu einem von zwei Erhebungszeitpunkten zu einem noch positiveren Urteil.

Die Hypothese, dass aufgrund des vermutlich geringeren Konfliktpotentials in einer Partnerschaft mit getrennten Haushalten partnerschaftliche Konflikte weniger destruktiv geführt werden als bei zusammenlebenden Paaren, wurde klar widerlegt: Es zeigen sich keinerlei Unterschiede zwischen den drei untersuchten Partnerschaftstypen bezüglich ihres Streitverhaltens.

Entgegen meinen Erwartungen finden sich somit zwischen zusammenlebenden und LAT-Paaren mehr Ähnlichkeiten als Unterschiede: Mütter in Kernfamilien und jene mit einer LAT-Partnerschaft beurteilen ihre Beziehung sehr ähnlich. Im Vergleich zu den Stieffamilien-Müttern gibt es nur inkonsistente Ergebnisse dahingehend, dass LAT-Partnerschaften weniger eng und weniger glücklich sind als Partnerschaften in Stieffamilien. Außerdem entsprechen die Partnerschaftsbewertungen der LAT-Frauen überwiegend jenen von zusammenlebenden glücklichen Paaren einer Normstichprobe. Diese insgesamt positive Bewertung von LAT-Partnerschaften erstaunt, wenn man bedenkt, dass bis zur Hälfte dieser Partnerschaften 1½ Jahre später nicht mehr existieren und zudem das Leben in getrennten Wohnungen wohl häufig eine Kompromisslösung darstellt.

LAT-Partnerschaften dürften allerdings in ihrer Ausgestaltung erheblich variieren. Hier stellt sich vor allem die Frage, wie der neue Partner in das bestehende Familienleben einbezogen wird. Bisher gibt es nur wenige Befunde: Nach Nestmann & Stiehler (1998) wünschen sich die meisten Frauen einen neuen Partner in erster Linie als Geliebten, und nicht so sehr als Vaterersatz. Auch in der Studie von Nave-Herz & Krüger (1992) äußern nur wenige Frauen den Wunsch nach einem Ersatzvater als wichtigen Aspekt ihrer Partnerschaft. Dennoch ist die Exklusivität einer Zweierbeziehung im Alltag einer Alleinerziehenden kaum durchzuhalten. In der Studie von Nave-Herz & Krüger (1992) beschäftigt sich nur jeder sechste Partner überhaupt nicht mit den Kindern seiner Partnerin, drei Viertel interagieren mindestens einmal wöchentlich mit diesen. Auch in unserer Studie haben die meisten

Partner eher häufigen Kontakt zu den Kindern ihrer Partnerin. Nur maximal jeder Vierte sieht die Kinder eher selten, kein Kontakt hat niemand – bei den knappen Zeitressourcen der meist Vollzeit berufstätigen Alleinerziehenden ist eine vollständige Trennung der Partnerschaft vom Familienleben kaum praktikabel.

Wie unterscheiden sich nun LAT-Partnerschaften mit viel Kontakt zwischen Partner und Kind von jenen mit wenig Kontakt? Aufgrund der sehr kleinen Stichprobe sollten die folgenden Ergebnisse als eine beschreibende Charakterisierung verstanden werden. Es gibt erste Hinweise dafür, dass es in Partnerschaften, in denen der neue Partner viel Kontakt zu ihrem Kind hat, mehr partnerschaftliche Gemeinsamkeiten, aber auch mehr negatives Streitverhalten gibt. Letzteres könnte darauf hindeuten, dass in Partnerschaften mit viel Partner-Kind-Kontakt die Stiefvater-Stiefkind-Problematik relevanter wird und auf die Beziehung ausstrahlt. So zeigt sich bei Hetherington (1988, 1993), dass in Stieffamilien viele Konflikte zwischen den Partnern um Kinderbelange kreisen. In der Einschätzung des partnerschaftlichen Glücks unterscheiden sich Partnerschaften mit viel und wenig Kindkontakten nicht voneinander – diejenigen Mütter, deren Partner häufiger mit ihren Kindern zusammen ist, sind also nicht glücklicher. Solche Partnerschaften sind in unserer Stichprobe ein bis zwei Jahre älter und haben nur ein halb so großes Trennungsrisiko in den folgenden 1½ Jahren als jene Partnerschaften mit einer geringen bis mittleren Kontaktfrequenz. Mehr Exklusivität der Partnerschaft gegenüber den Kindern scheint somit mit einer größeren partnerschaftlichen Distanz und einer geringeren Verbindlichkeit zusammenzuhängen.

9.2 Die Bedeutung einer Partnerschaft für das psychische Wohlbefinden von Müttern

Neben einer ersten Beschreibung der Lebensform des LAT ist ein weiteres Anliegen dieser Arbeit, den Effekt einer Partnerschaft auf das mütterliche Wohlbefinden herauszuarbeiten. Da sich für die beiden Wohlbefindens-Indikatoren Lebenszufriedenheit und Selbstwertgefühl sehr unterschiedliche Ergebnisse zeigen, möchte ich beide getrennt behandeln.

9.2.1 Partnerschaft und Lebenszufriedenheit

In vielen Studien berichten alleinerziehende Mütter über ein geringeres allgemeines Wohlbefinden und ein höheres Maß an Depressivität als Mütter in Kern- und Stieffamilien (vgl. Kapitel 4.2.2 und 4.3.2). Allerdings wurde in diesen Studien nicht explizit zwischen Alleinerziehenden ohne Partner und jenen mit einer Partnerschaft außerhalb ihres Haushalts unterschieden. Da sich in vielen Studien ein positiver Zusammenhang zwischen einer (positiven) Partnerschaft und einem höheren Wohlbefinden zeigt (vgl. Kapitel 3.1) und sich der positive Effekt partnerschaftlicher Unterstützung auch in getrennten Wohnungen auswirken müsste, nahm ich an, dass nicht nur Mütter in Kern- und Stieffamilien, sondern auch Alleinerziehende mit einer LAT-Partnerschaft über eine höhere Lebenszufriedenheit verfügen als Alleinerziehende ohne Partner. Des weiteren vermutete ich, dass Mütter mit LAT-Partnerschaften weniger zufrieden mit ihrem Leben sind als Mütter in Kern- und Stieffamilien, da eine Partnerschaft in getrennten Haushalten nicht gleichermaßen zu ihrem Wohlbefinden beiträgt (vgl. Schwarz & Gödde 1999). Meiner Hypothese entsprechend berichten Alleinerziehende ohne Partner von einer signifikant geringeren Lebenszufriedenheit als Mütter in den drei anderen Partnerschaftsformen. Mütter in LAT-Partnerschaften unterscheiden sich jedoch nicht in ihrer Lebenszufriedenheit von jenen Müttern, die mit ihrem Partner zusammenleben. Folglich scheint das Vorhandensein eines Partners von entscheidender Bedeutung für die mütterliche Lebenszufriedenheit zu sein, das Wohnarrangement spielt hingegen keine Rolle.

Die in unserer Studie bestätigten Unterschiede zwischen Müttern mit und ohne Partner lassen sich auf zweierlei Weise erklären: Der Stresshypothese folgend wäre die höhere Lebenszufriedenheit der in Partnerschaft lebenden Frauen auf die Unterstützung und Bestätigung durch den Partner zurückzuführen. Die Selektionshypothese besagt hingegen, dass Frauen mit einer höheren Lebenszufriedenheit bessere Chancen bei der Partnersuche haben und deshalb häufiger in einer Partnerschaft leben – hier wäre somit die höhere Lebenszufriedenheit die Ursache für eine Partnerschaft und nicht deren Effekt. In unserer Studie konnten beide Perspektiven anhand einer Längsschnittanalyse bestätigt werden: Alleinerziehende, die später eine neuen Partnerschaft eingehen, sind schon vor Beginn dieser Partnerschaft mit ihrem Leben zufriedener als dauerhafte ‚Singles', was für einen Selektionseffekt spricht. Durch die neue Partnerschaft steigert sich ihre Lebenszufriedenheit aber noch zusätzlich, was sich als positiver Effekt der partnerschaftlichen Unterstützung interpretieren lässt. Es kommt zu einem ‚Schereneffekt' zwischen den dauerhaften Singles und den Frauen, die in eine Partnerschaft überwechseln: Schon vorhandene Befindensunterschiede zwischen beiden Gruppen werden durch den positive Effekt der Partnerschaft noch akzentuiert.

Die gerade vorgestellte Längsschnittanalyse liefert zudem einen weiteren Beleg für das in einigen Studien schon bestätigte Krisenmodell nach einer Trennung vom Partner (Hetherington 1993; Wallerstein & Blakeslee 1989; Schmidt-Denter & Beelmann 1997). Dieses besagt, dass nach einer krisenhaften Phase der Anpassung an die veränderte Lebenssituation die Beeinträchtigungen der Familienmitglieder wieder abnehmen. Entsprechend zeigt sich bei Frauen, deren Trennung vom Vater ihres Kindes maximal drei Jahre zurückliegt, über die folgenden 1½ Jahre ein signifikanter Anstieg ihrer Lebenszufriedenheit.

Da für zusammenlebende Paare gut belegt ist, dass die Qualität der Beziehung Einfluss auf das psychische Wohlbefinden der Partner hat (siehe Kapitel 3.1.2), habe ich geprüft, ob dies für in getrennten Wohnungen lebende Paare gleichermaßen zutrifft. Den Erwartungen entsprechend steht ein hohes Maß an negativem Streitverhalten nicht nur in Kern- und Stieffamilien, sondern auch in LAT-Partnerschaften in Zusammenhang mit einer geringeren mütterlichen Lebenszufriedenheit. Der postulierte Moderatoreffekt – negatives Streitverhalten habe in LAT-Partnerschaften einen geringeren Einfluss auf die Lebenszufriedenheit als bei zusammenlebenden Paaren – konnte nicht bestätigt werden. Zusammenfassend unterscheiden sich Partnerschaften in Kern- und Stieffamilien und LAT-Partnerschaften aus Sicht der Mütter weder darin, wie häufig die Partner destruktiv miteinander streiten (siehe oben), noch darin, welchen Einfluss solches Streitverhalten auf die Lebenszufriedenheit der Mütter hat. Für die Frage, wie Partner in Konfliktsituationen miteinander umgehen und wie sehr sie durch solche Situationen in ihrer Lebenszufriedenheit beeinträchtigt werden, ist die Wohnform eines Paares nicht bedeutsam.

Als weiteren wichtigen Aspekt der Partnerschaftsqualität habe ich das Ausmaß an partnerschaftlichen Gemeinsamkeiten betrachtet. Die Studie von Schwarz & Gödde (1999) legt nahe, dass ein hohes Maß an partnerschaftlichen Gemeinsamkeiten bei LAT-Paaren keinen positiven Effekt auf das mütterliche Wohlbefinden hat – bei Partnerschaften in Kern- und Stieffamilien hingegen schon. In anderen Studien betonen die befragten Alleinerziehenden, dass sie eine neue Partnerschaft in getrennten Haushalten leben wollen, um zuviel Nähe mit dem Partner zu vermeiden (Schöningh et al. 1991; Nestmann & Stiehler 1998). Ein hohes Maß an partnerschaftliche Gemeinsamkeiten könnte somit in einer LAT-Partnerschaft eine geringere Bedeutung für das Wohlbefinden der Mütter haben und eventuell sogar unerwünscht sein. Die daraus resultierende Hypothese, dass sich ein positiver Zusammenhang zwischen partnerschaftlichen Gemeinsamkeiten und mütterlicher Lebenszufriedenheit nur für zusammenlebende Paare, nicht aber für LAT-Partnerschaften zeigt, konnte für Partnerschaften in Kernfamilien und LAT-Partnerschaften bestätigt werden. Für Mütter in Stieffamilien ergibt sich ein widersprüchliches Bild: Zum zweiten Erhebungszeitpunkt, als sich die meisten Stieffamilien erst neu gebildet hatten, besteht entgegen der Erwartung kein Zusammenhang zwischen partnerschaftlichen Gemeinsamkeiten und mütterlicher Lebenszufriedenheit. Zum dritten Erhebungszeitpunkt, als sich die meisten Stieffamilien schon etabliert hatten, lässt sich der erwartete Zusammenhang bestätigen. Möglich ist, dass sich die Bedeutung von partnerschaftlichen Gemeinsamkeiten für die mütterliche Lebenszufriedenheit erst langsam mit dem gemeinsamen Zusammenleben entwickelt. Für frisch zusammengezogene Paare wären dann viele Gemeinsamkeiten zunächst – wie bei LAT-Partnerschaften – von geringerer Bedeutung für ihre Zufriedenheit. Dass zum zweiten Erhebungszeitpunkt die Bedeutung von partnerschaftlichen Gemeinsamkeiten für die mütterliche Lebenszufriedenheit in LAT-Partnerschaften <u>und</u> jungen Stieffamilien geringer ist als in Kernfamilien, konnte statistisch abgesichert werden. Zum dritten Erhebungszeitpunkt zeigt sich dann, gemäß den Erwartungen, dass der Zusammenhang zwischen partnerschaftlichen Gemeinsamkeiten und mütterlicher Lebenszufriedenheit für zusammenlebende Paare signifikant positiver ist als für LAT-Partnerschaften. Die Bedeutung der erlebten partnerschaftlichen Gemeinsamkeiten für die mütterliche Lebenszufriedenheit ist somit zumindest für länger zusammenlebende Paare signifikant höher als für Partnerschaften in getrennten Haushalten. Dieser Moderatoreffekt spricht dafür, Erkenntnisse aus der Partnerschaftsforschung, die fast ausschließlich auf Stichproben mit zusammenlebenden Paaren beruhen, kritisch auf ihre Übertragbarkeit auf LAT-Partnerschaften zu überprüfen.

9.2.2 Partnerschaft und Selbstwertgefühl

Parallel zu den Hypothesen bezüglich der mütterlichen Lebenszufriedenheit vermutete ich, dass Alleinerziehende ohne Partner über ein geringeres Selbstwertgefühl berichten als Mütter mit einem Partner. Zudem nahm ich an, dass Mütter mit einer LAT-Partnerschaft in der Einschätzung ihres Selbstwertgefühls unter der von Müttern in Kern- und Stieffamilien liegen. Beide Hypothesen konnten nicht bestätigt werden: Es gibt keinerlei signifikanten Unterschiede im Selbstwertgefühl zwischen den Müttern der vier unterschiedlichen Familientypen. Bei einer weiterführenden längsschnittlichen Analyse berichten allerdings jene Frauen, die zum folgenden Erhebungszeitpunkt in einer Partnerschaft leben, schon vor Beginn dieser Partnerschaft von einem höheren Selbstwertgefühl als jene Frauen, die dauerhaft ohne Partner bleiben. Der Beginn einer Partnerschaft steht nicht in Verbindung mit einer Erhöhung des Selbstwertgefühls. Es finden sich somit keine Belege für die positive Wirkung des Bestehens einer Partnerschaft auf das Selbstwertgefühl. Alleinerziehende Frauen mit einem höheren Selbstwertgefühl scheinen jedoch bessere Chancen bei der Partnersuche zu haben – ein Hinweis für einen Selektionseffekt.

Fehlende Unterschiede im Selbstwertgefühl zwischen Alleinerziehenden und Müttern, die mit einem Partner zusammenleben, finden sich auch bei Jesse (2000) und Demo & Acock (1996), die nur für ledige, nicht aber geschiedene Alleinerziehende von einem geringeren Selbstwertgefühl berichten. Allerdings belegen Garvin et al. (1993) ein höheres Selbstwertgefühl für nach einer Scheidung wiederverheiratete Mütter im Vergleich zu jenen Müttern, die alleine bleiben. Eventuell ist dieses Ergebnis – vergleichbar dem Ergebnis meiner Längsschnittanalyse – ebenfalls als Selektionseffekt zu interpretieren.

Auch wenn das Bestehen einer Partnerschaft keine Wirkung auf das mütterliche Selbstwertgefühl hat, so ist dennoch möglich, dass die Qualität dieser Beziehung in Zusammenhang mit dem Selbstwertgefühl steht. Betrachtet man den Zusammenhang zwischen negativem Streitverhalten und Selbstwertgefühl, so zeigt sich nur für Kernfamilien konsistent der erwartete negative Zusammenhang, bei Stieffamilien lässt sich dieser nur zu einem von zwei Erhebungszeitpunkten belegen, bei LAT-Partnerschaften fehlt er – entgegen der Annahme – gänzlich. Dennoch lässt sich der Moderatoreffekt, dass der Zusammenhang zwischen Streitverhalten und

Selbstwertgefühl bei zusammenlebenden Paaren enger ist als bei LAT-Paaren, nicht bestätigen. Für das Selbstwertgefühl ist somit der schädliche Effekt von destruktiv geführten Konflikten in der Partnerschaft nur für Kernfamilien konsistent zu belegen.

Zwischen partnerschaftlichen Gemeinsamkeiten und mütterlichem Selbstwertgefühl gibt es in LAT-Partnerschaften – wie erwartet – keinerlei signifikanten Zusammenhänge. Aber auch in Stieffamilien fehlen diese Zusammenhänge. In Kernfamilien besteht nur zu einem von zwei Erhebungszeitpunkten ein signifikanter positiver Zusammenhang zwischen vielen Gemeinsamkeiten und einem hohen Selbstwertgefühl. Auch hier konnte der Moderatoreffekt, dass der Zusammenhang zwischen partnerschaftlichen Gemeinsamkeiten und mütterlichem Selbstwertgefühl für zusammenlebende Paare enger wäre, nicht bestätigt werden.

Zusammenfassend zeigen sich die erwarteten Zusammenhänge zwischen der Partnerschaftsqualität und dem mütterlichen Selbstwertgefühl fast ausschließlich für die Partnerschaften in Kernfamilien, die alle schon über 10 Jahre bestehen. Für die deutlich jüngeren Partnerschaften in Stieffamilien und für LAT-Partnerschaften finden sich kaum Zusammenhänge. Berücksichtigt man nun, dass die vorangegangenen Analysen zudem keine Hinweise auf den positiven Effekt einer bestehenden Partnerschaft auf das Selbstwertgefühl lieferten, so spricht einiges dafür, dass das Selbstwertgefühl von Müttern in alternativen Familienformen relativ autonom von einer Partnerschaft und ihrer Qualität ist. (Ehemals) alleinerziehende Frauen haben wohl vielfach die Erfahrung gemacht, ihr Leben selbst zu meistern, und diese Erfahrung dürfte auch in einer neuen Partnerschaft Bestand haben. Mütter in Kernfamilien leben hingegen in langjährigen Partnerschaften – hier dürfte das Aufeinanderbezogensein über die Jahre größer geworden sein und deshalb dürften die Handlungen und Urteile des Partners eher einen Einfluss auf das Selbstwertgefühl haben, der aber weniger konsistent ist wie der Einfluss auf ihre Lebenszufriedenheit.

Vergleicht man die konzeptionelle Einbettung der Begriffe Selbstwert und Lebenszufriedenheit, so wird das Selbstwertgefühl eher als Aspekt der seelischen Gesundheit gesehen, denn als Aspekt des psychischen Wohlbefindens (vgl. Kapitel 2.1). Im Überblick zu Theorien und Definitionen seelischer Gesundheit stellt Jahoda (1958)

Einstellungen und Kompetenzen als zentral heraus, die für ein erfolgreiches Bewältigungsverhalten hilfreich sind. Berücksichtigt man nun den Hinweis, dass Alleinerziehende mit höherem Selbstwertgefühl bessere Chancen bei der Partnersuche haben, so ist denkbar, dass ein hohes Selbstwertgefühl hauptsächlich als interne Ressource zu verstehen ist, welche die Alltagsbewältigung erleichtert, und weniger als Resultat einer erfolgreichen Alltagsbewältigung, wobei eine Wechselwirkungen zwischen beiden Bereichen wahrscheinlich ist.

9.3 Die Bedeutung eines Partners für das Stresserleben von Müttern

Viele Studien thematisieren die Mehrfachbelastungen alleinerziehender Mütter als zentrale Stressoren (Niepel 1994; Napp-Peters 1987; Nave-Herz & Krüger 1992; Schöningh et al. 1991). Als wesentliche Belastungsaspekte werden finanzielle Einschränkungen, die alleinige Verantwortung für die Kindererziehung, die hohe Alltagsbelastung und der Mangel an emotionaler Unterstützung diskutiert (vgl. zusammenfassend Amato 2000). Wir haben in unsere Studie diese vier Belastungsbereiche bei den Müttern, die in alternativen Familienformen leben, erfasst. Überraschenderweise fühlen sich diese Mütter durch finanzielle Sorgen, die alleinige Verantwortung für ihr Kind und durch einen Mangel an emotionaler Unterstützung eher gering bis mäßig beansprucht. Nur bei den alltäglichen Belastungen berichten sie über ein mittleres Beanspruchungsniveau.

Dieses relativ geringe Stresserleben der Mütter dürfte sich dadurch erklären, dass es sich in unserer Studie um eine spezielle Stichprobe handelt. Aufgrund unserer Stichprobendefinition waren zum ersten Erhebungszeitpunkt 1997/98 alle Frauen erwerbstätig und nur wenige sind zu einem späteren Zeitpunkt arbeitslos geworden. Es handelt sich somit um Frauen, welche es geschafft haben, nach der Vereinigung ihren Arbeitsplatz zu halten bzw. sich erfolgreich beruflich neu zu orientieren. Angesichts einer Frauenarbeitslosigkeitsquote zwischen 18,8 und 23,9% in Brandenburg während des Untersuchungszeitraums 1997 – 2001 (Landesbetrieb für Datenverarbeitung und Statistik Brandenburg 2002) stellen sie somit bezüglich ihrer beruflichen Situation eine positive Auswahl dar. Außerdem sind in unserer Stichprobe Abiturientinnen deutlich überrepräsentiert. Typisch für ostdeutsche

Frauen arbeitet die Mehrheit der Mütter Vollzeit. Das bedeutet in der Regel eine gewisse ökonomische Absicherung der Familien. Die Alleinerziehenden unserer Stichprobe unterscheiden sich dadurch erheblich von Alleinerziehenden in anderen Studien, die überwiegend in Westdeutschland durchgeführt wurden und in denen ein großer Teil der Mütter von Sozialhilfe lebt bzw. von Armut bedroht ist (zusammenfassend Krüger & Micus 1999)[79]. Finanzielle Not ist somit in unserer Stichprobe ein untergeordnetes Thema.

Zum ersten Erhebungszeitpunkt hatten die teilnehmenden Mütter 10-jährige Kinder, dadurch leben in den Familien meist recht selbständige Kinder – nur in 5 bis 9% der untersuchten Familien leben Kinder unter 6 Jahren. Dies und die Tatsache, dass in den neuen Bundesländern die Möglichkeiten öffentlicher Kinderbetreuung deutlich besser ausgebaut sind als in den alten Bundesländern (Deutsches Jugendinstitut 1998), dürfte erklären, warum die Mütter sich durch die alleinige Verantwortung für ihre Kinder eher gering belastet fühlen.

Einzig durch alltägliche Probleme fühlen sich die Mütter in einem mittleren Maße belastet, was bei einer Vollzeitstelle und meist mehreren Kindern kaum verwundern dürfte.

Auch bei einem insgesamt eher geringen Belastungsniveau sind Unterschiede im Stresserleben der Mütter der drei Partnerschaftstypen bezüglich der vier erfassten Belastungsaspekte zu vermuten.

Hetherington (1993) bezeichnet eine Wiederheirat für alleinerziehende Mütter als den effektivsten Weg aus der Armut. Da in LAT-Partnerschaften die Partner in der Regel ihre finanziellen Angelegenheiten getrennt jeder für sich erledigen (Keddi & Seidenspinner 1991), nahm ich an, dass Mütter in Stieffamilien – im Gegensatz zu Müttern in LAT-Partnerschaften - von der neuen Partnerschaft finanziell profitieren und deshalb von einer geringeren Belastung durch finanzielle Sorgen berichten als Mütter in LAT-Partnerschaften und Alleinerziehende ohne Partner. Diese Hypothese konnte nicht bestätigt werden – die Mütter aller drei Familientypen

[79] In einigen Studien besteht die ganze Stichprobe gezielt aus Sozialhilfeempfängerinnen (z.B. Großmann & Huth 1995)

fühlen sich gleichermaßen (wenig) durch Geldsorgen beansprucht. Dies lässt sich dadurch erklären, dass unsere Stichprobe ökonomisch relativ homogen ist - die Mütter in Stieffamilien haben kein höheres Äquivalenzeinkommen zur Verfügung als die alleinlebenden Mütter – eine Haushaltsgemeinschaft mit dem neuen Partner führt somit nicht zu einer Verbesserung ihrer finanziellen Lage. Die Ergebnisse von Teubner (2002b) sprechen übrigens dagegen, dass die Mütter in Stiefvaterfamilien deshalb nicht finanziell profitieren, weil sie (mit einer Ausnahme) nicht mit ihrem neuen Partner verheiratet sind: Teubner (2002b) findet keine Unterschiede im Einkommen zwischen ehelichen und nichtehelichen Stieffamilien in Ostdeutschland.

In der Studie von Nave-Herz & Krüger (1992) fühlt sich die Mehrheit der Mütter mit LAT-Partnerschaften durch ihren Partner in der Kindererziehung entlastet. Außerdem bewerten diese Frauen die Beziehung zwischen ihrem Partner und ihren Kindern überwiegend als gut.[80] Dahingegen berichtet Hetherington (1993) von meist eher problematischen Beziehungen zwischen Stiefvätern und Kindern. Mütter mit LAT-Partnerschaften scheinen somit den Vorteil eines unterstützenden Partners ohne den Nachteil zusätzlicher Konflikte zwischen Partner und Kind genießen zu können. Deshalb vermutete ich, dass sich diese Mütter weniger durch die Verantwortung für ihr Kind belastet fühlen als Alleinerziehende ohne Partner und Mütter in Stieffamilien. Diese Hypothese konnte nicht bestätigt werden – es bestehen keinerlei signifikanten Unterschiede zwischen den Müttern aus den unterschiedlichen Lebensformen in ihrem Belastungserleben durch ihr Kind. Hetherington (1993) betont, dass die Adoleszenz für alle Eltern eine schwierige Zeit ist, welche die elterliche Partnerschaft belastet. Allerdings ist diese Belastung in Stieffamilien besonders hoch. In der dritten Erhebungswelle, als die Zielkinder unserer Studie zwischen 13 und 14 Jahren alt sind, berichten die Mütter in Stieffamilien deskriptiv betrachtet ein relativ hohes Stresserleben. Aufgrund der kleinen Stichprobe sind für signifikante Unterschiede allerdings sehr große Effekte notwendig. Da die Ergebnisse deskriptiv in die vermutete Richtung gehen, wäre es somit lohnenswert, die an unserer kleinen Stichprobe gescheiterte Hypothese an größeren Stichproben nochmals zu überprüfen.

---

[80] Einschränkend ist allerdings zu bemerken, dass in einem Viertel dieser Familien der neue Partner schon mit im Haushalt lebt.

Betrachtet man nun die mütterliche Belastung durch alltägliche Probleme, so nahm ich an, dass eine Partnerschaft in getrennten Haushalten zwar eine bedeutsame Entlastung der Mütter im Alltag darstellt, Partner im gemeinsamen Haushalt die Mütter aber effektiver unterstützen können. Deshalb postulierte ich, dass Mütter mit LAT-Partnerschaften in ihrem alltäglichen Stresserleben zwischen den Alleinerziehenden ohne Partner und den Müttern in Stieffamilien liegen und sich von beiden Gruppen signifikant unterscheiden. Entgegen dieser Hypothese unterscheiden sich Mütter mit LAT-Partnerschaften und Mütter in Stieffamilien nicht in ihrem alltäglichen Stresserleben. Ob Paare zusammenleben oder nicht, spielt somit keine Rolle. Beim Vergleich der Mütter mit einem Partner und den Alleinerziehenden ohne Partner zeigt sich ein leicht inkonsistentes Bild: Immerhin zu einen Erhebungszeitpunkt fühlen sich Mütter mit LAT-Partnerschaften und jene in Stieffamilien signifikant weniger belastet als Mütter ohne Partner. Zu dem zweiten Erhebungszeitpunkt verfehlt dieser Unterschied knapp die Signifikanzgrenze. Zusammenfassend sprechen diese Ergebnisse aber dafür, dass das Vorhandensein eines Partners – unabhängig von der Wohnform – mit einer Entlastung im Alltag einhergeht. Dass die Wohnform bei der Unterstützung keine Rolle spielt, lässt sich vielleicht darüber erklären, dass es vor allem die praktische Unterstützung im Haushalt ist, die von einem im Haushalt lebenden Partner eher erbracht werden kann. Nach einer Studie von Demo & Acock (1993) investieren aber alleinlebende Mütter nicht mehr Zeit in die Hausarbeit als Mütter, die mit einem Partner zusammenleben. Die Entlastung durch den Partner ist somit bezüglich der Hausarbeit kaum vorhanden. Wesentlicher für das alltägliche Stresserleben dürften die moralische Unterstützung und kleinere Hilfeleistungen in Notfällen wie z.B. gelegentliche Reparaturen sein, die auch von einem Partner, der außerhalb der Wohnung lebt, erbracht werden können.

An eine neue Partnerschaft adressieren Alleinerziehende vor allem Wünsche nach emotionaler Nähe und einem vertrauten Gesprächspartner (Nave-Herz & Krüger 1992). Diese Wünsche können auch in einer LAT-Partnerschaft realisiert werden (Nave-Herz & Krüger 1992; Schwarz & Gödde 1999). Deshalb vermutete ich, dass sich Alleinerziehende ohne Partner einsamer fühlen als Mütter mit LAT-Partnerschaften und jene in Stieffamilien. Bestätigt werden konnte, dass sich Mütter ohne Partner, wie erwartet, zu beiden Erhebungszeitpunkten einsamer fühlen als Mütter in Stieffamilien. Ein Vergleich der Mütter ohne Partner mit den Müttern mit einer LAT-Partnerschaft zeigt einen signifikanten Unterschied nur für einen Erhebungszeitpunkt. LAT-Mütter und Stieffamilien-Müttern unterscheiden sich, wie erwartet, in ihrem Einsamkeitserleben nicht voneinander. Sowohl Diewald (1993) wie auch Schlemmer (1995) belegen in ihren Studien, dass LAT-Partner keine so exklusive Position als emotionale Unterstützungsperson haben wie zusammenlebende Partner. Vor allem enge Freunde sind für Menschen mit LAT-Partnerschaften gleichberechtigte Vertraute. Ein Mangel an emotionaler Unterstützung kann von daher aus einer fehlenden Vertrautheit mit dem LAT-Partner oder aber aus einem Mangel an weiteren wichtigen Bezugspersonen resultieren. Vielleicht lässt sich die Inkonsistenz beim Vergleich von Alleinerziehenden ohne Partner und Müttern mit LAT-Partnerschaft über Unterschiede in ihrem weiteren sozialen Umfeld erklären.

9.4 Partnerschaft, Stresserleben und psychisches Wohlbefinden

Nach Cohen & Wills (1985) kann der positive Effekt einer Partnerschaft für das Wohlbefinden auf zweierlei Weise erklärt werden: Zum einen ‚versorgt' eine Partnerschaft eine Person mit vielfältigen positiven Erfahrungen und dem Gefühl von Stabilität (Haupteffekt-Modell). Zum anderen kann partnerschaftliche Unterstützung Personen, die erheblichen Belastungen ausgesetzt sind, vor den schädlichen Effekten von Stress schützen (Puffermodell). Das Puffermodell entspricht einem Mediatormodell, in dem der positive Effekt einer Partnerschaft (unabhängige Variable) über eine Reduktion des Stresserlebens (Mediator) auf das mütterliche Befinden (abhängige Variable) vermittelt wird. Nach Baron & Kenny (1986) zeigt sich ein Mediatoreffekt dann, wenn der Zusammenhang zwischen unabhängiger und abhängiger Variable bei Einbezug des Mediators deutlich reduziert wird. Für das Haupteffekt-Modell spricht, wenn die Beziehung zwischen unabhängiger und abhängiger Variable auch unter Einbezug des Mediators signifikant bleibt. In einem letzten Schritt habe ich überprüft, ob sich Unterschiede im mütterlichen Wohlbefinden durch das Haupteffekt- oder Puffermodell erklären lassen.

Voraussetzung für die Prüfung des Mediatormodells sind signifikante Zusammenhänge zwischen unabhängiger, Mediator- und abhängiger Variable. Diese Voraussetzungen werden nur in Bezug auf die abhängige Variable Lebenszufriedenheit, und die Mediatorvariablen Stresserleben durch alltägliche Probleme und durch fehlende emotionale Unterstützung erfüllt. Geprüft wurden Mediatormodelle deshalb nur für diese beiden Belastungsaspekte und die mütterliche Lebenszufriedenheit.

Für das Stresserleben durch alltägliche Belastungen lässt sich zu beiden Erhebungszeitpunkten ein Mediatoreffekt feststellen, d.h. jene Mütter, die einen Partner haben, fühlen sich unabhängig von der Wohnform weniger im Alltag belastet, was zu einer höheren Lebenszufriedenheit beiträgt. Allerdings erklären die alltäglichen Belastungen nur einen Teil der Beziehung zwischen Partnerschaft und mütterlicher Lebenszufriedenheit, der positive Effekt einer Partnerschaft reicht über eine bloße Stressreduktion hinaus. Von größerer Bedeutung für die mütterliche Lebenszufriedenheit dürften durch die Partnerschaft vermittelte Gefühle der Zugehörigkeit und Geborgenheit sein (vgl. Nestmann & Stiehler 1998). Damit finden sich Belege für einen Puffer- und einen Haupteffekt der Partnerschaft. Allerdings ist denkbar, dass sich im Haupteffekt Anteile eines Selektionseffekts verbergen. Wie oben dargelegt, waren Frauen, die zu einem späteren Zeitpunkt eine neue Beziehung eingingen, schon zuvor mit ihrem Leben zufriedener als dauerhaft Alleinstehende. Das bedeutet, dass sich ein Teil des positiven Zusammenhangs zwischen Partnerschaft und Lebenszufriedenheit auch über die höhere Wahrscheinlichkeit einer Partnerschaft bei lebenszufriedeneren Müttern erklären lässt.

Des Weiteren prüfte ich, ob sich der positive Effekt eine Partnerschaft auf die Lebenszufriedenheit durch eine vermehrte emotionale Unterstützung erklären lässt. Im Vergleich zu den anderen Belastungsaspekten steht mangelnde emotionale Unterstützung allerdings in einem weniger engen Zusammenhang mit der mütterlichen Lebenszufriedenheit, der sich nur für einen Erhebungszeitpunkt statistisch absichern lässt. Zu diesem Zeitpunkt unterscheiden sich Alleinerziehende ohne Partner und Mütter mit LAT-Partnerschaften nicht signifikant in ihrem Einsamkeitsempfinden. Aufgrund dieser Einschränkungen finden sich Hinweise auf einen leichten Mediatoreffekt nur im Vergleich von Alleinerziehenden ohne Partner mit Müttern in Stieffamilien – und nur zu einem Erhebungszeitpunkt. Die geringe Bedeutung von emotionaler Unterstützung für die mütterliche Lebenszufriedenheit erstaunt, da alleinerziehende Mütter in der Studie von Nestmann & Stiehler (1998) dieser Unterstützungsform einen besonders hohen Stellenwert einräumen und darin auch die größten Defizite ausmachen. Allerdings operationalisieren die AutorInnen dieses Konstrukt anders: Sie fassen darunter die Unterstützungsarten Liebe, körperliche Nähe, Trost und Gemeinschaft. Bei unserer Operationalisierung steht hingegen die Verfügbarkeit eines persönlichen Gesprächspartners im Vordergrund – eine sehr viel engere Auffassung, die sich nicht auf Aspekte beschränkt, die in der Regel einer intimen Zweierbeziehung vorbehalten sind. Eine umfassendere und exklusivere Operationalisierung dieses Konstrukts könnte somit in einer weiteren Studie zu klareren Ergebnissen führen.

9.5 Ausblick

Ein zentrales Ergebnis dieser Arbeit ist, dass Mütter mit LAT-Partnerschaften sich weder in ihrem psychischen Wohlbefinden, noch in ihrem Stresserleben von Müttern in Kernfamilien oder Stieffamilien unterscheiden. Wichtig für die mütterliche Lebenszufriedenheit ist die Existenz einer Partnerschaft und nicht das Zusammenleben in einer Haushaltsgemeinschaft. Daraus ergeben sich Konsequenzen für das Verständnis der Lebensformen ‚Alleinerziehende' und ‚Stieffamilien'. Bisher wurden Mütter mit LAT-Partnerschaften meist als ‚Alleinerziehende' erfasst, da sie mit ihren Kindern alleine im Haushalt leben. Die vorliegenden Ergebnisse legen aber nahe, Mütter mit LAT-Partner eher als eine Stieffamilie im weiteren Sinne zu betrachten - wie Teubner (2002a) vorschlägt. Dies gilt zumindest für Studien, die den Fokus ihres Interesses auf die Mütter legen. Hilfreich bei einer Neuverortung der Beziehungsform LAT zwischen Alleinerziehen und Stieffamilie wäre ein genauerer Blick auf die Ausgestaltung des ‚Familienalltags'. Weitere Forschung sollte dabei einen Augenmerk darauf setzen, bei welchen Aktivitäten ein Partner am Familienleben teilnimmt und inwieweit er Aufgaben und Verbindlichkeiten in der Familie übernimmt. Nach einer solchen Differenzierung und Typisierung von LAT-Partnerschaften sollten dann Faktoren, die mit diesen Differenzierungen in Verbindung stehen, näher beleuchtet werden. So dürfte die Motivation des Getrenntlebens (berufliche und familiale Zwänge vs. Beziehungsideal) für die Gestaltung und Zufriedenheit mit der Partnerschaft von Bedeutung sein. Die räumliche Distanz der beiden Wohnungen dürfte ebenfalls einen gewissen Einfluss auf die Ausgestaltung der Partnerschaft haben.

Besondere Beachtung sollte der Partner-Kind-Beziehung in LAT-Partnerschaften zukommen. Eine genaueren Analyse der Art dieser Beziehung (‚Spielgefährte' vs. ‚Vaterersatz') sollte hierbei ergänzt werden durch eine Überprüfung der Hinweise, dass diese Beziehung in LAT-Partnerschaften weniger problematisch ist als in Stieffamilien, in denen der neue Partner mit im Haushalt lebt.

Da die hier vorgestellten Ergebnisse auf einer kleinen Stichprobe beruhen, wäre zudem eine Überprüfung der Ergebnisse an größeren Stichproben wünschenswert.

Der Begriff ‚Familie' kommt aus dem Lateinischen. Unter einer ‚familia' versteht man eine Haushaltsgemeinschaft. Auch heutige Familien leben meist in einem Haushalt zusammen – ob verheiratet oder nicht, ob biologisch verwandt oder als Stieffamilie. Jenseits dieser Familientypen haben sich aber neue Lebensformen entwickelt, die dem Definitionskriterium der Hausgemeinschaft das Kriterium der subjektiven Verbundenheit entgegensetzen. Trotz fehlender Hausgemeinschaft können sich Personen als Familie verbunden fühlen. Ein vielfach beachtetes Beispiel für diesen erweiterten Familienbegriff liefert die fortbestehende Beziehung zwischen einem Scheidungskind und seinem nichtsorgeberechtigten Elternteil. Eine Hausgemeinschaft setzt andererseits nicht unbedingt eine subjektive Verbundenheit voraus – so verweigern manche Stiefkinder ihren Stiefeltern die Anerkennung als Familienmitglied. In dieser Arbeit lag der Fokus auf einer Lebensform, in der sich Mütter einem neuen Lebenspartner verbunden fühlen, dieser aber nicht den Haushalt mit seiner Partnerin und ihren Kindern teilt – zu fragen bleibt, ob er dennoch ‚zur Familie' gehört. Will Familienforschung der Vielfalt an familialen Lebensformen gerecht werden, so sollte sie sich in Zukunft stärker den subjektiven Definitionen von Familie und Partnerschaft zuwenden.

10. Literatur

Amato, P.R. (2000): Consequences of Divorce for Adults and Children. Journal of Marriage and the Family, 62, pp. 1269-1287.

Amato, P.R. & Keith, B. (1991): Parental Divorce and the Well-Being of Children: A Meta-Analysis. Psychological Bulletin, 110 (1), pp. 26-46.

Andrews, F.M. & Withey, S.B. (1976): Social indicators of well-being. New York: Plenum Press.

Antoni, M.H. (1987): Neuroendocrine Influences in Psychoimmunology and Neoplasia: A Review. Psychology and Health, 1, pp. 3-24.

Antonovsky, A. (1979): Health, stress and coping. New perspectives on mental and physical well-being. San Francisco: Jossey Bass.

Antonovsky, A. (1997): Salutogenese: Zur Entmystifizierung der Gesundheit. Tübingen: DGVT-Verlag.

AOK Berlin (1994): AOK-Kurs Streßbewältigung "Schach dem Streß", Konzept. AOK Berlin, Gesundheitsförderung, Sozialer Dienst. Erstellt in Zusammenarbeit mit IfG Institut für Gesundheitsförderung GmbH.

Barnett, R.C. & Marshall, N.L. (1991): The relationship between women's work and family roles and their subjective well-being and psychological distress. In: M. Frankenhaeuser, U. Lundberg & M. Chesney (eds.): Women, work, and health. Stress and opportunities. New York: Plenum Press. pp. 1-36.

Baron, R.M & Kenny, D.A. (1986): The Moderator-Mediator Variable Distinction in Social Psychological Research: Conceptual, Strategic, and Statistical Considerations. Journal of Personality and Social Psychology, 51 (6), pp. 1173-1182.

Baumeister, R. (1991): Meanings of life. New York: Guilford Publications.

Baumrind, D. (1966): Effects of authoritative parental control on child behavior. In: Child Development, 37, pp. 887-907.

Baumrind, D. (1978): Parental disciplinary patterns and social competence in children. In: Youth and Society, 9, pp. 239-276.

Becker, P. (1985): Bewältigungsverhalten und seelische Gesundheit. Zeitschrift für Klinische Psychologie, XIV (3), S. 169-184.

Becker, P. (1989): Der Trierer Persönlichkeitsfragebogen (TPF). Handanweisung. Göttingen: Hogrefe.

Becker, P. (1994): Theoretische Grundlagen. In: A. Abele & P. Becker (Hrsg.): Wohlbefinden. Theorie – Empirie – Diagnostik. 2. Auflage. Weinheim, München: Juventa. S. 13-49.

Becker, P. (1997): Psychologie der seelischen Gesundheit. Band 1: Theorien, Modelle, Diagnostik. 2. Auflage. Göttingen: Hogrefe.

Beelmann, W. (1994): Stressbelastung und Bewältigungsreaktionen bei der Auseinandersetzung mit einer Trennung vom Ehepartner: eine empirische Langzeitstudie. Regensburg: Roderer.

Belsky, J. (1984): The Determinants of Parenting: A Process Model. Child Development, 55, pp. 83-96.

Bender, D., Bien, W. & Alt, C. (1996): Anlage des Familiensurveys, Datenbasis und methodische Aspekte. In: W. Bien (Hrsg.): Familie an der Schwelle zum neuen Jahrtausend. Wandel und Entwicklung familialer Lebensformen. DJI: Familien-Survey 6. Opladen: Leske + Budrich. S. 271-287.

Berger, P. & Kellner, H. (1964): Marriage and the construction of reality. Diogenes. pp. 1-25.

Berkman, L. & Syme, L. (1979): Social networks, host resistance, and mortality: A 9-year follow-up study of Alameda County residents. American Journal of Epidemiology, 109, pp. 186-204.

Bien, W., Hartl, A. & Teubner, M. (2002): Einführung: Stieffamilien in Deutschland. In: W. Bien, A. Hartl & M. Teubner (Hrsg.): Stieffamilien in Deutschland. Eltern und Kinder zwischen Normalität und Konflikt. DJI: Familien-Survey 10. Opladen: Leske + Budrich. S. 9-20.

Booth, A. & Amato, P.R. (1991): Divorce and Psychological Stress. Journal of Health and Social Behavior, 32, pp. 396-407.

Bortz, J. (1985): Lehrbuch der Statistik. Für Sozialwissenschaftler. 2. Auflage. Berlin, Heidelberg: Springer.

Bortz, J., Lienert, G.A. & Boehnke, K. (1990): Verteilungsfreie Methoden in der Biostatistik. Berlin, Heidelberg u.a.: Springer.

Bradburn, N.M. (1969): The structure of psychological well-being. Chicago: Aldine.

Bray, J.H. (1987, August): Becoming a stepfamily. Symposium presented at the meeting of the American Psychological Association, New York.

Bray, J.H. (1988): Children's development during early remarriage. In: E.M. Hetherington & J.D. Arasteh (eds.): Impact of Divorce, Single Parenting, and Stepparenting on Children. Hillsdale, NJ: Erlbaum. pp. 279-298.

Bray, J.H. (1999): From marriage to remarriage and beyond: Findings from the Developmental Issues in Stepfamilies Research Project. In: E.M. Hetherington (ed.): Coping with divorce, single parenting and remarriage: A risk and resilience perspective. Hillsdale, NJ: Erlbaum. pp. 253-271.

Bray, J.H. & Berger, S.H. (1993): Developmental Issues in Stepfamilies Research Project: Family relationships and parent-child interactions. Journal of Family Psychology, 7, pp. 76-90.

Brigitte (1992): Brigitte Untersuchung '92. Kinderbetreuung in Deutschland. Eine repräsentative gesamtdeutsche Studie über die Situation von Müttern mit Kindern unter 13 Jahren im Auftrag der Zeitschrift Brigitte. Hamburg: Gruner + Jahr.

Brown, G.W. & Moran, P.M. (1997): Single mothers, poverty and depression. Psychological Medicine, 27, pp. 21-33.

Brown, S.L. & Booth, A. (1996): Cohabitation versus marriage: A comparison of relationship quality. Journal of Marriage and the Family, 58, pp. 668-678.

Bundesministerium für Familie, Senioren, Frauen und Jugend (1998): Zehnter Kinder- und Jugendbericht. Bericht über die Lebenssituation von Kindern und die Leistungen der Kinderhilfen in Deutschland.

Bundesministerium für Familie, Senioren, Frauen und Jugend (1999a): Erziehungsgeld, Erziehungsurlaub.

Bundesministerium für Familie, Senioren, Frauen und Jugend (1999b): Kinder in Tageseinrichtungen und Tagespflege. 5. Auflage.

Burkart, G., Fietze, B. & Kohli, M. (1989): Liebe, Ehe, Elternschaft. Eine qualitative Untersuchung über den Bedeutungswandel von Paarbeziehungen und seine demographischen Konsequenzen. Materialien zur Bevölkerungswissenschaft, Heft 60. Wiesbaden: Bundesinstitut für Bevölkerungsforschung.

Chase-Lansdale, P.L. & Hetherington, E.M. (1990): The Impact of Divorce on Life-Span Development: Short and Long term Effects. In: P.B. Baltes, D.L. Featherman & R.M. Lerner (eds.): Life-span development and behavior (vol. 10). Hillsdale, NJ: Lawrence Erlbaum Associates. pp. 105-150.

Clingempeel, W.G. & Brand, E. (1985): Structural complexity, quasi-kin relationships and marital quality in stepfamilies: A replication, extension, and clinical implications. Family Relations, 34, pp. 401-409.

Cohen, S. & Wills, T.A. (1985): Stress, Social Support, and the Buffering Hypothesis. Psychological Bulletin, 98 (2), pp. 310-357.

Coleman, M., Ganing, L. & Fine, M. (2000): Reinvestigating remarriage: Another decade of progress. Journal of Marriage and the Family, 62, pp. 1288-1307.

Coletta, N.D. (1983): Stressful Lives: The Situation of Divorced Mothers and Their Children. Journal of Divorce, 6 (3), pp. 19-31.

Coltrane, S. (2000): Research on Household Labor: Modeling and Measuring the Social Embeddedness of Routine Family Work. Journal of Marriage and the Family, 62, pp. 1208-1233.

Compass, B.E. & Williams, R.A. (1990): Stress, Coping, and Adjustment in Mothers and Young Adolescents in Single- and Two-Parent Families. American Journal of Community Psychology, 18 (4), pp. 525-545.

Conger, R.D., Conger K.J., Elder, G.H., Lorenz, F.O., Simons, R.L. & Withbeck, L.B. (1993): Family Economic Stress and Adjustment of Early Adolescent Girls. Developmental Psychology, 29 (2), pp. 206-219.

Conger, R.D. & Chao, W. (1996): Adolescent Depressed Mood. In: R.L. Simons & Associates: Understanding differences between divorced and intact families: Stress, interaction, and child outcomes. Thousand Oaks, California: Sage. pp. 157-175.

Crosbie-Burnett, M. (1991): Impact of joint versus sole custody and quality of the co-parental relationship on adjustment of adolescents in remarried families. Behavioral Sciences and the Law, 9, pp. 439-449.

Deal, J.E., Stanley-Hagan, M.S. & Anderson, E.R. (1992): The marital relationship in remarried families. In: E.M. Hetherington & W.G. Clingempeel (eds.): Coping with marital transitions: A family systems perspective. Chicago: University of Chicago Press. Monographs of the Society of Research in Child Development, 57 (2-3), pp. 73-93.

DeJong-Gierveld, J. (1986): The (marital) partner as a source of social support in everyday and problem situations. Paper presented at the 3rd International Conference on Personal Relationships. Hezlya, Israel.

Demo, D.H. & Acock, A.C. (1993): Family diversion and the division of domestic labor. How much have things really changed? Family Relations, 42 (3), pp. 323-336.

Demo, D.H. & Acock, A.C. (1996): Singlehood, Marriage, and Remarriage. The Effects of Family Structure and Family Relationships on Mothers' Well-Being. Journal of Family Issues, 17 (3), pp. 388-407.

Deutsches Jugendinstitut (Hrsg.) (1998): Tageseinrichtungen für Kinder. Pluralisierung von Angeboten. Zahlenspiegel. München: DJI Verlag Deutsches Jugendinstitut.

Diewald, M. (1993): Netzwerkorientierungen und Exklusivität der Paarbeziehung. Unterschiede zwischen Ehen, nichtehelichen Lebensgemeinschaften und Paarbeziehungen mit getrennten Haushalten. Zeitschrift für Soziologie, 22 (4), S. 279-297.

Dorbritz, J. & Gärtner, K. (1998): Bericht 1998 über die demographische Lage in Deutschland mit dem Teil B „ Ehescheidungen – Trends in Deutschland und im internationalen Vergleich". Zeitschrift für Bevölkerungswissenschaften, 23 (4), S. 373-458.

Drauschke, P., Mädje, E., Neusüß, C. & Stolzenburg, M. (1993): Ausdauernd selbstbewusst und (noch) optimistisch?! In: Friedrich-Ebert-Stiftung (Hrsg.): Alleinerziehende in den neuen Bundesländern. Immer noch eine Lebensform wie jede andere? Reihe Frauenpolitik, Heft 9. Bonn: Friedrich-Ebert Stiftung, Referat Frauenpolitik. S. 21-42.

Duncan, G.J. & Hoffman, S.D. (1985): A reconsideration of the economic consequences of marital dissolution. Demography, 22 (4), pp. 485-497.

Fahrenberg, J., Hampel, R. & Selg, H. (1989): Das Freiburger Persönlichkeitsinventar FPI. Revidierte Fassung FPI-R und teilweise geänderte Fassung FPI-A1. Handanweisung. 5., ergänzte Auflage. Göttingen: Hogrefe.

Fahrenberg, J., Myrtek, M., Wilk, D. & Kreutel, K. (1986): Multimodale Erfassung der Lebenszufriedenheit: Eine Untersuchung an Herz-Kreislauf-Patienten. Psychotherapie, Psychosomatik, Medizinische Psychologie, 36, S. 347-354.

Faris, E. (1937): The nature of human nature. New York: McGraw-Hill.

Fehm-Wolfsdorf, G., Groth, T., Kaiser, A. & Hahlweg, K. (1998): Partnerschaft und Gesundheit. In: Bundesministerium für Familie, Senioren, Frauen und Jugend (Hrsg.): Prävention von Trennung und Scheidung. Stuttgart: Kohlhammer. S. 261-272.

Friedl, I. & Maier-Aichen, R. (1991): Leben in Stieffamilien: Familiendynamik und Alltagsbewältigung in neuen Familienkonstellationen. Weinheim, München: Juventa.

Garvin, V., Kalter, N. & Hansell, J. (1993): Divorced Women: Individual Differences in Stressors, Mediating Factors, and Adjustment Outcome. American Journal of Orthopsychiatry, 63 (2), pp. 232-240.

Gelfand, D.M. & Teti, D.M. (1990): The effects of maternal depression on children. Clinical Psychology Review, 10, pp. 329-353.

Glenn, N.D. (1975): The contribution of marriage to the psychological well-being of males and females. Journal of Marriage and the Family, 37, pp. 594-600.

Gove, W.R. (1972): The relationship between sex roles, marital status, and mental illness. Social Forces, 51, pp. 34-44.

Gove, W.R., Style, C.B. & Hughes, M. (1990): The Effect of Marriage on the Well-Being of Adults. A Theoretical Analysis. Journal of Family Issues, 11 (1), pp. 4-35.

Graetz, B. (1993): Health consequences of employment and unemployment: Longitudinal evidence for young men and women. Social Science and Medicine, 36, pp. 715-724.

Großmann, H. & Huth, S. (1995): Sozialhilfeabhängigkeit Alleinerziehender als Folge des gesellschaftlichen Umbruchs. In: H. Bertram, S. Hradil and G. Kleinherz (Hrsg.): Sozialer und demografischer Wandel in den neuen Bundesländern. Berlin: Akademie Verlag. S. 159-187.

Gysi, J. (Hrsg.) (1989): Familienleben in der DDR. Berlin: Akademie-Verlag.

Hahlweg, K. (1986): Partnerschaftliche Interaktion. München: Röttger.

Hahlweg, K., Schindler, L. & Revenstorf, D. (1982): Partnerschaftsprobleme: Diagnose und Therapie: Handbuch für den Therapeuten. Berlin, Heidelberg, New York: Springer.

Hartl, A. (2002): Anlage der Untersuchung. In: W. Bien, A. Hartl & M. Teubner (Hrsg.): Stieffamilien in Deutschland. Eltern und Kinder zwischen Normalität und Konflikt. DJI: Familien-Survey 10. Opladen: Leske + Budrich. S. 291-295.

Hartl, A. & Teubner, M. (2002): Stiefkonstellationen jenseits quantitativer Forschung. In: W. Bien, A. Hartl & M. Teubner (Hrsg.): Stieffamilien in Deutschland. Eltern und Kinder zwischen Normalität und Konflikt. DJI: Familien-Survey 10. Opladen: Leske + Budrich. S. 229-241.

Heim, E. (1988): Coping und Adaptivität: Gibt es geeignetes oder ungeeignetes Coping? Psychotherapie, Psychosomatik und medizinische Psychologie, 38, pp. 8-18.

Herlth, A., Böcker, S. & Ossyssek, F. (1995): Ehebeziehungen und Kompetenzentwicklung von Kindern. In: B. Nauck & C. Onnen-Isemann: Familie im Brennpunkt von Wissenschaft und Forschung: Rosemarie Nave-Herz zum 60. Geburtstag gewidmet. Neuwied, Kriftel, Berlin: Luchterhand. S. 221-235.

Hetherington, E. M. (1987): Family relations six years after divorce. In: K. Pasley & M. Ihinger-Tollmann (eds.): Remarriage and stepparenting today. New York: Guilford. pp. 185-205.

Hetherington, E. M. (1988): Parents, children, and siblings: six years after divorce. In: R.A. Hinde & J. Stevenson-Hinde (eds.): Relationships with families. Mutual influences. Oxford: Clarendon Press. pp. 311-331.

Hetherington, E. M. (1989): Coping with family transitions: Winners, losers, and survivors. Child Development, 60, pp. 1-14.

Hetherington, E. M. (1993): An Overview of the Virginia Longitudinal Study of Divorce and Remarriage With a Focus on Early Adolescence. Journal of Family Psychology, 7 (1), pp. 39-56.

Hetherington, E. M., Cox, M. & Cox, R. (1982): Effects of Divorce on Parents and Children. In: M.E. Lamb (ed.): Nontraditional families: Parenting and child development. Hillsdale, New Jersey: Lawrence Erlbaum. pp. 233-287.

Hetherington, E. M., Bridges, M. & Insabella, G.M. (1998): What Matters? What Does Not? Five Perspectives on the Association Between Marital Transition and Children's Adjustment. American Psychologist, 53 (2), pp. 167-184.

Hetherington, E. M. & Jodl, K.M. (1994): Stepfamilies as settings for child development. In: A. Booth & J. Dunn (eds.): Stepfamilies. Who benefit? Who does not? Hillsdale, NJ: Erlbaum. pp. 55-79.

Hetherington, E. M. & Stanley-Hagan, M. (1999): The Adjustment of Children with Divorced Parents: A Risk and Resiliency Perspective. Journal of Child Psychololology and Psychiatry and Allied Disciplines, 40 (1), pp. 129-140.

Hetherington, E. M., Stanley-Hagan, M. & Anderson, E.R. (1989): Marital Transitions. A Child's Perspective. American Psychologist, 44 (2), pp. 303-312.

Hobart, C. (1990): Relationships between the formerly married. Journal of Divorce and Remarriage, 14 (2), pp. 1-23.

Hobart, C. (1991): Conflict in remarriages. Journal of Divorce and Remarriage, 15, pp. 69-86.

Hofmann-Nowotny, H.-J. (1987): The future of the family. In: Plenaries of the European Population Conference 1987. Hrsg. v. IUSSP/EAPS/FINNCO, Central Statistical Office of Finland. Helsinki. pp. 113-200.

Höhn, C. (1989): Demographische Trends in Europa seit dem 2. Weltkrieg. In: R. Nave-Herz & M. Markefka (Hrsg.): Handbuch der Familien- und Jugendforschung. Band 1: Familienforschung. Neuwied, Kriftel, Berlin: Luchterhand. S. 195-209.

Höpflinger, F. (1987): Wandel der Familienbildung in Westeuropa. Frankfurt/Main: Campus.

Holmes, T.H. & Rahe, R.H. (1980): Die 'Social Readjustment Rating Scale'. In: H. Katschnig (Hrsg.): Sozialer Streß und psychische Erkrankung. Lebensverändernde Ereignisse als Ursache seelischer Störungen? München, Wien, Baltimore: Urban & Schwarzenberg. S. 160-166.

Horstkemper, M. (1993): Berufs- und Lebensalltag von Frauen in der Bundesrepublik. In: D. Reigber (Hrsg.): Frauen-Welten. Marketing in der postmodernen Gesellschaft – ein interdisziplinärer Forschungsansatz. Düsseldorf, Wien, New York, Moskau: ECON. S. 62-107.

House, J. (1991): Zum sozialepidemiologischen Verständnis von Public Health: soziale Unterstützung und Gesundheit. In B. Bandura, T. Elkeles, B. Grieger, E. Huber & W. Kammerer (Hrsg.): Zukunftsaufgabe Gesundheitsförderung. 2. Auflage. Frankfurt/M.: Mabuse. S. 173-184.

Ishii-Kuntz, M. & Coltrane, S. (1992): Remarriage, stepparenting, and household labor. Journal of Family Issues, 13, pp. 215-233.

Jahoda, M. (1958): Current concepts of positive mental health. New York: Basic Books.

Jesse, A. (2000): Wohlbefinden von Frauen in alternativen Familienformen. Ein Vergleich von allein erziehenden Frauen, Müttern in Zweielternfamilien und Frauen aus Stieffamilien (Psychologie, Band 26). Landau: Verlag Empirische Pädagogik.

Kanner, A.D., Coyne, J.C, Schaefer, C. & Lazarus R.S. (1981): Comparisons of two modes of stress measurement: Daily hassles and uplifts versus major life events. Journal of Behavioral Medicine, 4, pp.1-39.

Karney, B.R. & Bradbury, T.N. (1995): The Longitudinal Course of Marital Quality and Stabililty: A Review of Theory, Method, and Research. Psychological Bulletin, 118 (1), pp. 3-34.

Keddi, B. & Seidenspinner, G. (1991): Arbeitsteilung und Partnerschaft. In: H. Bertram (Hrsg.): Die Familie in Westdeutschland. Stabilität und Wandel familialer Lebensformen. DJI: Familien-Survey Band 1. Opladen: Leske + Budrich. S. 159-192.

Kitson, G.C. & Morgan, L.A. (1990): The Multiple Consequences of Divorce: A Decade Review. Journal of Marriage and the Family, 52, pp. 913-924.

Kitson. G.C. (1992): Portrait of divorce: Adjustment to marital breakdown. New York, NY: Guilford Press.

Klein, T. (1992): Die Stabilität der zweiten Ehe: Besondere Risikopotentiale, Selektionseffekte und systematische Unterschiede. Zeitschrift für Familienforschung, 4, S. 221-237.

Klocke, A. (1996): Aufwachsen in Armut. Auswirkungen und Bewältigungsformen der Armut im Kindes- und Jugendalter. Zeitschrift für Soziologie der Erziehung und Sozialisation, 16 (4), S. 390-409.

Kornadt, H.-J. (1996): Erziehung und Bildung im Transformationsprozeß. In: S.E. Hormuth, W.R. Heinz, H.-J. Kornadt, H. Sydow & G. Trommsdorf (Hrsg.): Individuelle Entwicklung, Bildung und Berufsverläufe. Opladen: Leske + Budrich. S. 201-270.

Kracke, B. & Hofer, M. (2002): Familie und Arbeit. In: M. Hofer, E. Wild & P. Noack (Hrsg.): Lehrbuch der Familienbeziehungen. 2. vollständig überarbeitete und erweiterte Auflage. Göttingen: Hogrefe. S. 94-123.

Krohne, H.W. (1990): Stress und Stressbewältigung. In: R. Schwarzer (Hrsg.): Gesundheitspsychologie. Ein Lehrbuch. Göttingen, Toronto, Zürich: Hogrefe, Verlag für Psychologie. S. 263-277.

Krüger, D. (1990): Alleinleben in einer paarorientierten Gesellschaft. Pfaffenweiler: Centaurus.

Krüger, D. & Micus, C. (1999): Diskriminiert? Privilegiert? Die heterogene Lebenssituation Alleinerziehender im Spiegel neuer Forschungsergebnisse und aktueller Daten. Bamberg: Staatsinstitut für Familienforschung an der Universität Bamberg.

Künzler, J. (1995): Familiale Arbeitsteilung in der Bundesrepublik Deutschland 1988. In: U. Gerhard, S. Hradil, D. Lucke & B. Nauck (Hrsg.): Familie der Zukunft. Opladen: Leske + Budrich. S. 149-169.

Kurdek, L.A. (1989): Relationship quality for newly married husbands and wives: Marital history, stepchildren, and individual-difference predictors. Journal of Marriage and the Family, 51, pp. 1053-1064.

Kurdek, L.A. (1991): Marital stability and changes in marital quality in newlywed couples: A test of the contextual model. Journal of Personal and Social Relationships, 18, pp. 27-48.

Landesamt für Datenverarbeitung und Statistik Brandenburg (Hrsg.) (1997): Statistisches Jahrbuch 1997. Potsdam.

Landesbetrieb für Datenverarbeitung und Statistik Brandenburg (Hrsg.) (2002): Statistisches Jahrbuch 2002. Potsdam.

Lazarus, R.S. (1984): Puzzles in the study of daily hassles. Journal of Behavioral Medicine, 7, pp. 375-389.

Lazarus, R.S. & Folkman, S. (1984): Stress, appraisal, and coping. New York: Springer.

Lazarus, R.S. & Launier, R. (1981): Streßbezogene Transaktionen zwischen Person und Umwelt. In: J.R. Nitsch (Hrsg.): Stress. Bern: Huber. S. 213-260.

Lennon, M.C. (1994): Women, work, and well-being: The importance of work conditions. Journal of Health and Social Behavior, 35, pp. 235-247.

Lenz, K. (1998): Soziologie der Zweierbeziehung. Eine Einführung. Opladen/Wiesbaden: Westdeutscher Verlag.

Limmer, R. (1998): Die Lebenssituation Alleinerziehender und sozialpolitische Maßnahmen für Alleinerziehende im Ländervergleich. Analyse von Berichten der öffentlichen Hand auf Ebene der Bundesländer sowie ausgewählter Kommunen. Bamberg: Staatsinstitut für Familienforschung an der Universität Bamberg.

Lorenz, F.O., Simons, R.L. & Chao, W. (1996): Family Structure and Mother's Depression. In: R.L. Simons & Associates: Understanding differences between divorced and intact families: Stress, interaction, and child outcomes. Thousand Oaks, California: Sage. pp. 65-77.

Lorenz, F.O., Simons, R.L., Conger, R.D., Elder, G.H.JR., Johnson, C. & Chao, W. (1997): Married and Recently Divorced Mothers' Stressful Events and Distress: Tracing Change Across Time. Journal of Marriage and the Family, 59, pp. 219-232.

Maccoby, E.E. & Mnookin, R.H. (1992): Dividing the child: Social and legal dilemmas of custody. Cambridge, MA: Havard University Press.

MacDonald, W.L. & DeMaris, A. (1995): Remarriage, stepchildren, and marital conflict: Challenges to the incomplete institutionalization hypothesis. Journal of Marriage and the Family, 57, pp. 387-398.

Marks, N.F. (1996): Flying solo at midlife: Gender, marital status, and psychological well-being. Journal of Marriage and the Family, 58, pp. 917-932.

Mastekaasa, A. (1994): Marital status, distress, and well-being: An international comparison. Journal of Comparative Family Studies, 25, pp. 183-205.

Mastekaasa, A. (1995): Age variations in the suicide rates and self-reported subjective well-being of married and never married persons. Journal of Community and Applied Social Psychology, 5, pp. 21-39.

Mayring, P. (1994): Die Erfassung subjektiven Wohlbefindens. In: A. Abele & P. Becker (Hrsg.): Wohlbefinden. Theorie – Empirie – Diagnostik. 2. Auflage. Weinheim, München: Juventa. pp. 51-70.

McKenry, P.C. & Price, S.J. (1991): Alternatives for Support: Life After Divorce – A Literature Review. Journal of Divorce and Remarriage, 15 (3/4), pp. 1-19.

McLanahan, S.S. (1985): Single Mothers and psychological well-being: A Test of the Stress and Vulnerability hypotheses. Research in Community and Mental Health, 5, pp. 253-266.

Mead, G.H. (1934): Mind, self and society. Chicago: University of Chicago Press.

Meyer, S. & Schulze, E. (1992a): Familie im Umbruch: zur Lage der Familien in der ehemaligen DDR. Stuttgart, Berlin, Köln: Kohlhammer.

Meyer, S. & Schulze, E. (1992b): Balancen des Glücks. Neue Lebensformen: Paare ohne Trauschein, Alleinerziehende und Singles. 2. durchgesehene Auflage. München: Beck.

Miller, J. & Garrison, H.H. (1984): Sex roles: The division of labor at home and in the workplace. In: D.H. Olson & B.C. Miller (eds.): Family Studies Yearbook (vol. 2). Beverly Hills, CA: Sage. pp. 323-348.

Napp-Peters, A. (1987): Ein-Elternteil-Familien. Soziale Randgruppe oder neues familiales Selbstverständnis. Weinheim & München: Juventa.

Nave-Herz, R. & Krüger, D. (1992): Ein-Eltern-Familien. Eine empirische Studie zur Lebenssituation und Lebensplanung alleinerziehender Mütter und Väter. Bielefeld: Kleine Verlag.

Neff, J.A. & Schluter, T.D. (1993): Marital status and depressive symptoms: The role of race/ethnicity and sex. Journal of Divorce and Remarriage, 20, pp. 137-160.

Nestmann, F. & Niepel, G. (1994): Social Support in Single-Parent Families: Children as Sources of Support. In: F. Nestmann & K. Hurrelmann (eds.): Social networks and social support in childhood and adolescence. New York: de Gruyter. pp. 323-345.

Nestmann, F. & Stiehler, S. (1998): Wie allein sind Alleinerziehende? Soziale Beziehungen alleinerziehender Frauen und Männer in Ost und West. Opladen: Leske + Budrich.

Niepel, G. (1992): Die Bedeutung sozialer Netzwerke und sozialer Unterstützung für Alleinerziehende – ein Trendbericht über ein in der deutschen Forschung vernachlässigtes Gebiet. Frauenforschung, 4, pp. 60-76.

Niepel, G. (1994): Alleinerziehende. Abschied von einem Klischee. Opladen: Leske + Budrich.

Palisi, B.J. (1984): Marriage companionship and marriage well-being: A comparison of metropolitan areas in three countries. Journal of Comparative Family Studies, 15, pp. 43-57.

Pearlin, L.I. & Liebermann, M.A. (1979): Social sources of emotional distress. In: R. Simmons (ed.): Research in community and mental health. Greenwich: JAI. pp. 217-248.

Peters, A. & Liefbroer, A.C. (1997): Beyond marital status: Partner history and well-being in old age. Journal of Marriage and the Family, 59, pp. 687-699.

Peukert, R. (1996): Familienformen im sozialen Wandel. 2. Auflage, Opladen: UTB-Leske + Budrich.

Proebsting, H. (1984): Die Entwicklung der Sterblichkeit. Wirtschaft und Statistik, 1, S. 13-24.

Richards, M., Hardy, R. & Wadsworth, M. (1997): The effects of divorce and separation on mental health in a national UK birth cohort. Psychological Medicine, 27, pp. 1121-1128.

Rosenberg, M. (1965): Society and the adolescent self-image. Princeton: Princeton University Press.

Sander, E. (1999): Trennung und Scheidung: Die Perspektive betroffener Eltern. In: E. Sander (Hrsg.): Trennung und Scheidung. Die Perspektive betroffener Eltern. Weinheim: Deutscher Studien Verlag. S. 11-41.

Sass, J. & Jaeckel, M. (Hrsg.) (1996): Leben mit Kindern in einer veränderten Welt. Einstellungen und Lebensplanung von Eltern im Ost-West-Vergleich. Internationale Texte, Band 5. München: DJI Verlag Deutsches Jugendinstitut.

Schlemmer, E. (1995): ‚Living apart together', eine partnerschaftliche Lebensform von Singles?. In: H. Bertram (Hrsg.): Das Individuum und seine Familie. Lebensformen, Familienbeziehungen und Lebensereignisse im Erwachsenenalter. DJI: Familien-Survey Band 4. Opladen: Leske + Budrich. S. 363-397.

Schmidt-Denter, U. (2000): Entwicklung von Trennungs- und Scheidungsfamilien: Die Kölner Längsschnittstudie. In: K.A. Schneewind (Hrsg.): Familienpsychologie im Aufwind: Brückenschläge zwischen Forschung und Praxis. Göttingen: Hogrefe. S. 203-221.

Schmidt-Denter, U. & Beelmann, W.: Kölner Fragebogen für Scheidungsfamilien, Müttersicht (KFS-M). Unveröffentlichtes Erhebungsverfahren. Köln: Universität, Psychologisches Institut.

Schmidt-Denter, U., Beelmann, W. & Trappen, I. (1995): Innerfamiliäre Entwicklungen nach Trennung und Scheidung. Ergebnisse der Kölner Längsschnittstudie. Report Psychologie, 20 (3), S. 20-27.

Schmidt-Denter, U. & Beelmann, W. (1997): Kindliche Symptombelastungen in der Zeit nach einer ehelichen Trennung – eine differenzielle und längsschnittliche Betrachtung. Zeitschrift für Entwicklungspsychologie und Pädagogische Psychologie, 24 (1), S. 26-42.

Schmitz, H. & Schmidt-Denter, U. (1999): Die Nachscheidungsfamilie sechs Jahre nach der elterlichen Trennung. Zeitschrift für Familienforschung, 11 (3), S. 28-55.

Schmitz-Köster, D. (1990): Liebe auf Distanz. Getrennt zusammen leben. Hamburg: Rowohlt Taschenbuch Verlag.

Schneider, N.F. (1994): Familie und Private Lebensführung in West- und Ostdeutschland. Eine vergleichende Analyse des Familienlebens 1970-1992. Stuttgart: Enke.

Schneider, N.F. (1996): Partnerschaften mit getrennten Haushalten in den neuen und alten Bundesländern. In: W. Bien (Hrsg.): Familie an der Schwelle zum neuen Jahrtausend. Wandel und Entwicklung familialer Lebensformen. DJI: Familien-Survey Band 6. Opladen: Leske + Budrich. S. 88-97.

Schneider, N.F., Rosenkranz, D. & Limmer, R. (1998): Nichtkonventionelle Lebensformen. Entstehung, Entwicklung, Konsequenzen. Opladen: Leske + Budrich.

Schöningh, I., Aslanidis, M. & Faubel-Diekmann, S. (1991): Alleinerziehende Frauen. Zwischen Lebenskrise und neuem Selbstverständnis. Opladen: Leske + Budrich.

Schütz, A. & Wiesner, C. (2000): Partnerschaft und Gesundheitszustand. In: P. Kaiser (Hrsg.): Partnerschaft und Paartherapie, Göttingen, Bern, Toronto, Seattle: Hogrefe, Verlag für Psychologie. S. 193-218.

Schuster, B. & Traub, A. (2003): Single mothers in East Germany. In: E. Kolinsky & H.M. Nickel (eds.): Reinventing gender? Women in Eastern Germany Since Unification. London: Frank Cass Publishers. pp. 151-171.

Schwarz, B. & Gödde, M. (1999): Depressivität von Müttern in Trennungsfamilien: Welche Rolle können eine neue Partnerschaft und soziale Unterstützung spielen? In: E. Sander (Hrsg.): Trennung und Scheidung. Die Perspektive betroffener Eltern. Weinheim: Deutscher Studien Verlag. S. 75-93.

Schwarz, B. & Noack, P. (2002): Scheidung und Ein-Elternteil-Familien. In: M. Hofer, E. Wild & P. Noack (Hrsg.): Lehrbuch der Familienbeziehungen. 2. vollständig überarbeitete und erweiterte Auflage. Göttingen: Hogrefe. S. 312-335.

Schwarz, K. (1995): In welchen Familien wachsen die Kinder und Jugendlichen in Deutschland auf? Zeitschrift für Bevölkerungswissenschaft, 20 (3), S. 271-292.

Schwarzer, R. & Leppin, A. (1989): Sozialer Rückhalt und Gesundheit: Eine Metaanalyse. Göttingen: Hogrefe.

Schwarzer, R. & Leppin, A. (1994): Soziale Unterstützung und Wohlbefinden. In: A. Abele & P. Becker (Hrsg.): Wohlbefinden. Theorie – Empirie – Diagnostik. 2. Auflage. Weinheim, München: Juventa. S. 175-189.

Shapiro, A.D. (1996): Explaining psychological distress in a sample of remarried and divorced persons: The influence of economic distress. Journal of Family Issues, 17, S. 186-203.

Simons, R.L. & Associates (1996): Understanding differences between divorced and intact families: Stress, interaction, and child outcomes. Thousand Oaks, California: Sage.

Simons, R.L. & Johnson, C. (1996): Mother's Parenting. In: RL. Simons & Associates: Understanding differences between divorced and intact families: Stress, interaction, and child outcomes. Thousand Oaks, California: Sage. pp. 81-93.

Spanier, G.B. & Furstenberg, F.F.Jr. (1982): Remarriage after divorce: A longitudinal analysis of well-being. Journal of Marriage and the Family, 44, pp. 709-720.

Staatliche Zentralverwaltung für Statistik (Hrsg.) (1980): Statistisches Jahrbuch 1980 der Deutschen Demokratischen Republik. Berlin: Staatsverlag der Deutschen Demokratischen Republik.

Statistisches Bundesamt (Hrsg.) (1995): Im Blickpunkt: Familien heute. Stuttgart: Metzler-Poeschel.

Statistisches Bundesamt (Hrsg.) (1999): Datenreport 1999. Zahlen und Fakten uber die Bundesrepublik Deutschland. Bonn: Bundeszentrale für Politische Bildung.

Stegmann, D. (1997): Lebensverläufe Alleinerziehender in West- und Ostdeutschland. Materialien zur Bevölkerungswissenschaft, Heft 82e. Wiesbaden: Bundesinstitut für Bevölkerungsforschung.

Stroebe, W. & Stroebe, M. (1994): Partnerschaft, Familie und Wohlbefinden. In: A. Abele & P. Becker (Hrsg.): Wohlbefinden. Theorie – Empirie – Diagnostik. 2. Auflage. Weinheim, München: Juventa. S. 155-174.

Teubner, M. (2002a): Wie viele Stieffamilien gibt es in Deutschland? In: W. Bien, A. Hartl & M. Teubner (Hrsg.): Stieffamilien in Deutschland. Eltern und Kinder zwischen Normalität und Konflikt. DJI: Familien-Survey 10. Opladen: Leske + Budrich. S. 23-50.

Teubner, M. (2002b): Die wirtschaftliche Lage von Stieffamilien. In: W. Bien, A. Hartl & M. Teubner (Hrsg.): Stieffamilien in Deutschland. Eltern und Kinder zwischen Normalität und Konflikt. DJI: Familien-Survey 10. Opladen: Leske + Budrich. S. 83-97.

Teubner, M. (2002c): Die Partnerschaftszufriedenheit in Stieffamilien. In: W. Bien, A. Hartl & M. Teubner (Hrsg.): Stieffamilien in Deutschland. Eltern und Kinder zwischen Normalität und Konflikt. DJI: Familien-Survey 10. Opladen: Leske + Budrich. S. 131-145.

Teubner, M. (2002d): Die Erwerbsbeteiligung von Stieffamilien. In: W. Bien, A. Hartl & M. Teubner (Hrsg.): Stieffamilien in Deutschland. Eltern und Kinder zwischen Normalität und Konflikt. DJI: Familien-Survey 10. Opladen: Leske + Budrich. S. 99-130.

Thoits, P.A. (1983): Multiple identities and psychological well-being: A reformulation and test of social isolation hypothesis. American Sociological Review, 48, pp. 174-187.

Thompson, L. & Walker, A.J. (1989): Gender in Families: Women and Men in Marriage, Work, and Parenthood. Journal of Marriage and the Family, 51, pp. 845-871.

Tschann, J.M., Johnston, J.R. & Wallerstein, J.S. (1989): Resources, Stressors, and Attachment as Predictors of Adult Adjustment after Divorce: A Longitudinal Study. Journal of Marriage and the Family, 51, pp. 1033-1046.

Traub, A. & Vohs, M. (1995): Wiedereinstieg in den Beruf nach der Familienphase. Unveröffentlichte Diplomarbeit, Psychologisches Institut an der Technischen Universität Berlin.

Uhlendorff, H. (1995): Soziale Integration in den Freundeskreis. Eltern und ihre Kinder. Materialien aus der Bildungsforschung Nr. 52. Berlin: Max-Planck-Institut für Bildungsforschung.

Uhlendorff, H. (2001): Erziehung im sozialen Umfeld – eine empirische Untersuchung über elterliche Erziehungshaltungen in Ost- und Westdeutschland. Opladen: Leske + Budrich.

Uhlendorff, H. & Seidel, A. (2001): Schule in Ostdeutschland aus elterlicher Sicht. Zeitschrift für Pädagogik, 47, S. 501-516.

United States Department of Labor (2003): Table 4: Families with own children: Employment status of parents by age of youngest child and family type, 2000-01 annual averages. http://stat.bls.gov/news.release/famee.t04.htm. Stand: 04.04.2003.

Vaskovics, L.A., Rupp, M. & Hoffmann, B. (1997): Lebensverläufe in der Moderne: Nichteheliche Lebensgemeinschaften. Eine soziologische Längsschnittstudie. Opladen: Leske + Budrich.

Veenhoven, R. (1989): How harmful is happiness? Rotterdam: Universitaire Press.

Wallerstein, J.S. (1986): Women after divorce: Preliminary report from a ten-year follow up. American Journal of Orthopsychiatry, 56, pp. 65-77.

Wallerstein, J.S. & Blakeslee, S. (1989): Gewinner und Verlierer. Frauen, Männer und Kinder nach der Scheidung. München: Drömer Knaur.

Wallerstein, J.S., Corbin, S.B. & Lewis, J.M. (1988): Children of Divorce: A 10-Year Study. In: E.M. Hetherington & J.D. Arasteh (eds.): Impact of Divorce, Single Parenting, and Stepparenting on Children. Hillsdale, NJ: Erlbaum. pp. 197-214.

Wallerstein, J.S. & Kelly, J.B. (1980): Surviving the breakup. How Children and Parents cope with Divorce. New York: Basic Books.

Walper, S. (1993): Stiefkinder. In: M. Markefka & B. Nauck (Hrsg.): Handbuch der Kindheitsforschung. Neuwied, Kriftel, Berlin: Luchterhand. S. 429-438.

Walper, S. (1998): Die Individuation in Beziehung zu beiden Eltern bei Kindern und Jugendlichen aus konfliktbelasteten Kernfamilien und Trennungsfamilien. Zeitschrift für Soziologie der Erziehung und Sozialisation, 18 (2), S. 134-151.

Walper, S. (2001): Ökonomische Knappheit im Erleben ost- und westdeutscher Kinder und Jugendlicher: Einflüsse der Familienstruktur und Auswirkungen auf die Befindlichkeit. In: A. Klocke & K. Hurrelmann (Hrsg.): Kinder und Jugendliche in Armut. Umfang, Auswirkungen und Konsequenzen. 2. korrigierte und erweiterte Auflage. Opladen: Westdeutscher Verlag. S. 169-187.

Walper, S. & Gerhard, A.K. (1999): Konflikte der Eltern, Trennung und neue Partnerschaft. Einflüsse auf die Individuation von Kindern und Jugendlichen in Ostdeutschland. In: S. Walper & B. Schwarz (Hrsg.): Was wird aus den Kindern? Chancen und Risiken für die Entwicklung von Kindern aus Trennungs- und Stieffamilien. Weinheim, München: Juventa. S. 143-170.

Walper, S. & Gerhard, A.K. (2001): Scheidung der Eltern – als Marker für die Biographie der Kinder? In: I. Behnken & J. Zinnecker (Hrsg.): Kinder. Kindheit. Lebensgeschichte. Ein Handbuch. Seelze: Kallmeyersche. S. 522-535.

Walper, S., Gerhard, A.K., Schwarz, B. & Gödde, M. (2001): Wenn an den Kindern gespart werden muss: Einflüsse der Familienstruktur und finanzieller Knappheit auf die Befindlichkeit von Kindern und Jugendlichen. In: S. Walper & R. Pekrun (Hrsg.): Familie und Entwicklung. Aktuelle Perspektiven der Familienpsychologie. Göttingen: Hogrefe. S. 266-291.

Walper, S. & Schwarz, B. (1999): Risiken und Chancen für die Entwicklung von Kindern aus Trennungs- und Stieffamilien – Eine Einführung. In: S. Walper & B. Schwarz (Hrsg.): Was wird aus den Kindern? Chancen und Risiken für die Entwicklung von Kindern aus Trennungs- und Stieffamilien. Weinheim, München: Juventa. S. 7-22.

Walper, S. & Wild, E. (2002): Wiederheirat und Stiefelternschaft. In: M. Hofer, E. Wild & P. Noack (Hrsg.): Lehrbuch der Familienbeziehungen. 2. vollständig überarbeitete und erweiterte Auflage. Göttingen: Hogrefe. S. 337-361.

Weiss, C. (1980): Wohlbefinden: Theorieentwurf und Testkonstruktion. Bielefeld: Kleine.

Weissman, M. & Paykel, E. (1974): The depressed woman. Chicago: University of Chicago Press.

Weissman, M.M. (1987): Advances in psychiatric epidemiology: Rates and risks for major depression. American Journal of Public Health, 77, pp. 445-451.

Wilcox, B.L. (1986): Stress, Coping, and the Social Milieu of Divorced Women. In: S.E. Hobfoll (ed.): Stress, Social Support, and Women. Washington, New York, London: Hemisphere Publishing Corporation. pp. 117-133.

Winkler, G. (Hrsg.) (1997): Sozialreport 1997: Daten und Fakten zur sozialen Lage in den neuen Bundesländern. Berlin: Verlag im Turm.

Zaslow, M.J. (1988): Sex Differences in Children's Response to Parental Divorce: 1. Research Methodology and Postdivorce Family Forms. American Journal of Orthopsychiatry, 58 (3), pp. 355-378.

ANHANG

I. Itemlisten der Messinstrumente

I.1 Psychisches Wohlbefinden

I.1.1 Skala Lebenszufriedenheit (FPI-R, Fahrenberg, Hampel und Selg 1989)

Items: Ich bin mit meinen gegenwärtigen Lebensbedingungen oft unzufrieden. (-)[1]
Ich lebe mit mir selbst in Frieden und ohne innere Konflikte.
Wenn ich noch mal geboren würde, dann würde ich nicht anders leben wollen.
In meinem bisherigen Leben habe ich kaum das verwirklichen können, was in mir steckt. (-)
Ich bin immer guter Laune.
Oft habe ich alles gründlich satt. (-)
Ich bin selten in bedrückter, unglücklicher Stimmung.
Ich grüble viel über mein bisheriges Leben nach. (-)
Alles in allem bin ich ausgesprochen zufrieden mit meinem bisherigen Leben.
Meistens blicke ich voller Zuversicht in die Zukunft.

Antwortkategorien: ‚trifft überhaupt nicht zu'(1), ‚trifft eher nicht zu'(2), ‚trifft eher zu'(3), ‚trifft ganz genau zu'(4)

I.1.2 Skala Selbstwert (Rosenberg 1965)

Items: Ich glaube, dass ich einige gute Eigenschaften habe.
Es gibt Zeiten, da fühle ich mich völlig nutzlos. (-)
Alles in allem bin ich zufrieden mit mir.
Ich kann Dinge genau so gut tun wie die meisten anderen Menschen.
Ich habe das Gefühl, dass es nicht viel gibt, auf das ich stolz sein kann. (-)
Manchmal habe ich den Eindruck, dass ich zu gar nichts tauge. (-)
Ich glaube, dass ich ein wertvoller Mensch bin, zumindest so wertvoll wie andere.
Ich wollte, ich könnte mehr Achtung vor mir haben. (-)
Alles in allem betrachte ich mich eher als Versager. (-)
Ich habe eine positive Einstellung zu mir selbst.

Antwortkategorien: ‚stimmt überhaupt nicht'(1), ‚stimmt überwiegend nicht'(2), ‚stimmt kaum'(3), ‚stimmt teils teils'(4), ‚stimmt etwas'(5), ‚stimmt überwiegend'(6), ‚stimmt ganz genau'(7)

I.2 Stresserleben (in Anlehnung an den Kölner Scheidungsfragebogen von Schmidt-Denter & Beelmann, unveröffentlicht)

Einleitende Frage ‚Wie fühlen Sie sich jetzt im Hinblick auf die Trennung?'

I.2.1 Finanzielle Sorgen:

Item: Ich bin bedrückt, weil finanzielle Sorgen auf mir lasten.

I.2.2 Überforderung durchs Kind:

Item: Ich fühle mich überfordert, weil alle Verantwortung für mein Kind auf mir lastet.

I.2.3 Alltägliche Belastungen:

Item: Ich bin belastet durch die vielen alltäglichen Probleme, mit denen ich allein fertig werden muß.

I.2.4 Mangelnde emotionale Unterstützung:

Item: Ich bin manchmal einsam, weil ich niemanden habe, mit dem ich über persönliche Probleme reden kann.

Antwortkategorien: ‚trifft überhaupt nicht zu'(1) bis ‚trifft voll und ganz zu'(7)

[1] (-) Item wird umgepolt.

I.3 Exploration der Partnerschaftsform bei Müttern, die sich vom Vater ihres Kindes getrennt haben

- Haben Sie einen neuen Partner? (Antwortkategorien: 0=nein, 1=ja) wenn nein: ***Alleinerziehend ohne Partner***, wenn ja weiter ➔
- Wie lange sind Sie mit ihrem jetzigen Partner befreundet? Bitte nennen Sie die Anzahl der Jahre.
- Leben Sie alleine mit Ihrem Kind oder lebt inzwischen Ihr Partner mit Ihnen und Ihrem Kind zusammen? (Antwortkategorien: 1=Ich lebe allein mit Kind, 2=Wir leben mit meinem Partner zusammen) wenn allein mit Kind lebend: ***Living-apart-together***, wenn mit Partner zusammenlebend: ***Stiefvaterfamilie*** und weiter ➔
- Wie lange leben Sie inzwischen mit Ihrem Partner zusammen? (Antwort: in Monaten)
- Sind Sie mit Ihrem neuen Partner verheiratet (Antwortkategorien: 0=nein, 1=ja) wenn ja weiter ➔
- Wie lange sind Sie mit Ihrem jetzigen Partner verheiratet? Bitte nennen Sie die Anzahl der Monate.

I.4 Partnerschaftsqualität

I.4.1 Skala Gemeinsamkeit/Kommunikation (Hahlweg, Schindler & Revenstorf 1982)

Items: Er teilt mir seine Gefühle und Gedanken offen mit.
Wir schmieden gemeinsame Zukunftspläne.
Wenn er etwas aus seiner Arbeitswelt erzählt, so möchte er meine Meinung dazu hören.
Wir planen gemeinsam, wie wir das Wochenende verbringen wollen.
Er bespricht Dinge aus seinem Berufsleben mit mir.
Er bemüht sich, sich meine Wünsche zu merken, und erfüllt sie bei passender Gelegenheit.
Wenn er mich offensichtlich falsch behandelt hat, entschuldigt er sich später bei mir.
Wir unterhalten uns am Abend normalerweise mindestens eine halbe Stunde miteinander.
Er fragt mich abends, was ich den Tag über gemacht habe.
Er sagt mir, dass er mich gern hat.

Antwortkategorien: ‚nie/sehr selten'(1), ‚selten'(2), ‚oft'(3), ‚sehr oft'(4)

I.4.2 Skala Streitverhalten(Hahlweg, Schindler & Revenstorf 1982)

Items: Er wirft mir Fehler vor, die ich in der Vergangenheit gemacht habe.
Er bricht über Kleinigkeiten einen Streit vom Zaun.
Wenn wir uns streiten, beschimpft er mich.
Er kritisiert mich in einer sarkastischen Art und Weise.
Er äußert sich abfällig über eine von mir geäußerte Meinung.
Wenn wir uns streiten, können wir nie ein Ende finden.
Er gibt mir die Schuld, wenn etwas schiefgegangen ist.
Während eines Streits schreit er mich an.
Wenn wir uns streiten, verdreht er meine Aussagen ins Gegenteil.
Er schränkt mich in meiner persönlichen Freiheit ein.

Antwortkategorien: ‚nie/sehr selten'(1), ‚selten'(2), ‚oft'(3), ‚sehr oft'(4)

I.4.3 Partnerschaftliches Glück (Hahlweg, Schindler & Revenstorf 1982)

Item: Wie glücklich würden Sie Ihre Partnerschaft im Augenblick einschätzen?

Antwortkategorien: ‚sehr unglücklich'(1), ‚unglücklich'(2), ‚eher unglücklich'(3), ‚eher glücklich'(4), ‚glücklich'(5), ‚sehr glücklich'(6)

II. Ersetzen fehlender Werte: Partnerschaftsqualität in Welle B

In Welle B fehlten für 6 Frauen die Angaben zur Beurteilung ihrer Partnerschaft. Alle 6 Frauen hatten LAT-Partner. Grundlage der folgenden Schätzungen war die Annahme, dass die Beurteilung der Qualität derselben Partnerschaft über 1½ Jahre hinweg relativ stabil ist. In Tabelle II.1 ist Dauer und Stabilität der betroffenen Partnerschaften aufgelistet.

Tabelle II.1: Charakterisierung der Partnerschaften bei Frauen mit fehlenden Angaben in Welle B

Kode der Frau	**Dauer der Partnerschaft in Welle B**	**Stabilität der Partnerschaft von Welle A bis C**
27	5 Jahre	lebt von Welle A bis C LAT mit demselben Partner
68	etwa 0,2 Jahre	Partnerschaft existiert nur in Welle B
69	0,5 Jahre	Partnerschaft existiert nur in Welle B
89	6 Jahre	lebt in Welle A und B LAT mit demselben Partner, in Welle C gibt es seit 1 Jahr einen neuen Partner
96	0,5 Jahre	Partnerschaft existiert nur in Welle B
143	2 Jahre	lebt in Welle B und C LAT mit demselben Partner

Bei drei Frauen bestand deren Partnerschaft nur in Welle B, deshalb ist keine Schätzung möglich. Die drei anderen Frauen waren mit ihrem Partner mindestens über zwei Wellen LAT zusammen. Bei zwei Frauen (Kode 89 und 143) bestand die Partnerschaft noch in einer weiteren Welle ebenfalls in getrennten Haushalten. In diesen Fällen habe ich die Einschätzung dieser weiteren Welle für die Welle B übernommen. Eine Frau war mit ihrem Partner alle drei Wellen in getrennten Haushalten zusammen – hier habe ich den jeweiligen Mittelwert aus den Einschätzungen von Welle A und C als Schätzwert ermittelt.

Tabelle II.2: Vorhandene Informationen über die Partnerschaftsqualität in Welle A und C und Schätzung in Welle B bei Frauen mit fehlenden Angaben in Welle B

Kode der Frau	**27**	**89**	**143**
Streitverhalten in A	1,1	2,1	---
Streitverhalten in C	1,0	---	2,0
Schätzung Streitverhalten in B	1,15	2,1	2,0
Gemeinsamkeit/Kommunikation in A	3,1	2,3	---
Gemeinsamkeit/Kommunikation in C	2,7	---	3,5
Schätzung Gemeinsamkeit/Kommunikation in B	2,9	2,3	3,5
partnerschaftliches Glück in A	5	3	---
partnerschaftliches Glück in C	5	---	4
Schätzung partnerschaftliches Glück in B	5	3	4

III. Schätzung des Haushaltseinkommens

Die Frage nach dem Haushaltseinkommen lautete: ‚Wie hoch ist das monatliche Einkommen, das Ihrem Haushalt insgesamt zur Verfügung steht?' Antwortkategorien waren in Welle A und B: (1) ‚bis 1000 DM' (2) ‚1001 bis 2000 DM' ... (6) ‚über 5000 DM'. Da sich die oberste Kategorie für Doppelverdienerhaushalte als zu wenig differenziert herausstellte, wurden in Welle C folgende Kategorien ergänzt: (6) ‚5001 bis 6000 DM' (7) ‚6001 bis 7000 DM' (8) ‚7001 bis 8000 DM' (9) ‚über 8000 DM'.

Da für die Berechnung eines Äquivalenzeinkommens statt der Einkommensintervalle konkrete Einkommenszahlen notwendig sind, wurden die Einkommensintervalle jeweils durch ihre Intervallmitten ersetzt (siehe Tabelle III.1) – diese bieten den besten Schätzer für das Intervall (vgl. Bortz 1985). Dieses ist allerdings nur für geschlossene Kategorien möglich. Problematisch sind deshalb die offenen Kategorien (in Tabelle III.1 grau schattiert). Bei der Kategorie ‚bis 1000 DM' ging ich davon aus, dass ein Haushaltseinkommen von unter 1000 DM für einen mindestens Zweipersonen-Haushalt nicht realistisch ist (schon Sozialhilfe plus Miete ist höher), und habe diese Kategorie durch den Wert 1000 DM ersetzt.

Tabelle III.1: Einkommenskategorien und die ihnen zugeordneten Werte

Einkommensintervalle in Welle A bis C	**ersetzt durch folgende Werte**
bis 1000 DM	=1000 DM
1001-2000 DM	=1500 DM
2001-3000 DM	=2500 DM
3001-4000 DM	=3500 DM
4001-5000 DM	=4500 DM
Einkommensintervall nur in Welle A und B	
über 5000 DM	=6413 DM (siehe unten)
Einkommensintervalle nur in Welle C	
5001-6000 DM	=5500 DM
6001-7000 DM	=6500 DM
7001-8000 DM	=7500 DM
über 8000 DM	=8500 DM

Problematisch ist das Ersetzen der höchsten offenen Kategorien durch einen Wert. In Tabelle III.2 habe ich ermittelt, wie viele Haushalte in Welle A bis C mehr als 5000 DM zur Verfügung hatten. In Welle C haben 46 Haushalte mehr als 5000 DM zur Verfügung. Diese 46 Haushalte verteilen sich auf alle vier Kategorien über 5000 DM. Mehr als 8000 DM haben allerdings nur noch drei Haushalte zur Verfügung, von daher nehme ich an, dass ein Schätzwert von 8500 DM für diese Kategorie angemessen ist. Die 46 Haushalte, die in Welle C mehr als 5000 DM Einkommen hatten, verdienen – wenn man die jeweiligen Schätzwerte zugrundelegt – durchschnittlich 6413 DM. Diesen Wert habe ich für Welle A und B als Schätzwert für die Einkommen über 5000 DM übernommen.

Tabelle III.2: Anzahl Haushalte in den Kategorien über 5000 DM in den Wellen A bis C

DM:	**Welle A:** über 5000 (=?)	**Welle B:** über 5000 (=?)	**Welle C:** 5001-6000 (=5500)	**Welle C:** 6001-7000 (=6500)	**Welle C:** 7001-8000 (=7500)	**Welle C:** Über 8000 (=8500)
N=	24	35	19	15	9	3
	=6413 DM	=6413 DM	N=46 Haushalte mit einem Einkommen über 5000 DM Durchschnittliches Einkommen dieser Haushalte: M=6413 DM => Schätzwert für Welle A und B			

IV. Partnerschaftsqualität und Lebenszufriedenheit – Testung auf Moderatoreffekte

Tabelle IV.1: Multiple Regression von Streitverhalten und Wohnform auf Lebenszufriedenheit, kontrolliert für mütterliche Schulbildung, Anzahl der im Haushalt lebenden Kinder und Äquivalenzeinkommen: Beta, F-Wert, R^2

	Welle B	**Welle C**
Schulbildung	-.09	.02
Anzahl Kinder im Haushalt	-.08	-.02
Äquivalenzeinkommen	.11	.05
Streitverhalten	-.13	-.39
Wohnform (zusammenlebend =1, LAT=0)	.38	.10
Interaktionsterm Streitverhalten x Wohnform	-.48 (p=.193)	-.11 (p=.838)
F-Wert	$F_{(6/85)}$=3,895**	$F_{(6/81)}$=3,704**
R^2	.22	.22

**: p≤ .01; *: p≤ .05; +: p≤ .10.

Tabelle IV.2: Multiple Regression von partnerschaftlichen Gemeinsamkeiten und Wohnform auf Lebenszufriedenheit, kontrolliert für mütterliche Schulbildung, Anzahl der im Haushalt lebenden Kinder und Äquivalenzeinkommen: Beta, F-Wert, R^2

	Welle B	**Welle C**
Schulbildung	-.16	.03
Anzahl Kinder im Haushalt	-.04	.03
Äquivalenzeinkommen	.19+	.19+
Partnerschaftliche Gemeinsamkeiten	.04	.01
Wohnform (zusammenlebend =1, LAT=0)	-.64	-1.31*
Interaktionsterm Gemeinsamkeiten x Wohnform	-.68 (p=.379)	1.32+
F-Wert	$F_{(6/85)}$=2,676*	$F_{(6/81)}$=4,645**
R^2	.16	.26

**: p≤ .01; *: p≤ .05; +: p≤ .10.

Tabelle IV.3 Regression von partnerschaftlichen Gemeinsamkeiten und alternativer Lebensform auf Lebenszufriedenheit, kontrolliert für mütterliche Schulbildung, Anzahl der Kinder im Haushalt und Äquivalenzeinkommen: Beta, F-Wert, R^2

	Welle B
Schulbildung	-.14
Anzahl Kinder im Haushalt	-.03
Äquivalenzeinkommen	.19+
Partnerschaftliche Gemeinsamkeiten	-.11
Alternative Lebensform (KF =1, LAT + SF=0)	-1.80**
Interaktionsterm Gemeinsamkeiten x alternative Lebensform	1.82**
F-Wert	$F_{(6/85)}$=4,207**
R^2	.23

**: p≤ .01; *: p≤ .05; +: p≤ .10.

V. Partnerschaftsqualität und Selbstwertgefühl – Testung auf Moderatoreffekte

Tabelle V.1: Multiple Regression von Streitverhalten und Wohnform auf Selbstwert, kontrolliert für mütterliche Schulbildung, Anzahl der im Haushalt lebenden Kinder und Äquivalenzeinkommen: Beta, F-Wert, R^2

	Welle B	**Welle C**
Schulbildung	-.11	.04
Anzahl Kinder im Haushalt	-.06	-.03
Äquivalenzeinkommen	.16	.17
Streitverhalten	.03	-.00
Wohnform (zusammenlebend =1, LAT=0)	.29	.35
Interaktionsterm Streitverhalten x Wohnform	-.53 (p=.162)	-.57 (p=.286)
F-Wert	$F_{(6/85)}$=2,609*	$F_{(6/81)}$=3,141**
R^2	.16	.19

**: p≤ .01; *: p≤ .05; +: p≤ .10.

Tabelle V.2: Multiple Regression von partnerschaftlichen Gemeinsamkeiten und Wohnform auf Selbstwert, kontrolliert für mütterliche Schulbildung, Anzahl der im Haushalt lebenden Kinder und Äquivalenzeinkommen: Beta, F-Wert, R^2

	Welle B	**Welle C**
Schulbildung	.05	.02
Anzahl Kinder im Haushalt	-.03	.01
Äquivalenzeinkommen	.23+	.27*
Partnerschaftliche Gemeinsamkeiten	-.22	.18
Wohnform (zusammenlebend =1, LAT=0)	-.80	-.59
Interaktionsterm Gemeinsamkeit x Wohnform	.70 (p=.381)	.46 (p=.552)
F-Wert	$F_{(6/85)}$=1,455 (p=.203)	$F_{(6/81)}$=3,223 **
R^2	.09	.19

**: p≤ .01; *: p≤ .05; +: p≤ .10.

VI. Partnerschaft, alltägliche Belastungen und Lebenszufriedenheit – Testung auf Mediatoreffekte

TabelleVI.1 Multiple Regression von Vorhandensein eines Partners und alltäglichen Belastungen auf Lebenszufriedenheit, kontrolliert für Schulbildung, Anzahl Kinder im Haushalt und Äquivalenzeinkommen: Beta, F-Wert, R^2

	Welle B	Welle C
Schulbildung	-.13	.05
Anzahl Kinder im Haushalt	.05	.30*
Äquivalenzeinkommen	.07	.17
Vorhandensein eines Partners (AOP=0; LAT + SF=1)	.26*	.24*
Alltägliche Belastungen	-.42**	-.52**
F-Wert	$F_{(5/57)}$= 6,009**	$F_{(5/60)}$=7,773**
R^2	.35	.39

**: p≤ .01; *: p≤ .05; +: p≤ .10.

VII. Partnerschaft, mangelnde emotionale Unterstützung und Lebenszufriedenheit – Testung auf Mediatoreffekte

Abbildung VII.1: Partialkorrelationen (r_p) zwischen Partnerstatus *(Alleinerziehende ohne Partner vs. Mütter in LAT-Partnerschaften und Stieffamilien)*, mangelnder emotionalen Unterstützung und Lebenszufriedenheit und Beta-Gewichte (β)[a], kontrolliert für Schulbildung, Anzahl Kinder und Äquivalenzeinkommen, Welle B

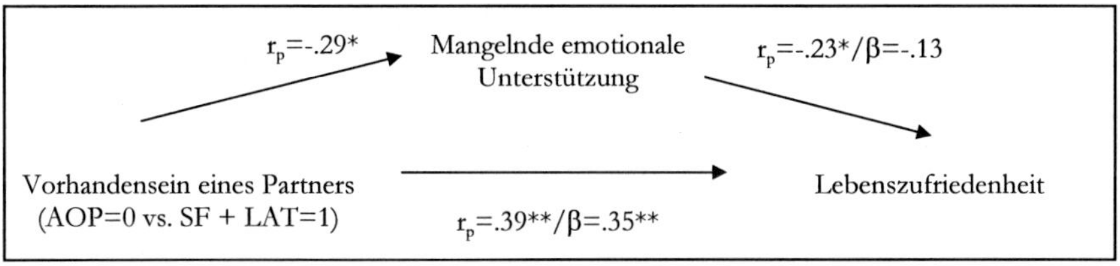

**: p≤ .01; *: p≤ .05; +: p≤ .10.

[a]: Multiple Regression mit Kriterium Lebenszufriedenheit und Prädiktoren Vorhandensein eines Partners und mangelnde emotionale Unterstützung, sowie Kontrollvariablen: $F_{(5/57)}$=3,065*, R^2=.21

Tabelle VII.1: Multiple Regression von Vorhandensein eines Partners und mangelnder emotionaler Unterstützung auf Lebenszufriedenheit, kontrolliert für Schulbildung, Anzahl Kinder im Haushalt und Äquivalenzeinkommen: Beta, F-Wert, R^2, Welle B

	Vergleich AOP vs. SF + LAT	**Vergleich AOP vs. SF**	**Vergleich AOP vs. LAT**
Schulbildung	-.19	-.11	-.22
Anzahl Kinder im Haushalt	.03	.10	-.10
Äquivalenzeinkommen	.12	.11	-.00
Vorhandensein eines Partners (AOP=0; LAT und/oder SF=1)	.35**	.36*	.36**
Mangelnde emotionale Unterstützung	-.13	-.08	-.10
F-Wert	$F_{(5/57)}$=3,065*	$F_{(5/39)}$=1,737 (p=.149)	$F_{(5/38)}$=2,147+
R^2	.21	.18	.22

**: p≤ .01; *: p≤ .05; +: p≤ .10.